「ゲイコミュニティ」の社会学

森山至貴

勁草書房

はしがき

テレビや雑誌、インターネットをそれなりに利用している人なら、「二丁目の方々」「二丁目界隈で人気の〜」といった言葉を見たり聞いたりしたことがあるだろう。そして、これらの言葉がゲイ男性およびその集合性（に特有の感性）を指すことも知らず知らずのうちに理解しているはずである。

ここでいう「二丁目」とは東京都新宿区新宿二丁目およびその周辺地域を指す。新宿二丁目はゲイ男性を中心とするセクシュアルマイノリティを主な客層としたバーや飲食店などが密集する地域であり、「アジア最大のゲイタウン」ともいわれている(1)。そのため、ゲイ男性の集団や集合性を指すために「二丁目」という換喩が用いられることは、十分想像できる。

ただし、ここにいくつかの問題を見て取ることができる。第一に、マジョリティの側が「二丁目」という語を使うことによって、ゲイ男性を他者化し、自身とはかかわりのない者としてゲイ男性を扱おうとしているとすれば、それはすでに差別の一形態である。「ゲイ」という言葉をなんとはなしに避ける、やんわりとした排外性が背後に存在する可能性もあるだろう。しかし、ゲイ男性はどこにでも存在する。したがって、ゲイ男性を「二丁目」へ閉じ込めることの暴力性は、何度でも批判されねばならない。

第二に、ゲイ男性がどこにでも存在する、すなわち東京以外にもゲイ男性は存在する、という端的な事実から、

「二丁目」さえあればよいのか、という疑問が当然導かれる。北海道にも、四国にも、九州にもゲイ男性は存在する。どこにでもゲイ男性の集合性は存在し、それらはどれも固有の意義をもつ。ゲイ男性の東京における集合性のみがとりあげられることは、各地方に暮らしているゲイ男性のエンパワーメントの観点からも、あまり好ましいことではない。

他者化と局所化を前提とせずにゲイ男性の集合性を呼ぶ名称として、一九九〇年代後半から用いられはじめた言葉が、本書のタイトルにもなっている「ゲイコミュニティ」である。後述するが、インターネットの普及によって準備された、地理的条件に制限されないより緊密なゲイ男性の集合性やネットワークを指すニュアンスをこの語はもっている。

「二丁目」という呼称には、もちろんゲイ男性自身が用いることによるポジティヴな意義がかつても今も与えられている。しかし、その限界や困難を乗り越える形で、「ゲイコミュニティ」という言葉が使われることとなったのも、また事実である。したがってこの新しい「ゲイコミュニティ」という言葉やそれに託されるリアリティに、基本的にポジティヴなイメージが付与されていることは間違いない。

ゲイ男性にとってより肯定的なニュアンスをもつ「ゲイコミュニティ」という語が用いられるようになった、ということの大まかな経緯に着目するかぎり、話はここで幸福にも終わることとなる。しかし、本書の記述はむしろこの地点からスタートする。すなわち、「ゲイコミュニティ」という語で指し示されるリアリティに特有の困難がむしろ存在するのではないか、その困難について語られるべきではないのかという疑問こそ、本書の記述を推進させるものである。「ゲイコミュニティ」に対する敬意をもった懐疑が、本書の出発点である。

以上のような出発点からスタートする本書は、しかし「所詮ゲイ男性の内輪の話にすぎない」わけではない。そのような見方は「二丁目」を他者化するのと同種のまなざしに基づく可能性があるだろう。それぞれの人がそれぞれの立場から本書の問題意識を共有してくれるよう、この懐疑の内実をより明確にするところから、さっそく議論をはじめることとする。

注

（1） もちろん、ゲイ男性以外のセクシュアルマイノリティをターゲットとした店の少なさは一つの問題を形成している。ゲイ男性がほかのセクシュアルマイノリティを排斥しているとは必ずしもいえないが（そのような場合もある）、この「ゲイタウン」がゲイ男性以外のセクシュアルマイノリティにとってのエンパワーメントの場となってもよいはずではないか、という疑問はさまざまな立場の人々によってすでに提出され、解決への取り組みも蓄積されてきている。また、この比較対照におけるバイセクシュアル男性の位置も別途論じられねばならないだろう。本書では第六章において検討される。

「ゲイコミュニティ」の社会学／目次

目　次

はしがき

序　章　もうひとつの「生きづらさ」を社会学する……1

1　「ゲイコミュニティ」の社会学の意義　1
2　問題としての「ついていけなさ」　6
3　社会学は「ついていけなさ」をどう描けるか　14
4　本書の方法と構成　19

第Ⅰ部　つながりの編成

第一章　ゲイ男性のつながりを「歴史化」する……29

1　つながりの様態の原型から現在へ　29
2　男性同性愛者の誕生　31
3　「語りの場」におけるつながりの誕生　32
4　二種類のつながり　34
5　偏差としての現在　40
6　インターネット　46
7　ゲイコミュニティ？　50

第二章　二種類のつながり……54
1　組み込みの問題　54
2　排他性　57
3　感情？　60
4　「愛に固有の理性的根拠」　63
5　自発的な服従というパラドックス　67
6　「圏」のゼマンティク　72
7　二重の困難への「解」　79
第三章　ゲイコミュニティという思想……88
1　語そのものへの着目　88
2　資料について　91
3　歴史という名の理想主義　92
4　純化される理想主義　96
5　ゲイコミュニティ／つながり　102
6　以降の記述の指針　106

第Ⅱ部　つながりの隘路

第四章　つながりの禁欲化
——カミングアウト論の分析から……113
1　観測地点としてのカミングアウト　113
2　カミングアウトの捉え返し——先行文献の検討　116
3　資料としてのカミングアウト論　119
4　関係性という発想　121
5　反省する自己　126
6　コミュニティとの連関　131
7　邂逅の困難　134
8　忘却されるつながり　138

第五章　ライフスタイルという問題
——雑誌『Badi』の分析から……146
1　特定のライフスタイルへの同化?　146
2　フーコーの「曲解」　149
3　ゲイ雑誌『Badi』の分析　154

4　接ぎ木の原理的困難　162
5　はるか手前での挫折　166

第Ⅲ部　つながりの技法

第六章　立ち上がる〈わたしたち〉……175
1　呼称のポリティクスの裏面　175
2　呼称における〈わたしたち〉の問題　178
3　調査の概要　182
4　婉曲の意味　183
5　なにをもって「仲間」なのか　187
6　立ち上がる〈わたしたち〉　191
7　〈わたしたち〉の困難　195
8　立ち上がる「こっち」の世界の〈わたしたち〉　200

第七章　技法としての「性的差異」……206
1　ゼマンティクの困難　206

2　カテゴリ・ミステイク？　207
3　調査の概要　210
4　拡散と「余剰」　211
5　行為の人への帰属の三つの様式　214
6　選別・関係性構築　219
7　技法としての「性的差異」　223

終　章　〈わたしたち〉でいることの困難と技法……233
1　「ついていけなさ」と二種類のつながり――本書全体の要約　233
2　「ついていけなさ」から「傷」へ　237
3　「外部」をめぐる問い　239
4　薄められた社会　241

あとがき……247

引用文献

索　引

初出一覧

序　章　もうひとつの「生きづらさ」を社会学する

1　「ゲイコミュニティ」の社会学の意義

「TOKYO Prideこみゅにてぃがいど2009」という東京近郊に住むセクシュアルマイノリティ向けのパンフレットは、コミュニティに関する特集記事を組んでいる。その巻頭言は次のようなものである。

　ＬＧＢＴなどの、セクシュアル・マイノリティのネットワークやグループを指して、「コミュニティ」という言葉が聞かれるようになったのはいつ頃からだろう？

（…）はっきり言えることは、そういう言葉が使われるようになってきたということが、私たちのネットワークに大きな変化が起きていることをあらわしているということ。（『TOKYO Prideこみゅにてぃがいど2009』6頁　砂川秀樹の執筆、以下本書ではパンフレットなどからの引用も敬称略とする）

本書は、このように近年ますますその存在ないしその変化を強固に信憑されているセクシュアルマイノリティのコミュニティのうちの一つ／あるいは一部分としての「ゲイコミュニティ」について、社会学的に考察するものである。しかし、ここにはすでに二つの大きな問題が存在する。第一に、「ゲイコミュニティ」とはなになのかという問いに答えること自体が容易ではないこと、第二に、なぜ「ゲイコミュニティ」を社会学的に考察しなければならないのか、という点である。

一点目については次節および第三章で述べることとし、まず二点目について述べる。「ゲイコミュニティ」について知ろうと思うのならば、細かな定義などに拘泥せず、前記のパンフレットや、そのほか当事者の書いた手記、雑誌記事などを読めばよく、わざわざ社会学の視点から学問的に考察する必要は（少なくとも表面上は）ない。しかし、もし、「ゲイコミュニティ」について社会学的に考察するならば当然考慮されるべき論点について既存の語りが見落としがちであるとすれば、社会学的な考察は「ゲイコミュニティ」について語る言葉の中においても固有の意義をもつ。本章では、この見落とされがちな論点を析出した上で、ゲイ男性およびバイセクシュアル男性当事者にとってのその意義を示す。さらに、当事者の抱えうる問題を踏まえた上で再度「ゲイコミュニティ」の社会学的考察の意義について述べ、考察のための準拠点となる用語を提出し、次章以降への助走とする。

「ゲイコミュニティ」の「弱さ」

ゲイ男性やバイセクシュアル男性にとって、そもそも「ゲイコミュニティ」と呼ばれる存在が心地良いものであれば、ただそれは享受されればよく、社会学的であるか否かにかかわらず、新たに考察される必要はない。しかし、「ゲイコミュニティ」と呼ばれるものの問題点がすでに指摘されているとするならば、何らかの考察の余地があるだろう。実は冒頭に挙げた砂川は、「ゲイコミュニティ」の「弱さ」について言及している。

人々が「コミュニティ」と呼ぶものには、つながりの強さとか深さとか、支えあう仕組みのあるなしとかに違いがあって、そういう面では、性的マイノリティの「コミュニティ」に弱さを感じている人も少なくないはず。

そういう弱い面について語られるとき、その中にいる人びとの性格とかのせいにされがちだけど（「こっちの人ってみんなわがままだから！」とか）、本当は、それよりも社会全体の中でどう位置づけられているとか、どういう制度によって私たちの生き方がサポートされるのか、ということが大きな影響力を持っている。（『TOKYO Prideこみゅにてぃがいど2009』18頁　砂川秀樹の執筆）

上記の砂川の記述には、非常に重要な論点が二つ含まれている。第一に、「コミュニティ」に弱さがあるとして、それは成員のパーソナリティに還元されてはならない。第二に、その弱さは、「社会全体」がセクシュアルマイノリティの生き方を支えられていない、言い換えれば「社会全体」がマイノリティに差別的な構造を維持していることを原因としている。

第一の論点についてはまったく同意する。かりにセクシュアルマイノリティのパーソナリティに何らかの傾向が見られたとしても、「社会全体」のどのような要素がその傾向の発現を促進したのか、との問いを立てうるのであり、いずれにせよ考察が必要である。そしていずれの場合も、この問いの立て方は非常に社会学的なものである。

他方、第二の論点については、必ずしも全面的に首肯はできない。この点こそ、社会学が「ゲイコミュニティ」を考察する固有の意義にかかわる。社会学には逆機能という言葉があるように、およそすべての社会集団には、その集団固有の機能を果たす側面と同時に、その集団にとってネガティヴな帰結を引き起こす側面、少なくとも可能性がある。しかし、砂川の記述は、「コミュニティ」が「コミュニティ」自身の機能を裏切ってしまう可能性を捕捉してはいない。

もちろん、多くの場合、全体社会の差別的な構造が「コミュニティ」の「弱さ」を帰結するかもしれない。それらの場合に対置させる形で逆機能の存在、「コミュニティ」の「弱さ」の原因が「コミュニティ」自身にあるという点を過度に重視すれば、「コミュニティ」への包摂によってセクシュアルマイノリティをエンパワーする戦略は気をそがれることになる。また、それは結局のところ「コミュニティ」の成員の弱さに還元されて解釈される可能性が高いので、前記の砂川の記述は理にかなったものではある。しかし、「コミュニティ」の弱さがそのメンバーに与える負の影響がありうるのならば、その原因を「コミュニティ」の外部に放擲せずに考える作業は、むしろエンパワーメントのためにも必要である。「コミュニティ」の弱さを「コミュニティ」自身の機制から導きだす作業が必要とされる可能性が浮上するのである。

任意の社会（集団）の逆機能を指摘することは、社会学の基本的な作業である。しかし、セクシュアルマイノリティを題材にする場合、この作業は往々にして置き去りにされる。本書の主題に即して言い換えれば、「ゲイコミュニティ」の「弱さ」はその外部の全体社会の差別性に還元される。このような傾向について一度点検することで、それと対置させる形で本書が「ゲイコミュニティ」のなにに光を当てようとしているかがわかるだろう。次項で述べる。

差別論の一歩先

前述したように「コミュニティ」の「弱さ」はその「外部」の差別性に還元され、記述は再び「外向き」の批判に回帰してしまう。そして、筆者の考えでは、既存のゲイ男性・バイセクシュアル男性に関する記述の大部分は、この還元をおこなっている。

留意すべきは、「既存のゲイ男性・バイセクシュアル男性に関する記述」とは、すべてではないにせよ多くの部分がこれらの人々への差別に関する記述（＝差別論）であるという点である。したがって上記の還元は、記述の構えの上で必然的に導きだされるものである。しかし、この還元がそのような論点の限定を離れて独り歩きすると、「ゲイコミュニティ」の逆機能は見えなくなる。この不可視化について考察するために、「内なるホモフォビア」という語について考察する。

同性愛者に限らず社会の少数者として生きていくものは、知らず知らずのうちに、前述のような（引用者注：少数であることを「異常」とみなすような）社会の物の見方を自分の中に取り込んでしまう。つまり同性愛者を「不自然」だとみなしたり、「異常」と考えたりする見方を、同性愛者自身も身に付けてしまう。これはむしろ「刷り込まれる」といった方がいいほど、心の深いところで同性愛者の思考や感情に影響を与える。これを心理学では「内在化されたホモフォビア」というが、これがまわりの環境以上にやっかいな代物だ。（伏見編 2003: 59-60　林直樹の発言。以下、伏見の編著からの引用において、断りがない場合は執筆者が特定できないか、伏見以外の人物の発言）

ごくごく頻繁に、「ハッテン場で男とセックスするのにゲイバーに来ないのは、内なるホモフォビアのせいだ」といった発言がなされることがある。この発言のポイントは、「ゲイコミュニティ」の包摂機能の失敗が、一方では個々人の心理学的性質に帰着され、他方では「全体社会」あるいは当該集団の外部の性質に放擲されて理解されることにある。つまり、「ゲイコミュニティ」そのものはつねに無傷でいられるように事態を解釈するためのマジックワードが「内なるホモフォビア」なのである。

もちろん、当人が自身の内なるホモフォビアに気づくことはありうるし、それは尊重されるべきである。ただし、個人の置かれた状況を他者が外側から説明するために、内なるホモフォビア概念を外挿することは、問題の核心を外す行為（であると同時に、おそらく倫理的にも許容されない行為）だと言えるだろう。「ゲイバーに行かない」という特定のスタイルに対し「内なるホモフォビア」という概念が当てはめられる思考パターン、あるいはそのような規範が存在することの意味を看過し、それを「全体社会」の差別性によって説明可能なものとしてのみ捉えているからである。つまり、そもそも特定のスタイルを「争点」として保持しているはずの「ゲイコミュニティ」が透明化され、差別される個人対差別的な「全体社会」、という単純な二項対立に事態が図式化されてしまっているのである。

この図式は前項の砂川の記述の特徴とぴったりと重なり合う。すなわち、差別論が主眼でない記述にも、「内なるホモフォビア」概念に象徴されるような差別論的枠組は強い影響を与えていると考えられる。

この傾向はすなわち、「ゲイコミュニティ」を透明で無傷な存在として温存させる傾向でもある。差別論の枠組では「弱さ」は十全に論じられることがない。しかし、「ゲイコミュニティ」がまさにゲイ男性の集団として成立している、その集団としてのありようこそが「弱さ」の原因である可能性は存在する。であるならば、この集団としての独特のありようを十全に論じるために、本書は差別論の意義を十分に認めた上で、しかしその視座を保留しなければならない。あくまでゲイ男性とバイセクシュアル男性の集団そのものに定位することで、「弱さ」は十全に論じられるだろう。本書が差別論でないものとして自らを存立させようとするのは、以上のような理由による。

逆機能といった社会学の用語を手がかりに、差別論的枠組の影響を強く受けた既存の「ゲイコミュニティ」に関する記述にとっての盲点が「ゲイコミュニティ」の「弱さ」の原因である可能性が示唆された。しかし、考察してなにも問題が見つからなければ、本書の立場は単に差別論的枠組の価値を引き下げただけ、すなわちゲイ男性やバイセクシュアル男性に対する差別的な構造を強化しただけになってしまうだろう。次節では「ゲイコミュニティ」の成員の側から「ゲイコミュニティ」のなにが問題となりうるかの一端を示すことによって、本書の立場において問われるべき問いが存在することを示す。

2　問題としての「ついていけなさ」

ゲイ雑誌『Badi』二〇〇五年六月号には、ゲイ男性が抱える「心の不安」について、日高庸晴が二〇〇五年に行った調査『SPIRITS@WAVE 2』をもとにした記事が存在する（『Badi』2005.6: 48-50）。この記事によれば、ゲイ男性の「心の不安」は「生育歴におけるストレス」「交友関係におけるストレス」「セックスに投影される心理」

「異性愛者的役割葛藤と精神的健康」の四つに大別される。「生育歴におけるストレス」と「異性愛者的役割葛藤と精神的健康」に関しては、日本社会のヘテロセクシズム（異性愛主義）ゆえの問題であり、ゲイリベレーションの戦った困難が今も残存してしまっていることを裏付けている。しかし、残る二つ、とくに「交友関係におけるストレス」に関しては、それらの問いとは異なる新しい問題が現れているように思われる(1)。

「（ゲイ）コミュニティで出会う人の中には、お金やセックスにルーズな人が少なくないように思う」

「ゲイの世界の人間関係に疲れることも多い。もっと信頼しあえて精神的な充足感が得られるような人間関係を築きたいといつも思う」（『Badi』2005. 6: 49）

「交友関係におけるストレス」の具体例として挙げられている意見である。ここに現れているのは、ゲイ男性の集合性がある程度信憑されている、「居場所」がある程度確保されているにもかかわらず、人間関係に不安を感じるゲイ男性の実態である。しかし、問題をゲイ男性の未熟なパーソナリティに還元してはならないだろう。すでに冒頭の砂川の記述が明らかにしていたように、そのような還元は悪意に満ちているだけではなく、問題の根本を読み違えている。上記の引用に「（ゲイ）コミュニティ」、「ゲイの世界」という語が含まれていることを見落としているからである。重要なのは、「心の不安」がゲイ男性の集合性に関接されることで表明されている点である。したがってこの実態は、ある種の集合性の「内部」で活動できるという、それ自体ゲイ男性・バイセクシュアル男性が望んでいたはずの事態が「心の不安」を引き起こしているという、集合性の逆機能の問題として読み解かれなければならない。「ゲイコミュニティ」の「弱さ」はすでに個々のゲイ男性・バイセクシュアル男性において具体的な問題を引き起こしているのである。

　この集合性との心理的距離やそれへの疎外感、言い換えるならば集合性への「ついていけなさ」こそ本書の考察の中心である。ただし、ここにあらかじめ応答しておくべき論難がある。この「ついていけなさ」は単に特定の少数の人が感じている疎外感なのではないか、多くの人は「コミュニティ」で楽しくやっているではないか、というものである。あるいは、これは単なる個人の独白であり、「わがまま」や「駄々」にすぎないとされるかもしれない。以上の論難に批判的に応答するために、本書が着目する疎外感（「ついていけなさ」）についての一連の議論をまず経由し、この疎外感を特殊なものとして捉えようとする発想への批判を側面からおこなう。その上で、本書では「ついていけなさ」の発生する基底的な構造を明らかにすることによって、むしろ「特殊化」の発想そのものの貫徹不可能性を示しうることを述べる。

もうひとつの「生きづらさ」

まず、前項で「ついていけなさ」と言い表された感覚を、「生きづらさ」という言葉を用いてなされてきた考察の継起に接続し、本書においてその発生の基底的な原因を探りたいこの「ついていけなさ」がどのような問題群を指しているのかを示す。

「生きづらさ」という表現は、二〇〇〇年代に現代社会を形容する記述としてよく用いられるようになったものであり、たとえば、草柳（2004）の『「曖昧な生きづらさ」と社会――クレイム申し立ての社会学』や萱野・雨宮（2008）の『「生きづらさ」について』といったように、この語を題名に冠した書籍も出版されるようになっている。非常に大まかに言えば、バブル崩壊や世界的な金融危機などを背景としつつ、現代社会を生きる諸個人が感じる漠然とした不安を指し表す用語として用いられるようになったと考えられる。

ただし、「生きづらさ」という用語は、誰もが感じる不安のほかに、特定の属性をもったり、特定の立場に置かれたりした諸個人が感じる不安や不満を指し示す場合もある。たとえば前述の草柳（2004）は、社会構築主義との関連においてクレイム申し立てについて重点的に記述しているし、萱野・雨宮（2008）ではフリーターなどの不安定労働の従事者や引きこもりなどが言及されている。また、この本にかぎらず雨宮がそれらの諸個人に「連帯」を促していることからも明らかなように、「生きづらさ」を抱える個人（それを、構造的劣位にあるという意味を込めてマイノリティと呼んでもよいだろう）が集団を形成することが、「生きづらさ」に対する重要な解とされていることは間違いない。これらの用例における「生きづらさ」は、前者では人々が共通に感じる疎外感、後者ではマイノリティがその構造的劣位ゆえに感じる何らかの不当さ、とまとめることができる。

しかし、前項で述べた「ついていけなさ」は、まぎれもなく「生きづらさ」と呼べるようなものであるにもかかわらず、上記の二つの用例におけるような「生きづらさ」には含まれないものである（草柳は前段落で挙げたような「生きづらさ」を「強い」言説と形容し、以下述べる「曖昧な生きづらさ」と対比している）。一見すると後者の「生きづらさ」と同じように見えるかもしれないが、その疎外感の出自が違うのである。すなわち、「ついていけなさ」は、マジョリティによる不当な扱い（のみ）ではなく、マイノリティがマイノリティ集団やマイノリティ同士の相互行為の中で感じる「生きづらさ」、共有されている（とされる）価値観やライフスタイル（第五章で詳述する）、大まかにまとめてしまえば「物語」からの疎外感、それへの「ついていけなさ」なのである。「全体社会を敵に回す」勝ち気な主張のために「生きづらさ」という言葉を用いることはもちろん重要かつ必要でもあるが、それらの主張の影に隠れがちなもうひとつの「生きづらさ」としての「ついていけなさ」にも、等しく光が当てられねばならない。たとえばアンチホモフォビアといった「『クレイム申し立て』カテゴリーがそれ自体むしろ問題をめぐる人々のリアリティのスクリーニングとなってしまうような、もっと曖昧な状況」（草柳 2004: 75）が存在し、この時スクリーニングされてしまうようなリアリティ、ゲイ男性の集団がゲイ男性の集団であるがゆえに発生させてしまう「ついていけなさ」こそが問題である。草柳が「曖昧な生きづらさ」と呼びその問題点を指摘したことからもわかるように、ここに考察すべき新たな問いがある。

そして、ゲイ男性以外の主題に目を向ければ、この問いはマイナーなものではない。たとえば貴戸（2004）では、不登校を経験した〈当事者〉の語りを通じて、不登校者は自ら不登校を選んだのだという「『選択』の物語」がとりこぼしてしまうリアリティを掬いとる作業がなされている。この作業は、不登校当事者に好意的に見える主流の言論に対する「ついていけなさ」についての考察と考えることも十分可能である。このように、「ついていけなさ」は必ずしもまったく手の付けられていない主題ではない。むしろ、マイノリティ〈当事者〉の活動が不可避的に帰結する問題として、考察の俎上に載るようになったと表現する方が正確だろう。

このことからもわかるように、人が誰でも感じる疎外感や差別などの不当性の感得などに回収されない「ついていけなさ」は、マイノリティ研究において考察の題材としてとりあげられはじめている。本書において「ついていけなさ」について考察をすることの正当性がこれらの研究から示唆されるし、本書もまた、単にゲイ男性に関する研究、セクシュアリティ論の一事例研究というよりは、ゲイ男性の感じるこの「ついていけなさ」について考察することでマイノリティ論や社会集団論一般に接続することを志向している。

一点補足しておく。もちろん筆者は、上記の三つの種類の「生きづらさ」を個々のゲイ男性が別種のものとして感得している、あるいは分析者が截然と分けることができるとは考えていない。しかし、三つ目の「ついていけなさ」が一つ目および二つ目の「生きづらさ」に還元されてしまうとすれば、問題なしとはいえない。むしろ、ゲイ男性とバイセクシュアル男性の集団が集団であるゆえに発生させる三つ目の「ついていけなさ」を積極的に見てとり、その生起の構図を描き出すことが必要でもあり、重要でもあるだろう。そして、「ついていけなさ」が必然的に生起せざるをえない構図を描ければ、前述の還元の錯誤をも示すことができるはずである。

「やわらかな締め付け」を解きほぐす

個々のゲイ男性・バイセクシュアル男性が「ついていけなさ」を感じるとして、それを個々人のパーソナリティに還元しないとしても、なぜ個別の「ついていけなさ」を感じさせる事象をとりあげて論じないのかという問いは存在する。この問いを棲み分けという語をめぐる形で考察し、本書の取り組む問いがその記述にどのような方向づけを与えるか、具体的にはなぜ「ついていけなさ」を感じる基底的な条件の分析へと進むのかを明確にする。

今一度、前節で示したような、ゲイバーには行きたくないというような感覚とそれに対する批判にもとれる感覚について考える。これらのどちらかの側の語りが、語り手本人の、自分とは異なる人間に対する寛容さの欠如にもとづく嫌悪の表明にすぎないのならば、狭量さを単に批判すればよい。しかし、まったく同じ語りが別の意味をもっているとしたら、単に批判するわけにはいかない。たとえば、ゲイタウンに行くべき／行かないべき、「男性的に／女性的に」ふるまうべきという規範に対する息苦しさや、あまりに息苦しすぎるゆえの激しい忌避感が背後にあるとすれば、語りには十分理があるし、単純な悪として批判することはできない。

しかもこの時重要なのは、規範に対する息苦しさや激しい忌避感を抱えているという点ではどちらの立場も同じであり、したがって、どちらか一方が正しいとか間違っているといった話にはならない点である。つまり、すでに述べているように、事態をそう感じている一部の人間の特異な感覚や不適切性に回収する形でこの息苦しさを解決しようとすべきではない。なにごとかを共有することを強制されているとゲイ男性に感じられ、そのことでゲイ男性の生を苦しくさせている、もはや規範とすら呼びえないような「やわらかな締め付け」そのものが問いとなるのである。したがって本書は、個々のゲイ男性がなにを感じているかだけではなく、そう感じさせる側の当の事態が、どのような機制によって時に「やわらかな締め付け」に転落するのかの解明に照準をあわせなければならない。

一方、どちらかの側が悪いわけではないことを踏まえて、この「やわらかな締め付け」にはどのように対処が可能か。たとえば、ゲイタウンに行くことを促す「やわらかな締め付け」への抵抗に対し、行きたい人は行きたい人同士、行きたくない人は行きたくない人同士で集まって勝手にやってくれ、と表明するのはこの「やわらかな締め付け」に対する解決として妥当であるか。つまり、集合性を分割して「棲み分け」る策は妥当か。妥当ではないと以下に示す。

まず、率直にいってこれは「弱者の切り捨て」である。共有することが強制されているとしたら、どちらに理があるかにかかわらず（そもそも双方に理はあるのだが）、共有に乗る側に対して乗らない側は相対的に弱い立場に置かれる。往々にして弱い立場の側は少数者でもあるが、数の多少はここでは問題ではない。その人たちは勝手にやってくれというのは、ひいき目に言っても「締め付け」への居直りでしかないし、もっといってしまえば規範の悪質な再生産でしかない。そもそも「ヘテロセクシズム」によって「切り捨て」られたゆえに苦しいはずのゲイ男性たちがこの「切り捨て」を認める立場に立つことは、原理的には自らの生の足場を切り崩す行為である。たとえ分割されくくり出された側に新たな共有の物語が与えられるとしても、共有に乗る側／乗らない側の非対称性の問題は単に隠蔽されただけであり、解決どころか考察の俎上にも載っていない。つまり、さまざまな内実の共有の「棲み分け」は、結局のところ（単方向的ではないにせよ）「切り捨て」の連鎖の帰結である可能性を抱えているのである。(2) この時、すべての共有を言挙げすることができないゆえに任意の要素を挙げる形で「ゲイコミュニティ」の集団の特徴を記述する方法をとったとすれば、それは「切り捨て」の連鎖に接続してその連鎖を単に延命させてしまうことと同義である。ほかの要素ではなくこの要素をとりあげる、という選択は、「何を共有すべきか」に関する規範的な言明としていつでも受けとられるのであり、筆者はそれゆえこの形の選択を避けるべきなのである。言い換えれば、ゲイ男性がその集団において「何を共有しているか」という事実に関する言明を行うことで、遂行的に規範に関する言明（「何を共有すべきか」）を行ってしまうことはできる限り避けられるべきなのである。本書が「何が共有されているか」ではなく「なにごとかが共有され、それが疎外感を発生させている」ことにこだわるのは、この指針ゆえである。

なにごとかを選択して記述してしまうことの抱える問題のほかに、もう一つ「棲み分け」に関する問題点がある。それは、この「棲み分け」の図式が個々人のパーソナリティをあまりにも固定的ではっきりとしたものとして捉えている点である。たとえば、「男性的」なふるまいのコードにしたがって行動し、そのコードを共有していること自体を肯定しているゲイ男性が、そのような自分自身に「ついていけなさ」を感じることもありうる。とするならば、「棲み分け」をすることで誰もがなにかのコードを共有することに乗った人間として捉えられる、という発想がそもそも不十分なのである。「棲み分け」という形で個々人のパーソナリティ（あるいはアイデンティティという言葉を用いてもよいかもしれない）を固定化させながら温存させることで、「ついていけなさ」や「息苦しさ」を隠蔽することは避けられなければならない。「棲み分け」の図式が隠蔽してしまう「ついていけなさ」に寄り添うためにも、任意の集団や集合性を切り出し、あるいは任意の要素をとり出してその共有のあり方を考察することは避けるべきである。

もちろん、実践的には「棲み分け」は現に起こっているし、必ずしもいつも忌避されるべきだとも言えない。しかし、学問が即効性のある答えではないものを差し出す営為でありえるとするならば、「棲み分け」の図式が抱えるエアーポケットに落ちるゲイ男性の（少なくとも言論内への）居場所を確保するために、むしろ集合性の分割から可能なかぎり遠ざかって、「ついていけなさ」を十全に捉えうる仕方で「なにごとかを共有する」事態を考えるべきである。(3) この方針をとれば、「中心的なゲイ像」に合致するゲイ男性とそうでないゲイ男性、という具合に人間を集合性への同調具合やほかのゲイ男性との共有度の強さで分割する安易な類型論や、そのどちらかに肩入れする（できると思ってしまう）「政治的選択」をも避けることができるだろう。いわば本書の記述の方針は、どんなゲイ男性も多かれ少なかれ「ついていけなさ」を抱えているという想定に賭け、「共有するのが無理な人はこのゲームから降りればよい」という解とは別の方向を探るためのものなのである。

したがって、本書は個別具体的な「ついていけなさ」の様相について分析するのではなく、それらの「ついていけなさ」を発生させる基底的な条件を探る。その条件を探し当てることによって、誰もが「ついていけなさ」を感じうることを示せれば、「棲み分け」に陥らずに「ついていけなさ」について何らかの言葉を語ることが可能になるだろう。言い換えれば、本書は『「ついていけなさ」』などは一部の人が感じている問題で、多くのゲイ男性・バイセクシュアル男性はゲイコミュニティを楽しんでいる」として「ついていけなさ」を等閑視しようとする、当のゲイ男性・バイセクシュアル男性に対し、「構造的にあなたも『ついていけなさ』を感じるはずだ」と述べる。そしてその成員全員が「ついていけなさ」を感じてよいのだと思うことによって「ついていけなさ」を解消するのでなく肯定してしまう、という裏返しの「解放戦略」をとるものである。

以上、「ついていけなさ」を考察していく視座について述べた。では、「ゲイコミュニティ」が抱える、より形式的な前提条件が現在の当の集合性に特有の困難を引き起こしてしまう、という論理的な構図そのものを明らかにするため、どのような論述の方法論が採用されるべきか。次節では、方法論をめぐる問いに対して再び社会学という解を提示する作業を行う。

3　社会学は「ついていけなさ」をどう描けるか

「いわゆる内面の微妙な襞」

一九九七年に出版された『現代思想』のレズビアン／ゲイ・スタディーズ特集号での対談で、浅田彰はフェミニズムと社会学の関係性について、次のように述べる。

逆にいうと、ぼくの無知もあるかもしれないけれど、特に日本のフェミニズムは社会学に近すぎたのではないか。もう少し、文学とか精神分析とか、いわゆる内面の微妙な襞に関わるような領域との関連で展開されてきてもよかったのではないか。それがあまりなかったので、そこからクィア・セオリーみたいなものにもなかなかつながっていかなかったんだと思うんです。(…)あまり微妙な問題に入る前に(…)非常に唯物論的な課題に取り組まなければならないというのは事実だけれど、それだけ言っていると、微妙な問題が全然扱えなくなってしまう。フェミニズムはそういう唯物論的な問題をまず解決してからほかのことを考えるべきだと言ったとすれば、それは大変な差別なんで、僕はそれに近いことを言ってしまったこともあるんですが、一方でそういう唯物論的な問題を考えつつも、他方で一人一人の深いところに届くような問題を考えてやっていかないといけないでしょう。そういう微妙な問題になると、客観的に社会を見てシステム論的に分析するとかいう以上の、文学や精神分析といった多様なアプローチが必要だと思うんです。(浅田ほか 1997: 53-4)

この発言ののち、話題は社会学の男性中心主義や社会学の標榜する「客観性」がレズビアンやゲイ男性の研究に適用された際の問題点へと移行する。したがって、浅田の上記の発言を、ゲイ男性やその集団性を対象とする社会学的研究に対してなされたものと考えることも、十分可能だろう。

このように考えると重要になってくるのは、上記の発言において、浅田が社会学を文学や精神分析と対置し、後者にのみ「いわゆる内面の微妙な襞に関わるような領域」、「一人一人の深いところに届くような問題」を取り扱うことができると述べている点である。しかし、社会学は本当にこれらの問題を取り扱うことができないのだろうか。反射的かつ思慮の浅い「できる」との回答を排除するためにより正確に述べる。社会学が問うべき、社会学にとっての根本問題は、「一人一人の深いところに手が届くような」ものなのか。

そうである、と筆者は考える。個々のゲイ男性・バイセクシュアル男性が時に感じる「ついていけなさ」という「内面の微妙な襞に関わるような」事象は、個人に外在し個人に影響を与える、社会的事実（デュルケーム）という社会学の根本的な概念と表裏の関係にあり、したがって「ついていけなさ」を個々人の実感ではなく社会の水準において記述していくことで、ゲイ男性を対象とした研究を浅田に抗って社会学的におこなうことの意義を示すことができるのである。

デュルケーム自身の『社会学的方法の規準』における最初の明確な定義によれば、社会的事実とは「行動、思考および感覚の諸様式から成っていて、個人に対しては外在し、かつ個人の上にいやおうなく影響を課することのできる一種の強制力を持っている」（Durkheim 1895＝1978: 54）。ここから一般的に社会的事実の概念上の特徴として外在性と拘束性の二つが取り出されることになる。もっともデュルケームは社会的事実における「自発的に貢献する」側面（Durkheim 1912＝1975: 上404）、「執着」（Durkheim 1895＝1978: 40）の側面についても記述しており、必ずしも拘束性は人々がそこに強制性を感じていることを条件とする必要はないが、社会的事実について「個人の上に外部的な拘束をおよぼすことができ」（Durkheim 1895＝1978: 69　原文では引用範囲すべてがイタリック　傍点引用者）とデュルケーム自身が説明していることからもわかるように、人々がそれにしたがったり心理的抵抗を感じたりするなんらかの規範や習慣こそが社会的事実なのである。裏をかえせば、社会的事実の拘束性とは正確には拘束可能性と表現すべきである[4]。本書では、このような拘束（可能）性を本書における「ついていけなさ」と積極的に重ねあわせ、そこに社会的事実を見てとろうとしている。

むしろ、社会的事実概念における拘束性／拘束可能性という特徴の位置づけの曖昧さは、現在「ついていけなさ」を感じているゲイ男性と感じていないゲイ男性をともに社会的事実の影響下にあるものとしてまとめあげて（一つの）集団と捉えることができるゆえ、利点とすらいえるだろう。かりに特定の習慣や文化に現在「ついていけなさ」を感じている人のみを取り扱うとすれば、それは本書が避けるべき、ゲイ男性を分割する棲み分けの発想と近接してしまう[5]。そもそも、「ついていけなさ」は個人が表にあらわさない心理的葛藤なのだとすれば、それにもとづく「党派」は観察不可能だろうし、明確な小集団としては成立していない。むしろ、そういった個々人の心持ちや思想・習慣の差異に問いを矮小化しないためにも、「ついていけなさ」を諸個人における潜在的な発生可能性までも含める形で想定し、社会的事実と考える方が、本書にとっては実りが多い。

他方、外在性という特徴もまた、本書にとっては重要である。社会的事実の外在性とは、社会学がつねに取り扱ってきた「個人と社会の対立」という問題のデュルケーム流の表現であり、この外在性という表現は、個人と社会は完全には重ならないという主張をその重ならなさという性質に定位して読み替えたものである[6]。とするならば、社会的事実の外在性という特徴につねに留意することで、「ついていけなさ」が完全に解消する、という発想への傾斜を回避できる。

この点は、「棲み分け」という解を持ち出したくなる心性に対するあらかじめの批判として考えることができる。「棲み分け」が究極的な解決となるとする信念は、解像度を上げ、「社会」という単位をより小さいものへと分割すれば、個人と社会はぴったりと重なり、個人と社会の対立を無化できるとの信念と同一である。しかしこの信念は、社会に適合的な個人のみが個人として見え、そうでない個人が不可視化される危険と表裏一体である。また、このような考え方は、いかに「社会」という語を用いて表現されようとも、個々人の集積に回収されない社会のリアリティ、という社会学の根本的な視座を捨て去っているゆえに、自らが社会学であることを放棄している。実践的にも理論的にも社会と個人の一致を模索する「棲み分け」概念は危険を抱えているのであり（だから絶対に避けるべきだ、とは筆者は考えないが）、社会的事実の特徴である外在性を忘れずに「ついていけなさ」を捉えることで、逆説的にも「ついていけなさ」を感じる個々のゲイ男性を排除せずに議論の中に位置づける必要がある。

したがって、次のようにいうことができる。本書があくまでゲイ男性・バイセクシュアル男性やその集団という漠然とした対象を相手にし、ある種の「大雑把さ」を引き受けつつ抽象度の高い水準で記述を行うのは、「社会」の分割によって「ついていけなさ」を解消したと思ってしまう発想を採用しないからである。本書がゲイ男性の「ついていけなさ」を社会学的に問うと宣言するのは、「ついていけなさ」、つまりゲイ男性にのしかかる社会的事実を安易に解消してしまわないことの宣言でもあるのである。

ゲイ男性・バイセクシュアル男性の「ついていけなさ」は、十全な考察のために社会学的に取り扱われるべきものである。したがって本書は、社会学的にゲイ男性・バイセクシュアル男性を研究するとはこのようなことである、という一例を示すものである。

「コミュニティ」≠つながり

本書はゲイ男性・バイセクシュアル男性の抱える「ついていけなさ」を、個人のパーソナリティに還元せず、それを感じさせる集団、すなわちゲイ男性・バイセクシュアル男性の形成する社会に焦点を当てる形で考察する。しかし本書では、この集団、社会そのものを「ゲイコミュニティ」と呼ぶことはせず、別の用語を用いる。すでに冒頭の引用で述べたように、「ゲイコミュニティ」という言葉はゲイ男性・バイセクシュアル男性の集団が集団としての厚みをもつゆえに引き起こす逆機能を含まない（場合がある）。また、必ずしも肯定的なものだけとはいわずとも、ゲイ男性・バイセクシュアル男性の相互行為や社会集団の中で特定の要素だけを名指している可能性もある。したがって、本書はまぎれもなく「ゲイコミュニティ」について考察するものであるが、それだけを考察するものでない可能性を含め、別の用語を設定する方針をとるべきである。そののちの考察を経た上で、「ゲイコミュニティ」という語については議論に包含すべきだろう。

また、「ゲイコミュニティ」での「ついていけなさ」を、「個人と社会の対立」という表現に一般化することで、個人の側からは働きかけることの（でき）ないものとして「ゲイコミュニティ」を捉えてはならないだろう。デュルケームの社会的事実にかぎらず、秩序問題や役割期待といった社会学の基本的な術語の旨味は、明らかに諸個人の相互行為を通じて作られ出現するにもかかわらず、その営為自体やそこに働く論理が否応なく個人に外在してしまうという現象を名指しうることにある。逆から表現すると、個人に外在するにもかかわらず、個人の相互行為においてそのありようが変容させられていくようなものとしても、社会は捉えられうる。「ゲイコミュニティ」を包含しつつ、その動態性を捕捉できる言葉が必要だろう。

そこで本書では、ゲイ男性・バイセクシュアル男性の集合、あるいはその相互行為の総称として、つながりという表現を用いる。ゲイ男性・バイセクシュアル男性のつながり、という名詞、ゲイ男性・バイセクシュアル男性は互いにつながる、という動詞、どちらの用法も可能ゆえ、社会という言葉が含む動態性をより意識した言葉としてこの語を選択することに意義がある。つながりという言葉がややポジティヴに響く点を考慮し、ゲイ男性・バイセクシュアル男性がなにごとかを共有したりしなかったりし、一方で、その共有に「ついていけなさ」を感じたりする事態が起こる相互行為の総称として、より正確につながりという言葉を設定しておくことができる。ゲイ男性・バイセクシュアル男性はつながり、そしてそのつながりを生き、つながりにからめとられ、つながりを変容させる。ゲイ男性・バイセクシュアル男性の相互行為、その中で立ち上がる社会的事実の水準とそれへの「ついていけなさ」を含み込む本書の戦略的拠点として、以下つながりという言葉を用いていく。

以上、議論の助走をおこなってきた。簡単にまとめる。ゲイ男性・バイセクシュアル男性が共有したりしなかったりする諸要素に対する「ついていけなさ」を十全に論じるには、これらを人間なら誰もが感じる疎外感や、差別の内面化の結果としてのみ説明するのではなく、その社会集団を説明様式に組み込む形で捉える必要がある。そして、この社会集団の、どのような形式的条件がこの「ついていけなさ」を発生させるのか、その生起の構図を描くことが、実践的、倫理的な問いとしても、社会学がゲイ男性・バイセクシュアル男性を問うことの固有の意義という学問的、理論的な問いとしても重要である。それゆえ本書では、この問いに十全に取り組むため、ゲイ男性・バイセクシュアル男性の相互行為において共有される個々の要素のうちどれかを特権的にとりあげたり、「棲み分け」に接近したりする方法で記述することを可能なかぎり避け、あくまでも、「なにごとかが共有されている」という水準に狙いを定め記述を行う。これらの視座を象徴させるため、本書はゲイ男性・バイセクシュアル男性のつながりという語彙を設定し、これを記述の焦点とする。

4　本書の方法と構成

以上の問題意識にもとづき、具体的にどのように本書で記述をしていくのかについて述べる。

社会的事実の水準への着目は確かにすぐれて社会学的なものであるが、具体的になにを記述することでこの視座を具現化するかは難題である。たとえば、個人に外在するという点に注目し、法や市場の仕組みを記述することもできるが、それならば法学や経済学でもよく、また、法や市場の記述そのものではそれに個々人がどのように「ついていけなさ」を感じているかまでは捕捉できない。

この点からわかるように、本書が問う対象はある種の社会であるが、それを捕捉するためには逆説的にも個々人の（個々の）語りを用いていくことを避けることができない。ただし、これは必ずしも本書にとっての足枷となるわけではない。個々人の語りを見ていくことは、「社会そのもの」を想定してそれを直接記述しようとするより（そもそもそのようなことが可能かもわからないが）作業としては容易だからである。[7]

したがって、本書では、作業としてはゲイ男性・バイセクシュアル男性の語りを分析する。具体的には各章において、ゲイ男性・バイセクシュアル男性の集合性に関する記述のある学術論文、一般の書籍、ゲイ雑誌、筆者自身が行ったインタビューの記録、補足的資料としてインターネット上のホームページなどを用いる。各資料を取り扱う方法はそれぞれを分析対象とする章で記述する。

本書の構成は以下のとおりである。

第I部では、本書にとっての課題であるゲイ男性・バイセクシュアル男性の「ついていけなさ」をその生起の構図の側から描き出していくための準備を行う。後述するが、本書はその考察の対象であるところの「ついていけなさ」を、ゲイ男性・バイセクシュアル男性のつながりが解くべき問いが十全に解かれていないことの結果として読み解く。そのために第I部では、この解くべき問いとは一体なになのかを明確にする。つまり、つながりが、ゲイ男性・バイセクシュアル男性のつながりであるという理由によってどのような形式的な条件をもっているのか、当のつながり自身にどのような事態を要請しているのかを、歴史的ないし原理的に考察することによって、そもそもゲイ男性・バイセクシュアル男性のつながりがどのような問いを解かねばならない状況におかれているかを明らかにする。

まず第一章では、時代を少しさかのぼり、ゲイ男性同士のつながり方の歴史を追う（バイセクシュアル男性が含まれるかは場合によって異なるため、以降基本的にゲイ男性のみについて表記し、適宜補足する）。この章では、ゲイ男性のつながりが論理的には大別して特権的な他者とのつながりと、総体的なつながりの二種類に分類できること、またこの二つのつながりは、不可分の状態から明確に分離できる状態へと歴史的に変化しているということが記述される。このようにして析出されたつながり方の多層性、二重のつながりこそ、ゲイ男性の集団が解かねばならない問いの前提条件となるものである。

この多層性は、広義のパートナーシップとでも呼べる特権的な他者とのつながりがゲイ男性のつながり方の一方の種であるゆえ、ほかのマイノリティ集団には見られないものである。したがって、個々人の「ついていけなさ」を、その集団に特有の現象、社会的事実として捉えるためには、この多層性がどのような問いを発生させるかを正確に捕捉しなければならない。そこで第二章では、ゲイ男性のつながりをほかの集団におけるつながりから差異化する、単なる社会集団総体としてのつながりとは異なる特権的な他者とのつながり、すなわち「親密な」「性的な」「愛の」関係性を分析に含めるために、この二重のつながりを捉える概念装置についてルーマンを引きつつ考察する。そのことによって、特権的な他者とのつながりを抱えるゲイ男性の社会集団が、このつながりを社会集団の中に保持するためにどのような問いを解かねばならないかについての知見が導き出される。

以上の作業によってゲイ男性のつながりを考察する本書の視座を設定したのち、本書のタイトルにも含まれる「ゲイコミュニティ」という言葉に着目し、本書の用語系との接合をはかる。この作業が第三章で行われる。ゲイコミュニティに関する語りを分析することで、集合性をめぐってなされる言説実践としてのゲイコミュニティ語りが、第二章で明らかになった問いを完全に捉えそこなう視座のもとにあることを指摘した上で、この語との差異を明らかにする中で、本書がつながりという用語を用いることを再度正当化する。さらに、「ついていけなさ」が発生するとはどのような問いが解けていない状態の結果なのかを明確にする。以上の作業によって、ゲイ男性の社会集団に対する原理的歴史的な要請、それも既存の語りによって看過されやすい要請が、形式的に指摘される。

第Ⅱ部では、本書が問うべき「ついていけなさ」の隘路を描き出していく。すなわち、ゲイ男性の集団が原理的に解くべき問いが、いかに解かれそこなっているかを記述していく。ただし、第Ⅰ部で挙げたこの問いが解かれているならば、その解となる特定の要素を記述すればよいが、解がないことを特定の解の提示によって示すことはできない。そのため、記述は「抽象的」な事象に焦点をあわせた、裏側からのものとなる。第Ⅱ部においての戦略的拠点となるのが、ゲイ男性のアイデンティティとゲイ男性の集合性の関係および、ゲイ男性にとってのライフスタイルである。ゲイ男性の集合性存立のために必要な最低限の要素がすでに第Ⅰ部で挙げた問いを解けるような形では存立できていないことを示し、この問いが現在では解けず、それゆえ「ついていけなさ」を個々のゲイ男性に感じさせていることを示すのが、第Ⅱ部の作業である。

第四章では、集合性への参入の時点でゲイ男性とゲイコミュニティが「幸福に」手を結ぶとの想定が現在では成り立たなくなっていることを、カミングアウトに関する語りをもとに考察する。第Ⅰ部で明確にした問いが解かれるには、そもそも個々のゲイ男性が第一章で挙げた二種類のつながりにアクセスできている必要がある。しかし、カミングアウトという言葉の現在の用いられ方からわかるのは、個々のゲイ男性は、総体的なつながりへのアクセスのみが争点化される中で生を営んでおり、総体的なつながりを通じて特権的な他者とのつながりへとアクセスすることが想定されていないという事態である。このような、二種類のつながりに関する言論の構図上の不全が、第Ⅰ部で挙げた問いを解けなくさせていること、それゆえ「ついていけなさ」が言論の構図上発生せざるをえないことが明らかになる。

第五章では、この構図上の問題に気づき、そのことについて対処しようとする語りとして、雑誌『Badi』の署名記事をとりあげ、分析していく。『Badi』は本書と同じ問いを引き受けているとみなすことができるが、その「解法」は事態を世代論に回収するものである。また、そもそもこの記事に描かれている事態は、個々のゲイ男性の総体的なつながりへの接続自体が安定的に成立しておらず、二種類のつながりの関係の成立という解かれるべき問いを問いとして析出させることすらできていない状況を示している。したがって、隘路は完全な隘路として明示化され、第Ⅰ部で挙げた問いの現代的な解けなさが指摘される。

しかし、本書が定式化した問いが、本当にゲイ男性の集団にとって解かれるべき問いであるならば、それが問いとして析出されえず、それゆえ根本的な解けなさが存在するとしても、なんらかの「策」が講じられているはずである。そこで第Ⅲ部では、第Ⅱ部で明示化された、問いの解けなさについて、それに個々のゲイ男性の言説実践がどのように対処し、このアポリアをいかに回避しているか／しようとしているかを論じる。ゲイ男性の二種類のつながりの成立しえなさを所与の前提としつつ、第Ⅰ部で挙げた問いを「解《ほど》いて」しまう技法が記述される。この考察によって、「ついていけなさ」が遂行的に「ついていかなくてよい」という思想へと解体されていく道筋を記述していくこととなる。

第六章では、「こっちの世界」という言葉に着目したインタビューの結果を分析する。「こっちの世界」という言葉は、その内実がブラックボックス化されており特定されないという意味でも、本書がとりあげてきたゲイ男性のつながり全体とほぼ重なる、可能なかぎり広い範囲を指し示す言葉である。「こっち」という言葉の内実の空虚さは、ゲイ男性の間に規範的にならない形で共同性を立ち上げる、すなわち総体的なつながりの成立しえなさを組み込んで総体的なつながりを最低限維持しようとする、複雑な実践を可能にしている。

第七章では、ゲイ男性の間での言説実践としてのタチ／ネコという用語系をとりあげる。この用語は、第二章で述べた特権的な他者とのつながりにかかわる要素のうち、おそらくもっとも全域的に共有を想定されているものである。この用語系自体は、行為とその人への帰属に関してある「誤解」の余地を埋め込むことで、特権的な他者とのつながりのもつ排他性をある程度解除し、その成立可能性を高めている。第六章と第七章を合わせることで、多層化したつながりにおける共有の規範が、さまざまな相互行為上の技法を呼び出すことで解除され、第Ⅰ部で挙げた問いが「解《ほど》かれ」ていく（少なくとも「解《ほど》かれ」ようとする）ことを示していく。このことによって、「ついていけなさ」が回避される現代的な技法が記述される。

以上の洞察を踏まえ、終章ではゲイ男性のつながりについて総括する。ゲイ男性は「ついていけなさ」という決して解消しつくされない諸問題を、独自の仕方で「解《ほど》こう」としていることが示される。また、派生的な論点として、ゲイ男性の集合性にとっての「外部」がもつ意味が、従来ゲイ男性の集合性の基底条件として「外部」を想定し、「内部」の確定的記述を行ってきた立場に変更を促すものであることを述べる。

注

（1）「セックスに投影される心理」については、「つながりたい」がゆえに「生セックス」に走ってしまうことへの不安が掲載されている。ここでの「つながり」は、本書における特権的な他者とのつながりという用語に包含されるだろう。

（2）Barrett & Pollack（2005）は、アメリカのゲイコミュニティにおける相互行為の差異が社会階層の差異と関連していることを示している。「低所得者層は低所得者層で仲良くやってくれ」という言明の差別性を考えれば、「棲み分け」の危険性は明らかだろう。

（3）したがって本書では、その有効性を認めつつも、以下のような立場からは積極的に距離をとる。

「ゲイ」という共通点だけで、ゲイ全体をつつみこむ仲間意識が持てない今、必要なのは「ohana」（引用者注：ゲイサークルの名称）のように、地に足のついた顔の見える小さな「コミュニティ」なのかもしれない。（伏見編 2005b: 147　田辺貴久の記述）

「コミュニティ」という語に関しては第三章、「仲間意識」に関しては第六章を参照。

（4）ただし、ここにある拘束性／拘束可能性をめぐる記述の複雑さは、たとえばパーソンズにおいては曖昧さとして批判され、最終的にデュルケームの中で後者へ一元化されたと論じられる（Parsons 1937＝1982: 3-117）。この方向性をより精緻化するため、パーソンズは、社会が許容する可能な目的と手段のセットの「自由な選択」における組み合わせを要素に組み込み、彼自身の主意主義的行為理論を立ち上げた。しかし、この理論はしたがうべき価値と諸個人の行為の間の理論的な距離を目的／手段図式を挿入し引き伸ばすことで「説得性」を高める方針にもとづくものであり、結果として両者のずれはその「遠さ」ゆえに隠蔽される。それゆえこのような考え方では、「ある価値に行為の上でしたがっていて、なお「ついていけなさ」を感じる」というマートンなら「逃避主義」（Merton 1968＝1969: 141）と言っただろう事態は、掬われることがない。拘束性という説明がもっていた「個人への強制力」が、ふたたび焦点化されなければならない。

（5）したがって本書は、「ついていけない」と「ついていかない」の両者の間には区別をおかない、という立場をとる。自発的に「ついていかない」ことを選択した人が「ついていけなさ」を感じつつ「ついていか」ざるをえない人に比べて「自由」であったり「恵まれた」状況にいたりするかどうかは一概に決定できないし、なによりこのような方針は棲み分けの弊害を発生させるからである。

(6) 欲求を充足させようと行為する個人の行為の合算が社会であるとするスペンサー流の功利主義的社会観をデュルケームは批判していた（富永 2008: 245-7）。

(7) デュルケームの社会的事実概念を踏まえるならば、ここで分析の対象として「物」として取り扱いうる要素を挙げるべきかもしれない。現にデュルケームは流行現象は衣装という物の中に刻印されていると述べている（Durkheim 1895＝1978: 95）。しかし、他方でデュルケームは「社会的潮流（courants sociaux）」もまた社会的事実と並びうる社会学の対象と捉えそこに外在性と拘束性を認めている（Durkheim 1895＝1978: 56）。したがって、それが物のように観察できはしないにせよ、語りの厚みの中から外在性と拘束性をもったリアリティを浮かび上がらせる方針に問題はないだろう。

第Ⅰ部　つながりの編成

第一章　ゲイ男性のつながりを「歴史化」する

1　つながりの様態の原型から現在へ

第Ⅰ部では、現代のゲイ男性の形成するつながりが、どのような問いを解くことを当のつながりに要請されているかを明らかにしていく。そのためにもまず本章では、つながりという本書にとって焦点となる用語をその後の分析に資する形に整えておく必要があるだろう。その際、満たすべき条件は次の二つである。第一に、それがゲイ男性のつながりであるという特徴を押さえたものでなければならない。社会集団、あるいはマイノリティ集団一般に当てはまるような整え方では、ゲイ男性の固有性を捉えたことにはならないからである。第二に、それは、ゲイ男性のつながりの現在性を捉えうるものでなければならない。一九五〇年代でも二〇〇〇年代でもあてはまるような枠組では、いつの時代のゲイ男性にも当てはまる疎外感が摘出されるのみである。このような帰結は、これらの時代を通底してしまっている差別や偏見といった要素へと「ついていけなさ」を還元してしまうおそれがある。それでは、本書の指針にはそぐわない。

そこで本章では、ゲイ男性のつながりを、ゲイ男性全体の可能的な接触の様態としての総体的なつながりと、広義のパートナーシップとでも言える、セクシュアリティにもとづく二者（以上）の排他的な関係という意味での特権的な他者とのつながりの二種類に分類し、この二種類のつながりの関係性が現在までの間にどのように変容してきたかを検討する。このことによって、現在のゲイ男性のつながりが解かねばならない問題を、原理的であると同時に歴史的なものとして定式化するための道具立てを整える。

　以下歴史をさかのぼって、ゲイ男性同士のつながりがどのように変容してきたかを検討するが、ではその考察はどこまで時代をさかのぼるべきか。本章ではこの問いに対して、男性同性愛者という概念とそれで表される存在の誕生の時期、具体的には一九二〇年代ごろまでさかのぼるべきだと答え、この時代の検討から記述をはじめていく。その理由は、現在のゲイ男性のつながりの様態の原型が男性同性愛者という概念の創出と同時に発生したと考えるからである。

　ただし、この遡及の正当性は、男性同性愛者という存在が生まれなければ男性同性愛者がつながることはそもそもありえないから、という点にもとづくものではない。そのような、論理上導き出されるだけの消極的な論拠にすぎないのならば、結局のところ、男性同性愛者、現在で言うならばゲイ男性のつながり方の様態についてはなにも明らかにはならない。つながり方に関する有意味な記述をおこなうために、上記の消極的な論拠を揺るがす一つの問いから本章をスタートさせたい。同性愛者という概念が生まれる前、同性愛者がまだ存在しない時代にも、男色や稚児といった歴史的事実を踏まえれば男性同士の性的接触、すなわちある種の「つながり」はあったのだから、同性愛者が誕生した時点に男性同士の性を媒介としたすべてのつながりの誕生を重ねあわせるのは、やはり粗雑にすぎるのではないか。

　この問いに答えるため、次節以降では、まず男性同性愛者の誕生という歴史的事象に照準を合わせ、ゲイ男性のつながりとして漠然と把握される事象の原型が発生したということを確認する。その上で、本書が考察の対象とすべき現在のゲイ男性のつながりの、その原型との偏差を、二種類のつながりの分離として摘出する。

まずは男性同性愛者という概念とそれに対応する存在の発現というテーゼについて、古川（1994）の記述をまとめる形で確認する。

2　男性同性愛者の誕生

古川は近代日本の男性間の「性的関係を含めた肉体的精神的に緊密な関係」の変容を「男色」「鶏姦」「変態性欲」の三つのコードを用いて説明する。この三つのコードは時代順にもなっている。

衆道、稚児、若衆、念者などを含む、前近代の男性同士の関係性をまとめる象徴体系が「男色」コードである。(1) このコードの特徴は①その関係性の担い手の内面性に深くかかわるものであり、②美的なものとして肯定的に評価される点にある。

これに対し、明治期の復古主義的傾向を背景に導入され、ボアソナードらによる刑法の近代化の中で消滅した鶏姦罪をめぐる象徴体系が「鶏姦」コードである。その特徴は①担い手の属性やコンテクストを捨象して、男性間の性的な行為そのものに照準し、②その行為に否定的な評価を下す点にある。

最後のコードは、一九二〇年代以降、女学生間の関係性を社会問題化する視線が底流となって成立した性欲学における同性愛の病理化(2) にもとづいて生まれた「変態性欲」コードである。このコードの特徴は、①男性同性愛を個人にとって中心的な位置を占める性的アイデンティティと捉え、②その病理性を否定的に評価する点にある。

以上三つのコードを使って非常に大まかにまとめると、「男色」コードにもとづいて賛美、少なくとも許容されていた男性同性間の性的関係は、「鶏姦」コードによって否定的なものとみなされ、「変態性欲」コードによってそれが性的アイデンティティとして個人の内面に埋め込まれることとなった。このことによって、近代の「悩める同性愛者」（古川 1994: 48）が誕生するのである。

本書にとっては、同性愛者という概念の発生と男性同性愛者の誕生が、性的なアイデンティティの個人の内面への（否定的な意味づけを少なくとも最初はともなっての）埋め込みをその内実としている点が重要である。男性同性愛者という概念とそれで表される存在の誕生は、単に新しい語彙が生まれたことに還元されてはならない。注目すべきは同性愛者の性的アイデンティティの発生である。

3　「語りの場」におけるつながりの誕生

では、性的アイデンティティを内面に埋め込まれた「悩める同性愛者」の誕生は、当の同性愛者たちのつながりに対してどのような影響を与えたのだろうか（発生させたのか、変容させたのか）。この問いに関して大正期に刊行された雑誌『変態性欲』の読者投稿欄を題材に竹内（2008）や前川（2011a）が分析を行っている。竹内はこの読者投稿欄に「想像の共同体」、前川は「語りの場」との発現を見てとっている。本節では両者の議論を検討する。

雑誌『変態性欲』は大正一一（一九二二）年五月～大正一四（一九二五）年六月まで刊行され、その後『変態心理』へと「合併」吸収され大正一五（一九二六）年一月をもって廃刊となったものである。田中香涯の単独執筆であるものの、比較的広範な読者をもった雑誌であり、当時の「通俗性欲学」を牽引する言説の一つであった。同性愛者に関する読者投稿は一巻五号（一九二二年五月）から二巻五号（一九二三年五月）までの期間に掲載されており、計一二通である。うち八通が自らの同性愛について語ったものである。

竹内、前川はともに、性欲学がもたらした同性愛概念は同性愛を個人の内面と深く関連づける同性愛者という認識枠組を当の投稿者たちに内面化させたと論じる。一方、その効果に関しては、両者ともに科学的言説による「病理化」の受容に還元されない肯定的な側面を引き出そうとするものの、前川は年齢や能動受動にとらわれない欲望の表出が可能になったとの性的接触に関する側面を、竹内は（バトラー、アルチュセール的な意味での）主体化にともなう受苦の欲望という主体論的な側面を引き出す。

また、この「語りの場」（前川）、「想像の共同体」（竹内）で語られる悩みは、前川によると①自らのセクシュアリティを（編者、あるいはそのほかの人間に）理解し承認してほしいというもの、②「相手探し」の欲求や「同性愛者の団体」への希求を表明するもの、③同性愛者が女性と結婚することの是非、④治療を期待し、あるいは真の解決は治療でないと語るものの四つであるが、竹内はこのうち②の「相手探し」の側面に一切触れていない。本書の言葉づかいにおける特権的な他者とのつながりに明らかに関連しているがゆえ、竹内が指摘していないこの②の側面を無視することはできないだろう。この点については後述する。

もう一つ重要な差異として、前川は「語りの場」では現実の出会いも求められていたと結論づけるが、竹内は投書行為を通じて求められるものは「現実的な出会いでない」（竹内 2008: 87）と結論づける点が挙げられる。投稿の中には同性との性的接触の経験のエピソードも出てくる点も踏まえると、現実の出会いが皆無だったわけではないゆえ、前川の説明は十分支持される（前川自身も竹内の結論を批判している）。ただ現実の出会いの多少にかかわらず、したがって想像／現実をはっきり分けるのではなく、誌上で描かれるつながりがどのようなものとして意味づけられているかが重要である。

その考察のため、ひとまず竹内と前川の議論を本章の関心からまとめ直しておく。通俗性欲学によって同性愛概念が誕生し、それを内面化した男性同性愛者が誕生すると、ほぼ同時進行的にその男性同性愛者たちははじめて自らの悩みや欲望を同性愛者として語り、ほかの同性愛者と共有していくつながり（という主題）を手に入れた。『変態性欲』読者投稿欄から見えるのは、男性同性愛者のつながりの誕生あるいは少なくともその萌芽の瞬間なのである。

4　二種類のつながり

先回りの斟酌

以上のように見てくると、史実はごくシンプルに、同性愛という概念を内面化した男性同性愛者という存在が成立すると同時に彼らのつながりが生まれた（少なくとも主題化された）、という説を支持しているように見える。しかしこの考えにゆさぶりをかけ、つながりという言葉づかいを問い直すために、本章冒頭に挙げた問いを召還したい。つまり、男色や稚児といった歴史的事実を踏まえれば、男性同士の性的接触はあったのだからつながりもあったはずではないか。とくに、一九〇〇年代の学生男色は、その社会問題化の中で「男同士の恋」へと意味内容を変節させたとの前川（2011b: 19–114）の指摘からもわかるとおり、時代的にも社会意識的にもそのすぐ後に誕生する男性同性愛概念と連続している。すなわち、男性同性愛者の誕生以前の（性的）接触を本書のいうところの特権的な他者とのつながりではないとするには、やはり無理があるのである。そこで、男性同性愛者の誕生によって、このつながりはどのように変容させられたのか、という形に問いを変換して考察したい。そのための最初の手がかりになるのは、『変態性欲』の読者欄に投稿された、ある男性同性愛者の短歌である。以下引用してみる。

思へども　甲斐なき人を　戀ひてより　涙を愛づる　身となりしかな

山に行かむ　黄ばめる草を　敷寝して　今日も歌はん　片戀のうた

行きづりの　君に面似し　人戀ふる　月なき宵の　うすあかり道

小火鉢に　残る煙草の　吸殻を　焼きつつ思ふ　友の濃き眉（『変態性欲』第二巻五号：二三七頁）

この短歌の作者は「異性の話に心にもなく『バツ』を合せ乍ら」暮らし、「常人を装ひつつ」「年長の男性らしい男性を慕」っている。パッシングしつつ周囲の男性異性愛者を恋してしまう投稿者にとって、その恋が「甲斐なき」ものとなるのは単にそれが「片戀」であるからではなく、その相手が異性愛者だからである。

したがって、同性愛概念の誕生は、そのアイデンティティを内面化したものに、「甲斐」がないのは「戀」する相手が同性愛者ではないからだ、投稿者本人の言葉を用いるならば「同じ悩みに沈む人々」でないからだ、という理由の語彙を与えたのだ、と解されねばならない。

前川は、「相手探し」に関する欲求の例として「自分と反対の悩みに苦しんでいる人はいないでせうか」（『変態性欲』第一巻五号：二四三頁）という男性同性愛者の投稿を挙げている。ここでの「反対」は、投稿者自身が年長者と「何とかなつて見たい」ので、その逆に年少者と「何とかなつて見たい」という意味である。したがって、ここでは同性と「何とかなつて見たい」点で「同じ悩み」と解してよい。また、前川の挙げていない例も挙げることができる。

> 同性の愛を求め様として居るＫＳ（引用者注：「二五才の金髪美男子英国人」）と同じ性質の私と、ぴつたり思想が一致したからであります。（…）つひに許し合ったのであります。（…）（引用者注：ＫＳの帰国後）行き合ふ西洋人のすべてが、同じような性格の所有者のように思はれ、悩まされて居ります。（『変態性欲』第二巻五号：二二九頁）

この投稿者において、「同性を求むる事に終日もだえて」（『変態性欲』第二巻五号：二三八頁）いるとは、自分の好みのタイプの男性が「同じような性格の所有者」かどうか、すなわち同性愛者であるかどうかに思い悩むことなのである。もはや男性同性愛者は、同性を好きになることのみにおいて悩むだけではない。その同性が同性愛者であるかを先回りして斟酌しながら悩むのである（だから「甲斐なき」と短歌にしたためうる）。

この先回りをつながりという言葉を用いて言い換えると次のようになる。ここまでで述べてきたような、性的接触にかかわる文脈において、男性同性愛者が求めるつながりとは、単に同性との性的接触ではない。同性との性的接触を求めるアイデンティティの所有者との性的接触＝つながりが求められているのである。同性愛者という概念の発生以前にはそのような性的アイデンティティが存在しなかったゆえ、性的接触を求めるとはまさにその通り性的接触を求めるだけであり、相手のアイデンティティを先回りして斟酌するものではありえなかった。したがって、本章冒頭で召還した問いには次のように答えることができる。男色や稚児の時代にも性的接触という意味でのつながりはあった。しかし同性愛概念および男性同性愛者の誕生にともなって、相手の性的アイデンティティ＝相手が男性同性愛者であるかどうかを先回りして斟酌するようなつながりへと、つながりの質が変容したのである。ある概念の誕生にともなってそれにかかわるつながり方が発生した、というわかりやすさより、事態はもう少し複雑なのである。

ただしここで付け加えるべきなのは、この知見が「発生か、変容か」という言葉づかいの問題に還元可能な些末な問いへの解答であるだけではない、ということである。この先回りの斟酌という事態を噛ませることによって、前川（2011a）が挙げた「同性愛者の団体又はクラブを作つて彼等を一所に集め」るという投稿をまた違った形で理解することができるからである。

誰だつたか、同性愛者の団体又はクラブを作つて彼等を一所に集め、相愛の相手を得させることが最もよき方法であると云ひました。真に理解あり同情ある言と信じます。（『変態性欲』第二巻三号：一三〇頁）

「相愛」すなわち特権的な他者との、おそらく性的接触にかかわるつながりを可能にするために、男性同性愛者が多数集められることの意義が語られる。しかしここでも、男性同性愛者が単に同性に性的欲望を覚える人間にすぎないのならば、起こっているのは「異性愛男性」あるいは（少数の）男性同性愛者に各人が欲望を抱く状態の乱立だけであり、男性同性愛者が集まっても「異性愛男性」に対する恋慕を語りあうといったことの方が頻繁に起こるだろう。男性同性愛者の団体設立が「相手探し」のための「最もよき方法」であるといいうるのは、男性同性愛者は相手が男性同性愛者かを先回りして斟酌する、という前提の上に「相手探し」の欲望が乗せられているからなのである。さらに踏み込んで次のようにいうことができる。男性同性愛者の「相手探し」のために「同性愛者の団体又はクラブ」を設立すべきという思想[3]は、同性への性的欲望という事象が、性的アイデンティティ、より正確にはそれに関する「(同じ)悩み(の共有)」という事象を通じて、単に同性へのものから同性を欲望する同性へと、その欲望の回路を変更される(少なくとも新たな回路を与えられる)こととなったゆえに可能になったのである。[4]

以上の議論をつながりという言葉を用いて、本章の問題関心からまとめ直すと次のようになる。すなわち、同性愛という性的アイデンティティを内面化した同性愛者の誕生は、「悩み」の共有という回路を通じて、彼らが男性を欲望するのではなく男性同性愛者を欲望する、という事態を生み出した。この時特権的な他者とのつながりは、その意味を変容させて(少なくとも付加されて)いる。そしてこの変容によって、男性同性愛者のつながりの中に、成員のアイデンティティを要件とした、可能的に特権的な他者とのつながりが発生した。つまり、特権的な他者とのつながりを可能にする条件として総体的な男性同性愛者のつながりが想定され、両者が接続されることになったのである。

「此上なき慰安」

ひとまず、特権的な他者とのつながりを、男性同性愛者同士の性愛を媒介にしたつながり、総体的なつながりを、男性同性愛者すべてを可能的には包含する、成員資格によってのみ設定された想像上の／現実のつながりと設定しておくことができる。特権的な他者とのつながりに関しては次章でより正確に述べ直すが、総体的なつながりに関しては本章でその意味するところをより正確に述べておく必要がある。すなわち、男性同性愛者の総体的なつながりとそれへの希求を、単に「相手探し」のためのものに還元することはできないのである。すでに要約した前川（2011a）の議論にもあるように、周囲の理解や承認、女性との結婚の是非、治療の是非といったトピックについて、「悩み」の表明とそれらへの誌上での応答としての投稿という形で、コミュニケーションはおこなわれていた(5)。

そして重要なのは、誌上に限らず、男性同性愛者同士のつながりは、上記のような、性的接触とは異なる「悩み」の共有という欲望に貫かれていたことである。

櫻咲く四月も近づきました。此の満たされざる悩み、此の遂げられざる望に苦しむ人と、せめて花散る一と夜を語り明かしたならば、此上なき慰安にもなりませうものを。（『変態性欲』第二巻五号：二三七頁）

この引用では、ほかの男性同性愛者と「悩み」や「望」について「語り明かし」たいという欲望が表明されている。『変態性欲』の読者投稿欄は上記引用の掲載された号をもって廃止されたので、「此上なき慰安」が当時の男性同性愛者に訪れたとの報告は見つけることができないが、希求されるべきつながりの形として、性的接触に関するもの以外の「悩み」の共有が出現していると結論づけられる。そして、このつながりの形は、同性愛概念の創出および同性愛アイデンティティを内面化した男性同性愛者＝「悩める同性愛者」（古川）の出現と同時に起こっている。このつながりの形も成員のアイデンティティを要件としたものであるゆえ、総体的なつながりと言いうるが、前項で説明した特権的な他者とのつながりに至る可能的な他者の集合体としての意味とは別の意味を抱えている。したがって、同性愛者たちが「悩み」を共有していくことのできる総体的なつながりの独特の意義、裏を返せば独自の意義をもった総体的なつながりもまた、この時期に誕生したということができる。成員のアイデンティティを要件とした総体的なつながりは、単に同じ要件を満たす者の（たとえば統計学的な意味での）集団ではなく、上記の二種類の意義をもったより積極的なものである、と定式化できるだろう。ある男性同性愛者がほかの男性同性愛者となんらかの相互行為をおこなって（おこなおうとして）おり、かつ上記二種類の意義のどちらか（あるいは双方）をあてにしていると観察されうるかぎり、彼は総体的なつながりの内部に存在すると解釈される（あてにしているとの観察者の期待がつながりの存立に折り込まれる可能性はある）。

まとめると、つながりは発生したのか、変容したのかという問いに対しては、次のように答えることができる。特権的な他者とのつながりは、「悩める同性愛者」の誕生によって相手が同性愛者＝同じ悩みをもつ者であるかを先回りして斟酌する形に変容し、このつながりを可能にすると同時に同性愛者としての悩みを共有するという二つの意義をもった総体的つながりは、まさに「悩み」が発生したこの時点で立ち上がったのである。

ただし、この両者が「悩める同性愛者」の誕生時に截然と分けられるものであったと結論づけるわけにはいかないだろう。上記の引用も、「語り明かし」たいと語っているので性的接触には興味がなかったのだと解釈できるわけではない。むしろ、両者に共通する「悩み」というキーワードが、この厳密な区別の不可能性に寄与していると考えられる。すなわち、前者の変容した（性的接触に関する）つながりと、後者の発生した（それ以外の）つながりが、「悩み」というマジックワードを通じてまとめあげられ、男性同性愛者同士の交流という形で誌上の主題、あるいは男性同性愛者自身の実存的問題となっていたと考えるべきなのである[6]。

したがって、男性同性愛者の誕生という歴史的事象が男性同士のつながりになにをもたらしたかという問いには、図1-1のような見取り図で解を示すことができる。繰り返しになるが、ポイントは同性愛者というカテゴリーや語の発明そのものではなく、そのことによって、ある種のアイデンティティを内面化した人々（＝男性同性愛者）が出現したこと、それゆえに、彼等に「悩み」の共有という事態が可能になったことである。そのことによって、全体のつながりの中に「相手探し」の結果としてのそれと、諸問題に関するコミュニケーションとしてのそれという二種類が不分明な状態で含まれることになる。この両者を分けることで、「発生か、変容か」という問いには、正確な答えが与えられている（ある面では変容、ある面では発生したものが混在している）。

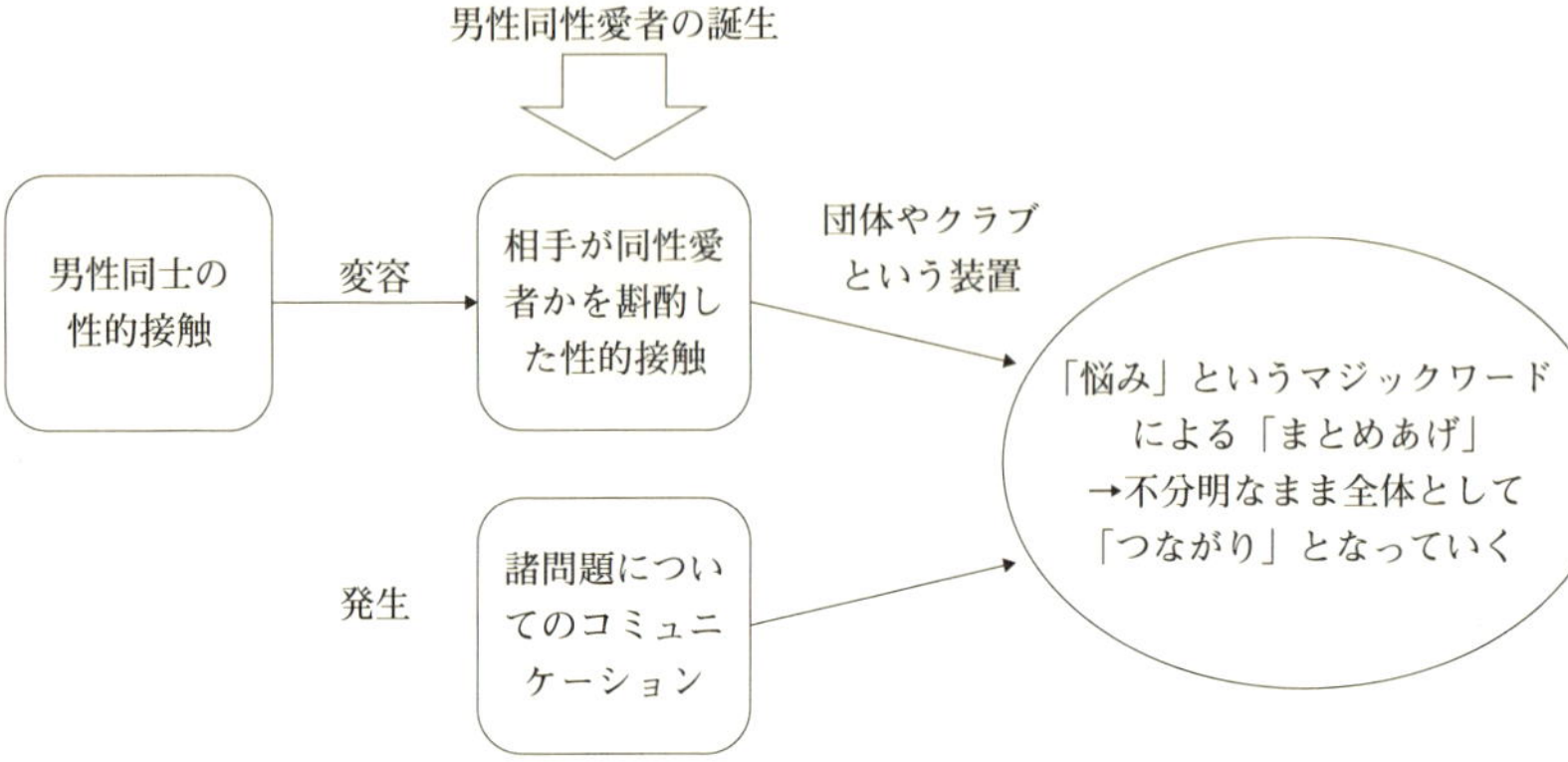

図１-１　一九二〇年代男性同性愛者のつながりの見取り図

二点補足しておく。第一に、図１-１左側の上半分は特権的な他者とのつながりに関するものだが、下半分のみが総体的なつながりに関するものではない、という点である。本書の用語系においては、ゲイアイデンティティを要件とした男性同性愛者の集団としての総体的なつながりは、少なくともその生起の時点では、特権的な他者とのつながりを可能にする条件としての意義ももっていたからである。以下の論述、とくに第二章では、総体的なつながりに課せられている二つの意義の論理的連関こそ、ゲイ男性のつながりが解かねばならない問いに密接に関連していることを記述していく。

第二に、私たちがゲイアイデンティティという用語で指し示す事態とゲイ男性のつながりという言葉で指し示す事態は、その「起源」において強固に結びつきあっていたことを指摘できる。少なくともつながりの発生時点においては、アイデンティティの問題は関係性の問題だった。この点は本書を通じて重要な意味をもつ。すなわち、アイデンティティと関係性の連関（のなさ）こそ、ゲイ男性のつながりが解かねばならない問いの現代的な解けなさと密接に関連しているからである。この点については第Ⅱ部で中心的に論じる。

5　偏差としての現在

以上、非常に浅くかつ図式的にではあるが、つながりの変容を追う作業をおこなった。本節以降では、戦前戦後から現在までの歴史を追尾し、現在の偏差を明らかにする。

戦後の男性同性愛をめぐる大きな変化の一つは、それまで不分明だった「男を愛する男」と「女性化した男」が明確に分離されることにある（村上・石田 2006）。前節までで用いられた男性同性愛者という言葉は、現在の語法でいうところのゲイ男性とＦｔＭＴＧ（この場合のＴＧは広義のトランスジェンダーを指すと考えてよいだろう）の混合物だったのであり、戦前戦後の「男性同性愛者」は、概念として連続しているものの属性要件は異なるのである[7]。また、このような変化に加えて、両者が「存在論的レベルの〈性的主体〉として本質化・主体化され」（村上・石田 2006: 520）たことも指摘しておく必要がある。本書の問題関心に引きつけて言えば、男性同性愛者が男性同性愛者であることの要件は、（「悩み」という形での関係性への結びつきを離れ）関係性の網の目の中ではなく個人のアイデンティティの中に浮かび上がっていったのである（この傾向は現代まで続いている。第五章参照）。

しかし、前節で「アイデンティティの問題は関係性の問題」であると論じたように、戦後の男性同性愛者のありようもまた、つながりという主題をつねにもちながら変容してきた。一九二〇年代の男性同性愛者のつながりの様相の原型のもっとも大きな特徴は、特定の個人（しばしばそれは男性同性愛者に限定される）との特権的なつながりと、男性同性愛者総体のつながりという二重のつながりが混合する形で成立していることであったが、では男性同性愛者、あるいはゲイ男性のつながりが変容していく中で、この二重性はどのように位置づけられてきたか。以下伏見（2004: 257-380）の記述を読み解き直し、筆者の調べた現在の様相を付け加える形で、現在までの接続を試みる。

> 終戦から約10年で、ゲイバー、ゲイ雑誌、ハッテン施設というゲイの主要アイテムのオリジナルがすべて出そろう。（伏見 2004: 366-7）

この三つの要素が現在でもゲイ男性の主要アイテムと言えるか、そもそもゲイ男性の主要アイテムを設定することに問題はないのかという問いも存在する（この問いは第五章に引き継がれる）が、その点についてはおいておく。ここでは、伏見自身が注意深く述べているように、この三つの要素が戦後になってはじめて出現したわけではなく、むしろ前節まで述べてきた一九二〇年代にまでさかのぼりうるものであること、同時に現在でもこの三つは存在することを利点と捉え、本節ではゲイ男性のつながり方を追う定点観測のポイントとする（これらの用語も、回顧的にその用法を拡大する形でここでは用いる）。

ハッテン場

まずは、ハッテン場(8)について考察する。伏見は、三村徳蔵や三島由紀夫の記述を引く形で、大正時代から戦後にかけて、（少なくとも東京では）公園や映画館が今日でいうハッテン場として連続して機能し続けていたとまとめている（伏見 2004: 288-301）。ただし、このことをもって、ハッテン場が「悩み」の共有といった要素を含む総体的なつながりの創設には寄与せず、特定の他者との性的接触というつながりのみに寄与していた、と帰結してはならない。この帰結はハッテンという言葉に排他的な含意をもたせすぎている。伏見は次のような聞き取りの結果を記述している。

「昭和二十四、五年にはありましたね。（…）木造のトイレがあって、それがハッテン場かどうかはわからないけど、とにかく行くところがないから、そういう連中が自然に集まってきたんですね。だいたいいつも十人くらいの同じ顔触れで、『しばらく、元気?』なんて言葉を交したりして、若い人が多かったですね」（伏見 2004: 326）

これは札幌のゲイシーンに関するものだが、東京に存在したハッテン場にもあてはまりうる。すなわち、そこが不特定多数のゲイ男性が集まる空間でありうるがゆえに、総体的なつながりも発生しうるのである。当時のハッテン場というテクノロジーにおいては、特権的な他者とのつながりと（それに回収されない）総体的なつながりとはつねに混在している。ゲイ男性の屋外のハッテン場でのつながりは、戦後から継続して「多様化し、ゲイたちの行動は益々派手に、活発になってい」ったのである（伏見 2004: 298）。

ただし、屋外施設を「流用」する形でのハッテン場の捉え方は、二〇〇〇年二月に新木場公園で起きた殺害事件をもとに大きく屈折することとなる。「ホモ狩り」と称して少年たちが一人の若者を殺害したこの痛ましい事件は、単純にゲイ男性たちのホモフォビアへの抵抗の意識を再燃させたわけではなかった。屋外施設を性行為目的で使用することこそが悪なのだ、という形で、被害者の落ち度を指摘する声もまた、ゲイ男性から上がったのである(9)。この事件が浮き彫りにしたのは、ゲイ男性がもはや公的空間の意味を脱臼させることでつながりを可能にしていく必要性を感じなくなりつつあったということであった。実際、使用料を払って入場するタイプのハッテン場は、一九五六年または一九五七年頃にできた竹の家旅館という「乱交旅館」（伏見 2004: 299）を源流として、一九九四年に五反田にはじめて全裸系の屋内ハッテン場が登場するなど（伏見 2004: 375）、着々とその覇権を広げていたのである。現在屋外のハッテン場が存在しないわけではないが、二〇〇〇年代以降、屋内か屋外かという点においては、少なくとも都市部では前者がつながりの回路として覇権を握っているのである。

ただし、ここで問われるべきは、屋内／屋外は合法か非合法か、あるいは倫理的に許容される／されないかという点ではない。屋内ハッテン場は、薄暗くお互いの顔さえ十分には見られない店内、会話を遮るような大音量の音楽などの、無言の身体的所作に相互行為のありようを縮減するようなテクノロジーによって規制された空間であるという点が重要である。しかも、施錠可能なあるいはカーテンで仕切られた個室があるハッテン場は少なくない。いわばそこでは、それまでの屋外ハッテン場が可能にしていたような、総体的なつながりを避ける形で、性行為という意味のつながり、拡大すれば特権的な他者とのつながりが可能になっているのである。もちろん、実際には両者を截然と区切ることはここでも不可能だが、特権的な他者とのつながりを掬い総体的なつながりを埒外におくような設計思想が存在することは指摘できるだろう。ハッテン場は、特権的な他者とのつながりのテクノロジーへと「純化」されてきているのである。

ゲイバー

この項ではゲイバー（当初の言葉ではホモバー）[10]について述べる。戦前に大久保にあった「夜曲」というバーは、「マスターがゲイで、それをしたってゲイの客たちがひそかに集まっていた」ものであったが、「ゲイバーというはっきりとしたコンセプトをもって営業する店が現れたのは戦後」だと伏見（2004: 312）は指摘する。このようなゲイバーのうちさかのぼれる最古のものは第二次世界大戦直後にできた「ブランスウィック」である。「三島由紀夫の小説『禁色』に出てくるゲイバー「ルドン」のモデルと言われている」（伏見 2004: 301）このゲイバーは、『禁色』における表現を用いれば、「この社会の人たちは、孤独を温め合いたいために、この店へ一度来ればもはやこの店から決定的に離れる事はできないのを見抜いた」「商略」（伏見 2004: 306）によってできたものだったという。ここに、前節まででとりあげてきた「悩み」に通底する「孤独」という表現があるのを見逃してはならないだろう。

しかし、ではゲイバーは、ゲイ男性同士が親交を深めるためだけのものだったのだろうか。歴史的事実によれば、答えは否である。伏見は、戦後の当初のゲイバーが「現在のウリ専のような、室内での売買春の営業」の「サービスを兼ねた商売であった」（伏見 2004: 274）ことを指摘している。ゲイバーというコンセプトは、そもそも出自からして、総体的なつながり（「孤独を温め合」う）と性的なつながり（男娼）を重ね合う形で提出されていたのである（もちろん、この当時のゲイバーに「夜曲」タイプのものも存在しただろうが）。

その後全国各地でゲイバーは順調に店数をのばし、たとえば新宿二丁目地域が現在ではアジア最大のゲイタウンと言われるようになる。[11]一方、一九七三年に新宿二丁目のゲイバーの組合「東京睦友飲食会」が結成され「ボウリング大会」や「素人演芸大会」が催されるなど（伏見 2004: 318）、業態はピアグループの要素を強めていく。正確な転換点は捕捉できないが、かなり早い段階で男娼の要素はゲイバーから脱落していったと思われる。現在では性的サービスを提供する店とゲイバーはほぼ完全に分離している。[12] また、二〇〇〇年代以降積極的に女性客を呼び込む店が増加していることからもわかるように、ゲイバーはそうでないバーに対する偏差をますます減少させており、（なじみの）客同士のゆるやかなつながりを可能にする施設としての役割に特化しつつあるといえる。

ゲイ雑誌

前川（2011a）の作業を参照した箇所において、『変態性欲』が「語りの場」として機能していたことをすでに確認した。このような場は、ゲイ男性に特化した雑誌『アドニス』が一九五二年に発刊され、一九七一年にゲイ向け商業誌『薔薇族』が創刊されるなど、徐々にその裾野を拡大する（そのほか『アドン』『さぶ』なども同時代に発刊）。これらの雑誌はその後かなり長い期間にわたって刊行され続けるが、[13] 対照的に、砂川（2003: 46）が指摘するように「1970年代に誕生した様々な団体やミニコミ誌はそう長くは続かなかった」。砂川も筆者もミニコミの歴史的意義を過小評価しているわけではないし、その意義を発掘する作業は別途おこなわれなければならないが、ゲイ男性の誌面上でのつながりは、基本的に商業ベースに乗る媒体を通じて可能になっていたといえる。

現在（二〇一二年五月）まで発刊され続けている、現存のゲイ雑誌として『Badi』と『G-men』があるが、これらはそれぞれ一九九四年と一九九五年に創刊されている。一九九〇年代初頭のゲイブームを通過し、つながりたいゲイ男性の潜在的な需要を掬い上げる形で、これらの雑誌が軌道に乗ったといえる。

以上のように、基本的にゲイ男性向けの雑誌は、その命脈を現在まで保っている（「基本的に」と但し書きをつけた意味は、次節で述べる）。そして、これらの雑誌の重要な共通点として、文通欄を挙げることができる。

> そして、ゲイシーンにとって、『アドニス』が遺したもっとも重要なゲイアイテムは、「文通欄」という出会いのシステムだろう。後に「薔薇族」によって引き継がれ現在のゲイ雑誌にも至る、ゲイとゲイを結びつけるこの画期的なコンテンツも、このミニコミに始まる。（伏見 2004: 343）

伏見（2004: 343）は『アドニス』での投稿の例として、パートナーを求めるものや「4、5人のグループで裸で話し合ったり」する機会を求めるものを挙げている。本章の用語に引きつけていえば、特権的な他者とのつながりも総体的なつながりも、ともに求められていたということができる。戦後も「悩み」に包含されるような二種類のつながりは、一つの媒体で成就されようとしていたのである。

ただし、現在までこの傾向が続いているとはいえない。ゲイ雑誌『Badi』の通信欄は、二〇〇〇年代後半にはパートナーを求める投稿よりもサークル活動やピアグループのメンバーを求める投稿の方が相対的に増加していたものの、数としては非常に少なかった。結果、誌面のリニューアルに伴い二〇〇九年一月号から、ゲイ雑誌『Badi』は通信欄を廃止した（竜 2009: 275）。つながり、とくに特権的な他者とのつながりの成就の場としては、ゲイ雑誌はもはやまったく機能しなくなっているのである。

6　インターネット

以上の大まかなまとめからわかるのは、時代が下るにしたがって、特権的な他者とのつながりと総体的なつながりを可能にしていた諸テクノロジー、たとえばハッテン場は特権的なつながりの装置へ、ゲイバーやゲイ雑誌は（特権的な他者とのつながりとは無関連な側面を重視した）総体的なつながりの装置へと分岐していったという点である。つながりのテクノロジーは、特権的な他者とのつながりを可能にするものと総体的なつながりを可能にするものに分化したのである。もちろん現実にはいつでもこの棲み分けは混線する可能性を抱えているわけだが、想定の上では、異なるつながりの形は異なるテクノロジーへ分属される。

ではなぜこのような分化が起きたのか。まずいえるのは、この二重のつながりを現在のゲイ男性が「悩み」という言葉でまとめあげているとはいえない点である。「せめて一度一生の思ひ出に何とかなつて見たい」（『変態性欲』第一巻五号：二四三頁）というような強い「悩み」は、なくなったわけではないにせよ、主流なリアリティではない。

なぜそのようなことがいえるのか。もちろん、ハッテン場やゲイバー、ゲイ雑誌といったテクノロジーが、ゲイ男性同士がつながることを容易にしたから、という点を挙げることもできる。テクノロジーの発展が、テクノロジー発展の理由である「悩み」そのものを解体していくことによって、テクノロジーそのものも分化したと考えるわけである。ただしこの解釈は、社会の進展（必ずしも進歩でないにせよ）が分化をもたらすという、あまりに素朴なテーゼにのっとりすぎている。分化をもたらした要因は、戦後から存在するつながりのテクノロジーの連続性や「進歩」に完全に内在させることができるのか。

筆者はできないと考える。つながりの分化のもう一つの、しかしもっとも強力な原因は、筆者がここまでの論述で触れなかった点、すなわちインターネットの興隆である。「20世紀史上、ゲイにとってもっとも革命的なできごとだったのは、ストーン・ウォール・イン事件でも、マルディグラのパレードでもなく、なんといっても「インターネットの誕生」」（角屋 2003:65）との表現がなされるほど、インターネットの影響は大きく、したがって一九九〇年代中盤以降のゲイ男性をめぐる状況は、インターネットを抜きにして語ることができない。たとえば、二〇一二年現在も運営されている日本最大のゲイサイトMen's Net Japanは一九九六年に開設された。また、ゲイ男性限定の「コミュニティ」が多数存在するなど、ゲイ男性にとってのＳＮＳとして広範に活用されているmixiが開設されたのは二〇〇四年三月である（http://mixi.co.jp/press/2004/0303/535　二〇一二年五月二日確認）。その後ゲイ男性専用のＳＮＳもいくつか開設された。現在において、ゲイ男性のつながりのツールとしてインターネットが重要な存在であるのは間違いない。

ではインターネットの出現は、ゲイ男性のつながり方の分化にどのような影響を与えたのか。ハッテン場はゲイサイトの「即ヤリ掲示板」、ゲイバーにおける社交はＳＮＳでの相互行為、ゲイ雑誌の情報はインターネット上のさまざまな情報サイトへとその機能的な強みを譲り渡し、むしろ現在の状況は分化というよりは一本化されたインターネットの一人勝ちにも見える。また通常インターネットの特徴とされるバーチャル性に関しても、初期のゲイサイトから現在のそれに至るまで地域別の掲示板が存在することからもわかるように、ゲイ男性は必ずしもネット上のつながりだけで満足するわけではなく、実際に会うこともまた希求されている。この点から考えるとインターネットのバーチャルな特質そのものがつながり方の分化に影響を与えたとはいえない。

むしろ、もっと事態を単純に考える必要があるだろう。手段の一元化とは、そこにアクセスすることによっていかなる種類のつながりもが可能になるということである。とすれば、アクセス可能な手段がかぎられている場合に比べて、必ずしも望むつながりではないが、つながらないよりはまだまし、という状態が一挙に解消されることとなる。手段の充実によって、どのようにつながりたいのかというつながりの種類の水準が問題化されるようになるのである。

この時、つながりの目的と手段の関係性は、より純化されたものになる。ここで純化とは、ある種類のつながりを求めるゲイ男性が、ほかの種類のつながりを希求する男性とつながってしまう可能性が極小化される、ということである。たとえばゲイバーでは、恋人を求めるゲイ男性と会話を楽しみたいゲイ男性が出会ってしまうことはありうるが、ゲイサイトの掲示板に恋人募集の書き込みをした人のもとに連絡をするのは、ほぼ恋人を求めるゲイ男性である。ハッテン場やゲイバー、ゲイ雑誌に比べて、つながり方の混線の可能性が著しく低いのが、インターネットというメディアの特性なのである。

もちろん、広く友人を募集する（一見特権的な他者とのつながりとは関連しないものとしての総体的なつながりを求める）ゲイ男性が、実のところはパートナーを欲しいと思っている（特権的な他者とのつながりを求める）、ということはそう珍しくない。欲求のレベルでは、つながりの様態は混線している。むしろ、インターネットが目的を首尾よく達成する手段、テクノロジーとして発達するにしたがって、テクノロジーに即した、特定のつながりを希求する主体としてゲイ男性が振る舞わざるをえなくなる、と記述した方が正しいだろう。たとえば先述したMen's Net Japanのエリアボードでは、性行為の相手を求める掲示板と、恋人や友人を求める掲示板は別であり、前者では「軽めで」「電話で」など、後者では「恋人募集」「友達募集」「飲友募集」といったように、どのようなつながりを求めるかを投稿者がアイコンで選択しなければならないようになっている（二〇一二年五月現在）。つながりの様態の不分明さは、テクノロジーによって許容されなくなっているのだ。また、このことからわかるのは、つながりの二層のはっきりした分化は、総体的なつながりから特権的な他者とのつながりの要件としての側面を剥奪させていく可能性である。特権的な他者とのつながりが独立した主題として総体的なつながりから離れれば、両者を連関させることにリアリティがなくなるからである。したがって、両者が分化したのちには、総体的なつながりは、特権的な他者とのつながりとは無関連の、まさに総体としてのゲイ男性のつながり、という以上の意味をもたなくなりつつある。筆者はこの点がゲイ男性のつながりが解くべき問いの現代的な解けなさに関連していると考える。第二章および第三章でその問いを定式化したのち、第Ⅱ部で詳述する。

また、このようにゲイ男性が「主体化」されていることは、単純な因果関係で結ぶことはできないにせよ、既存のつながりのテクノロジーに関する意味づけの変容と連動していることを補足しておける。特権的な他者とのつながりの中でも性行為そのものを志向するハッテン場と、ピアグループのような関係性、すなわち特権的な他者とのつながりから切り離された総体的なつながりを志向するゲイバーのはっきりとした棲み分けと、上記のゲイサイトでの掲示板の分化は、同じ事象がリアル／バーチャルに具現化したものと考えられるからである。

以上の検討を踏まえると、現在の偏差を次のようにまとめることができる。男性同性愛者の誕生以来、男性同性愛者、ゲイ男性のつながりは、特権的な他者とのそれと総体的なそれの二種類を含んでいた。大正時代から戦後、現在にかけて、当初「悩み」というキーワードでまとめあげられていたこの二種類のつながりの不分明さは徐々に分化し、インターネットの出現によって、完全に別のものとして捉える、少なくとも別のものとして捉えて行動するようにゲイ男性をしむける形に変容してきた。いわば現在のゲイ男性は、ゲイ男性同士のつながりを、特権的な他者との／（それとは独立した）総体的なものという、明確に分かれた二種類として生きざるをえない状況におかれている。また、裏側から表現すると、本書が想定する「現在」とは、その様相の特徴からいって一九九〇年代中盤以降のことであると画定できる。以下の記述では基本的にこの意味で「現在」という言葉を用いる。

もちろん筆者は、「悩める同性愛者」の誕生時の、二種類のつながりの不分明さにノスタルジックな憧憬を抱いているわけではない。そのような憧憬は、「悩み」の大きさを無視する点で暴力的ですらある。むしろ、この大まかな歴史の検討から、「悩み」という言葉で言語化されてはいない新たな課題として、二重のつながりを同時に生きなければならないという点が浮かび上がることが重要である。

7　ゲイコミュニティ？

本章の最後に、ゲイコミュニティという言葉と本章まで用いてきたつながりという言葉の異同について述べたい。次の引用は、本書全体にとって非常に重要な問いを開く。

当時（引用者注：一九七〇年代）のゲイバーは今よりもはるかに、性的な関係を持つ相手を探す事に重きがあり、現在でいうところの「コミュニティ」感が得られる関係性は少なかったという。（砂川 2003:46）

砂川にとっては、本章で述べてきたような特権的な他者とのつながり（の一部としての「性的な関係を持つ相手」とのつながり）は、「コミュニティ」という語には含まれないし、上記の引用はこのような意味での「コミュニティ」感を読者（主にゲイ男性を想定しているだろう）が理解していることを前提にした記述になっている。「コミュニティ」という言葉は、男性同性愛者がその歴史上つねに求めてきた二種類のつながりのうち、一方を排除した表現である可能性をもっているのである。コミュニティという言葉をどのように用いるかはそれ自体一つの問題ではあるが（第三章で述べる）、特権的な他者とのつながりという同性愛（正確にはむしろ性愛一般）に関係する要素を捨象してゲイ男性のつながりについて語ってしまう可能性を「コミュニティ」という語は抱えているとはいえる。

　したがって、現在「ゲイコミュニティ」という言葉を用いることの必然性、用いたい心性に対しても、一定の留保をつける必要がある。学問や運動における問題にかぎらない。もし砂川の想定するような「コミュニティ」感をゲイ男性がもっているのならば、「コミュニティ」という語は、ゲイ男性同士のつながりを単に言祝《ことほ》ぐものではありえないかもしれない。コミュニティは友情や親愛の情を育む場です、だから性行為や「惚れた腫れた」は各自見えないところでご勝手に、というニュアンスが「（ゲイ）コミュニティ」という語に滑り込んでいる可能性があるからである。ゲイコミュニティという語は、直感よりもはるかに丁寧に吟味した上で使用すべき語なのである。

　以上、二種類のつながり、という観点から現在の特徴を追ってきた。男性同性愛者が誕生するとともに、そのアイデンティティを要件とする形で特権的な他者とのつながりが成立し、これを支えまたはこれと独立するものとしての総体的なつながりが発生した。両者は当初「悩み」を媒介に不可分なままであったが、現代では明確に分離することとなった。

　では、この二種類のつながりが分離することによって、特権的な他者とのつながりと総体的なつながりの関係性はどのように設定される、あるいは設定されそこねることになるのか。この関係性こそ、現在のゲイ男性のつながりが解くべきであり解けないでいる問いである。その現代的な解けなさを第Ⅱ部で描く前に、まず解かれるべきその問いそのものを定式化しなければならない。次章では特権的な他者とのつながりという現象が近代社会でどのように存立しているのか、という原理論を挟むことによって、ゲイ男性のつながりが解くべき問いを明らかにしていく。

注

（1）このコードには武士モデルとかげまモデルという下位類型があるが、本書においてはその区別はさしあたって問題でないため割愛する。
（2）一九一〇〜三〇年代にかけて、男性同性愛以外にも規範的な異性愛以外のさまざまな性的現象に否定的な評価が下されていった。この傾向を、赤川（1999）は「通俗性欲学のエピステーメー」によるものとまとめている。
（3）男性同性愛者の「相手探し」の欲望は、一九五七年に刊行された太田典禮編著『第三の性』でも語られている（礫川 2003: 298）ように、戦後まで連続している。
（4）したがって筆者は、男色と男性同性愛者の間に連続性があることを認めるものの、「人々の実存における性愛の内実は、今も昔もそう変わりがないのではないか」（伏見 2004: 261）との指摘に全面的には賛同できない。伏見は「もしそうでなかったら、私たちは古典の中の恋愛物語に共感したり、歴史上の人物の行動を理解することはまったくできないだろう」と述べるが、ここでいう「共感」や「理解」がアナクロニスティックな投影に過ぎない可能性は高い。
（5）しかし、前川も指摘しているように、当初の「悩み」の吐露は、読者である男性同性愛者に向けてというよりも、執筆者の田中香涯に向けてのものであった。このような、読者同士でなく読者と筆者の間の相互交流は、戦後も存在したことが補足できる。一九五八年に書かれたかびやかずひこの『夜の異端者』の巻末には「質問券」がついていることを礫川（2006: 260）が指摘している。ただし、本文中での投稿の引用からも明らかなように、同性愛に知悉した「専門家」を経由して、ほかの同性愛者との関与が志向されている点を踏まえれば、本書の題材とする男性同性愛者同士のつながりに関する事象として『変態性欲』を分析することに問題はないだろう。
（6）「悩み」という言葉が男性同性愛の分野にかぎらず、一九二〇年代のセクシュアリティに関する語りにおいて遍く使われていた（＝ある種の「ブーム」となっていた）点について赤川学氏に口頭でご教示いただいた。記して感謝する。
（7）逆に、一九二〇年代から戦前にかけては、現在言うところのバイセクシュアル男性にあたるような男性はあまり主題化されていない（バイセクシュアル男性の男性への欲望が一時的なものと考えられていたからだと思われる）。この意味で、一九二〇年代から現在までの男性同性愛者（ゲイ男性）の連続性を強く主張する本書は、バイセクシュアル男性をゲイ男性のつながりから不当に排除している可能性に自覚的でなければならない。バイセクシュアル男性に関しては第六章で述べる。

（8）伏見はハッテン場を「不特定多数のゲイが性交渉を目的に集まる場」（伏見 2004: 288）と説明している。本文中でとりあげた公共施設を流用するタイプのもののほかに、使用料をとる屋内施設のタイプがあり、その源流として旅館の形態をとるものがしばしば言及されるが、これらの差異そのものは問題ではないので、本文では前者のみについて記述した。

（9）筆者自身は被害者に殺されるに値するような落ち度はまったくなかったと考えるが（そもそも、被害者がハッテンしているゲイ男性だったと、誰が、何を根拠に断定できるかも不明である）、その判断の当否に関しては本書では議論しない。

（10）ホモバーに関しては石田（2002; 2004）が詳しい。

（11）新宿二丁目については竜（2009）が詳しい。

（12）性的マイノリティに関する日本最大級のリンク集、SINDBAD BOOKMARKSでは、両者は異なるカテゴリーに属するビジネスとされている。

（13）『薔薇族』は二〇〇四年九月（一一月号）に休刊、版元を変えて二〇〇五年四月に復刊するものの、二〇〇五年一一月（二〇〇六年一月号）をもって再び休刊。版元を変えて二〇〇六年七月に再復刊するものの、一号発行されたのみでまたしても休刊。版元をさらに変えて二〇〇七年四月に三度目の復刊。

第二章　二種類のつながり

1　組み込みの問題

前章で述べたように、現在のゲイ男性のつながりを記述する際には、ゲイ男性同士のつながり方が特権的な他者とのつながりと、それとは無関連な総体的なつながりとに分岐していることを考えなければならない。本書が現在のゲイ男性の「ついていけなさ」を論じることを踏まえると、男性同性愛者の発生時点にはなかったこの分岐こそ「ついていけなさ」の原因となることが説明できれば、「ついていけなさ」の現在性が十全に捕捉されたことになる。つまり、ゲイ男性のつながり方が二種類に分岐したことが、当のつながり方の解くべきどのような問いを、どうして解けなくさせているのかが説明されればよい。本章では、第Ⅱ部でその解けなさを明らかにするために、この問いを摘出する作業を行っていく。

ただし、この問いの形式について、ごく基本的な検討によってあらかじめ棄却することのできる二つのタイプがある。すなわち、二種類のつながり方のどちらか一方にのみかかわる問いがあ（り、それが解きえなくなってい）る、とする説明である。なぜこの説明が不適切なのかを考察する形で、本書およびゲイ男性のつながりにとっての問いのありかをあらかじめ画定してしまう。

まず、ゲイ男性の総体的なつながりのみにかかわる問いがある、という仮説を棄却する。そのために、用語を再定義しておく必要がある。第一章では、総体的なつながりはゲイアイデンティティを要件としたゲイ男性の可能的な集団と述べた。しかしつながり方の分岐に伴い、この「可能的」という文言の、特権的なつながりを結ぶ対象となりうるという意味で「可能な他者」の集団、というニュアンスは次第に脱落していった。そこで本章以下では、この「可能な他者」のニュアンスを要件から外し、ゲイ男性として集団形成しうる諸個人の関係性の総体を総体的なつながりと呼ぶことにする。この再定義によって、過去と現在どちらにも総体的なつながりという言葉を説明概念として使うことができる。

そしてこの時、ゲイ男性の感じる現代的な「ついていけなさ」の原因を、総体的なつながりのみに帰することは、本書の立場からして許容されない。なぜならば、もしそのような説明がなされたとすれば、ゲイ男性が抱える「ついていけなさ」は、（総体的なつながりの定義上）いかなる（マイノリティ）社会集団にでも起こりうる、「個人と社会の対立」のゲイ男性における単なる一例として過度に一般化されてしまうことになるからである。

一方、ゲイ男性の現代的な「ついていけなさ」の原因を、特権的な他者とのつながりにおける問題に還元することもまた避けられなければならない。確かにこの特権的な他者とのつながりこそ、ゲイ男性の集合性をほかのマイノリティ集団から差異化する、ゲイ男性の集合性に特徴的なものである（もちろん、レズビアンの集合性にも同じ特徴が存在するはずであるが、この点については残念ながら筆者の能力のなさゆえ割愛せざるをえない）。しかし、このつながりにのみ原因を帰するのは、不適切である。もちろん、ゲイ男性の現代的な「ついていけなさ」とは所詮恋人やセックスの相手を求めるがゆえのものであるという偏見に満ちた前提が働いている可能性もあるからだが、それだけではない。男性同性愛者の誕生以来このつながり方の様式は存在していたのだから、現代的な「ついていけなさ」をこのつながり方単独では説明しえないからである。

とするならば、本書が採用すべきは、二種類のつながり方の間の関係性に、ゲイ男性のつながりの解くべき問いを見出すという方針である。この方針は、前述の二つの方針よりは明らかに見込みが高い。第一に、両者の関係性が焦点なのだとすれば、その関係性の要が摘出できれば、両者の分離自体が、この関係性を阻害するものとして否定的な結果（＝「ついていけなさ」）を発生させることを導出できるからである。第二に、総体的なつながりの再定義によって要件から外された、「総体的なつながりの特権的な他者とのつながりのためのものという側面」という要素を、その脱落ゆえに困難が発生した要素と仮定し検討することで、前述の関係性の要、それも消えてしまった要を確定することができるからである。

したがって本章で明らかにすべきは次の点である。すなわち、ゲイ男性のつながりは、特権的な他者とのつながりと総体的なつながりの間の関係性に関する、どのような問いを解かねばならないのか。本章ではこの課題に、特権的な他者とのつながりと呼ばれるものをより精密に考察することによって答えていく。もちろん、この方針は、前述のようなゲイ男性の抱える諸問題をその属性のみへと結びつける還元主義的前提に基づくものではない。ほかならぬゲイ男性のつながりに固有の問いとしてゲイ男性のつながりが解くべき問いを定式化するために、単に考察の出発点をゲイ男性に特徴的なつながりの様式におくだけである。

以下考察をおこなうが、あらかじめその考察の道筋を示しておくことで、本章全体の見取り図とする。まず、前章までで述べてきた特権的な他者とのつながりを、人の選別や排他性という観点から論じるべきだと主張し、その上で特権的な他者とのつながりにまとわりつく感情というレトリックはつながりの排他性を正当化しえないが、それにもかかわらず逆説的にこの排他的なつながりがある種の正当性をもつことをルーマンを引きつつ示す。その上で、この定式化が発生させる自発的な服従というパラドックスを解くためのゼマンティク（コミュニケーションを潤滑にするある種のパターン）が必要であると述べる。しかし、ゲイ男性の場合には異性愛の場合と異なり、このパラドックスを解くためのもっとも基底的な前提条件が「自然に」成立しているわけではないため、結果として、特権的な他者とのつながりと総体的なつながりの関係性を自覚的に設定しなければならず、そのためにゲイ男性のつながりに、解くべき原理的な問いを発生させていることが明らかになる。

2　排他性

特権的な他者とのつながりという茫漠とした対象のどこに特徴の中心を見て取るべきかを考えるために、その裏面にある排他性という特徴から検討をはじめる。「恋愛」「パートナーシップ」「セックスフレンド」等の表現は、それを単なる二者関係（ないし数は少ないがうまくいっている三者関係）だと捉えれば、互いの「愛情」少なくとも合意にもとづいた関係性という程度のニュアンスしか共通項がない。しかし、この「幸福」な二者関係に第三者がかかわった瞬間、選別というニュアンスを影の共通項として強くもつこととなる。「あの人が選ばれてなぜ私が選ばれないのか」という驚くほど陳腐な思い（だがしかし、そう少なくない数の人がこう思ってしまう世界に人々が生きているのもまた事実である）を挙げるだけで、選別というニュアンスの意味がおぼろげながらつかめるだろう。そしてこの選別のニュアンス、誰かが特権的に選ばれほかの人が選ばれないということの単純な事実こそ、排他性という言葉の意味である。とするならば、特権的な他者とのつながりを本書全体の分析に組み込むためにまずなされるべきは、このつながりを排他性、人の選別という観点から記述することである。本節ではこの試みを行う。したがってここからしばらくの考察は、ゲイ男性やそのつながりという本書の直接の対象に限定されるものではないことをことわっておく。

人の選別、排他性という表現によって筆者がどのような事態を指し示そうとしているかについてより詳細に述べるため、人を選ぶこと一般にさかのぼったところから説明をはじめる。

人を選ぶことにはさまざまな形態がありうる。たとえば大学の入学試験を挙げれば、そこでは（少なくとも表向きは）厳格なルールにしたがって採点が行われ、私情を排した形で選別が行われる。このことは裏返せば、合否が教員の好き嫌いで決められてはかなわない、と多くの人が感じていることへの配慮だともいえる。ここでは、人を選ぶ実践に人々が納得できる理由＝正当性が必要とされている。少なくとも建前の上では「等しきものは等しく」という平等の原則が働いているのだから、人々に扱いの差をつけることの正当性の提示が要請されるのである。ある種の商品を選ぶ時にそこに正当性があるべきだと考えないことと比べれば、これは至極「人間中心主義的」な原則であると言っておけるだろう。さらにこのルールが平等の原則の裏面をなすことから考えれば、それはまた近代社会特有のルールである、ということも可能である。

しかし、人を選ぶ実践につねに他人が納得できる理由＝正当性があるわけではないと人々が考えているのもまた事実である。たとえば恋人、セックスフレンド、もしかしたら結婚相手を選ぶ事態において、人々は理由がない、正当性がない状態で選ぶし、その際には時に感情が、あるいは好き嫌いが動かしようのない原因としてもち出される。「好きであることに理由はいらない」などという表現の陳腐さは、しかし人々の実践においてはそれなりに頻繁になぞられるのである。

したがって、特権的な他者とのつながりという用語が指し示す現象は、さしあたっては正当性がない状態で誰かを自身にとって特権的な人物として選ぶ（とされる）事態ということができる。また、合理的な基準で選ばれたゆえに仕方がないという正当化が当てはまらない事象としての排他性が包含されていることが重要である（本書が排他的／性という比較的ネガティヴなニュアンスをもつ言葉を用いているのも、「正当性がない」ことに対して人々がある種のやりきれなさや納得のいかなさを抱きがちである事態を前景化させるためである）。

さらに、このような事態が近代社会の外側にあるものではなく、あくまで近代社会の内側に存在し、しかるべき位置を占めている、ということそのものが一つのクリアすべき課題を生み出している。特定の人を「好きになったり」、特定の人とのみ親密な関係を取り結ぶことが平等の原則を破る「ルール違反」とされてしまってはかなわない、と私たちの多くが思う以上、私たちは特権的な他者とのつながりを例外として認めるための機制をもっているはずである。しかもその機制は、試験のように合理的な基準を適用して正当化を施す方法としては捉えることができないものである。人々の扱いに差をつけているにもかかわらず、人々の扱いに差をつけるならば正当な理由が必要であるという観念から逃れているように見える実践こそが特権的な他者とのつながりなのである。特権的な他者とのつながりとは、近代社会を人々の扱いにおいて平等であるべきと考える社会と捉える時にはこぼれ落ちてしまうような人の選択の総体に名づけられた名称である。

このような一般的な論点がいかにゲイ男性とその集団性の問題へ接続するのかという問題はのちほど検討するとして、特権的な他者とのつながりを人の選別という観点からさらに考察していく。選ぶという言葉に意図というニュアンスを読み込む人にとっては、前記のような説明があってもなお、恋愛における相互行為などが人を「選ぶ」実践として名指されることそのものが堪え難い場合がありうる。

ある人と友人になり友情を感じる、あるいはある人に恋愛感情を抱き、恋をする。そのとき、人は、その人と友人になり友情をあたためたり、その人に恋をして恋愛関係になったりすることを選択しているのだろうか。そうではないだろう。むしろ、気がつくとある人と友人になっていて、その人に友情を感じている自分を発見したり、この人と恋をしようと選択などする以前にある人に惹きつけられ、すでに恋をしている自分を見いだすのではないだろうか。後から見るとそれは選択のように思えるかもしれないけれど、友情も恋愛も「さあ始めよう」といって始まるものではない。気がつくとその中にあって、その思いや関係を生きているものなのだ。

（若林 2007: 218）

確かに、高橋（2007）によれば、「魅了される」「惹かれる」「心奪われる」といった言葉で示される事態は、「ふつうの意味での選択（行為選択）とは異なり、（…）意図的に行ったものではない」。しかしある「対象を他の諸対象から区別し、この対象に特別のコミットメントをしていることはたしかであり、そのあたりの事情は」ふつうの意味で「『選択』することと少しも変わらない」（高橋 2007: 4）のである。高橋はこのような事態を〈体験選択〉と名づける。意図が不在であろうと、ほかの諸対象に対するある種の優位性が存在する意味において〈選択〉という言葉を使うことは十分可能である。ただしこの高橋の記述は、先の若林の記述と単純に対立しているわけではない。高橋は（少なくとも上記の引用の箇所においては）、〈選択〉という言葉を、実際にそれをおこなったものではなく、（たとえば先の例において仕方がないという言い訳が差し向けられる先であるところの）第三者（あるいは社会学者という観察者）の視点から語っているからである。(1)

したがって問われるべきは次のことである。つまり、観察する側からすれば選択したことには変わりのない実践を、なぜ私たちは往々にして意図的でないふるまいとしていいつのるのか。美しくて金持ちで賢い人ばかりを意図的に選んだのならば（倫理的な？）問題があるかもしれない、しかし「惹かれて」しまったのだから仕方がないのだ、といいたい気分も、人には確かにある。この時仕方がないといいたくなってしまい、また時にはそういえてしまうのはいったいいかなる機制によるのか、を私たちは問うべきなのである。

3　感情？

特権的な他者とのつながりにおいては、意図の有無は問題にならない、正確にはそれが選択の実践として捉えられる位相においては意図の有無は重要ではない、ということを前節で示した。しかし、さらにまた別の言葉を持ち出すことで食い下がる人がいるかもしれない。つまり、それは私の感情に起因するものだ、というのである。確かに「好きになる」「惹かれる」といった経験は、合理的な選択とはまったくの対極にあるように思われるから、選択の正当化にもっとも適しそうにない感情という言葉が持ち出されるのもわからなくはない。しかし、感情が原因となって特権的な他者との排他的なつながりが発動する、としてしまえば話は済むのだろうか。この説明は実のところ理性によって理性的な選択が、感情によって感情的な選択（これが排他性の発動ということになるのだろう）がなされる、という形の同義反復にすぎない。また、本書が考察する現在のゲイ男性のつながりの多層性において、特権的な他者とのつながりのみが感情によるものであって、総体的なつながりは理性によるものである、とはいえない点からも、本当に感情が特権的な他者とのつながりをほかの社会関係から差異化して特徴づける根本要素であるかについては、疑いがある。感情という要素は、人々の直感ほどには説明力をもたないのである。

そこでこの節では、前節最後の問いを解く前に、特権的な他者とのつながりについて考えるにあたって、私たちが感情なるものを持ち出すことの意味を把握するため、感情に関する先行研究に含まれるいくつかの点について考察する。

まず、前節でもとりあげた高橋（1996; 1999）の議論を検討する。高橋が近代社会において感情のもつ性質を選択という観点から的確に摘出したことを踏まえ、それにもかかわらず私たちが感情を持ち出すことそのものの意味については言及していないことを確認する。

高橋は体験選択という用語を創出することにより、人を選ぶこととしての特権的な他者とのつながりの考察に接続する視点をもたらした。しかし、高橋は体験選択を、そして感情を現にあるものとしてアプリオリに認める立場をとっている。高橋（1999: 15-6）は近年の「感情を主題とする社会学的研究」は「感情という現象を一個の社会現象とみなし、社会学的概念を用いてこの現象に接近するというスタンスを」とり、「『社会→感情』の方向で説明への努力がなされる」が、自身の研究は「『感情→社会』の方向でなされる」と述べる。高橋にとって感情とは、なぜそれが感情と呼ばれるかを説明されるべき対象ではなく、その性質を前提に社会についての議論を組み立てるべき、すでに存在する事象なのである。感情の存在をアプリオリに認める高橋にとって、感情は社会現象ではなく、個人の内側に存在するものである。したがって高橋の感情に関する議論は、感情を説明するのではなく、感情で説明するものとなる。[2]

しかし、高橋の議論のもっとも重要な部分であるところの、「当人の意図とは関係なく選択は選択として観察される」という点の潜勢力をより引き出すことが重要だろう。本書の言葉づかいにしたがって表現すれば、すなわち、人を選ぶこととしての特権的な他者とのつながりという実践は、なによりも他者にそのように観察されることにこそ依存している。であるならば、私たちは（少なくとも排他性の原因とされている意味においての）感情を、理論構成に他者（前節で書いたところの第三者）を組み入れる形で記述しなければならない。つまり、特権的な他者とのつながりと関連する意味において、感情は何よりもまず社会学的に記述されねばならないのである。

もちろん、社会学的に感情を捉えるとは感情社会学の営みそのものではないか、との指摘があるかもしれない。確かに合理的な選択に含まれない（とされる）特権的な他者との排他的なつながりを問うという筆者の問題意識は、近代的＝合理的な人間像を前提に組み立てられた社会（科）学に対するアンチテーゼとして感情を焦点にしてきたこれらの社会学と、多くの問題意識を共有している。しかし、感情社会学が行ってきた作業と特権的な他者とのつながりについての考察では、問いの立て方は必ずしも一致しない。

感情社会学の試みは、まずなによりも心理学的・生理学的メカニズムによって感情なるものを説明することに対峙する形で立ち現れた（崎山 2005: 8）、あるいは少なくとも、心理学的・生理学的メカニズムに還元不可能な感情の「社会的構成」という側面を重視していた（岡原 1997: 14-26）。いずれにせよ、感情の社会的構築性をいうことそのものが感情社会学の特徴であると指摘することは可能である。たとえば、個々の具体的な感情の（歴史的）相対性をいう研究がある。本書とも直接のかかわりをもつ恋愛の領域に関しては、多くの論者が恋愛概念は近代において構築されたと指摘している（概説として山田（2002: 178-80））。あるいはさらに具体的に、特定の時代において人々が特定の特徴をもつ人に「惹かれる」といった研究も多々ある。

しかしながらこれらの研究に隔靴掻痒の思いを抱くことも人にはある。眉毛の細い女性に異性愛男性が「惹かれる」ようになったのはここ数年のことだという説明がなされても、個々人が具体的に誰かに惹かれ誰かには惹かれないことに対する説明とはならないではないか、と問い返したい時も人にはあるだろう。しかしこの弱点を感情の社会的構築という主張の間違いに帰してはならない。むしろ、ほかならぬこの私の感情の固有性や説明不可能性を盾にとる物言いの遍在、我々が感情を持ち出したくなってしまうことそのものがまさに感情の社会的構築の結果なのであり、それゆえ我々がなぜここで感情を持ち出したくなるのかをこそ問わねばならないのである。

次のようにまとめることができるだろう。「感情（の）社会学」から私たちが受け取るべきなのは、「本来自発的な感情」が実は社会的に構築されているという点であった。しかしその上でおこなうべきは、具体的な感情（「愛」や「恋」）の類型についてそれらがいかに構築されているかを問うことではない。むしろ、「本来自発的な感情」という考え方がいかなる意味で必要とされているかを問わねばならないのである。

4 「愛に固有の理性的根拠」

前述の問いに戻る。「惹かれて」しまったのだから、感情だから仕方がないのだ、という言明が単なる言い訳や開き直りではないように思え、時にその言い方に納得してしまうとはいったいどのようなことだろうか。つまり、この言い訳がそれ自体ある種の正当性の主張にも思えるのはいったいどういうことなのだろうか。以下、この問いに取り組み解を与えたニクラス・ルーマンの論述を手がかりに、特権的な他者とのつながりにおける排他性という要素がむしろ選別の正当性を主張しうること、感情もまた正当性を付与されるべきレトリックとなっていることを指摘する。その上で、ルーマンの記述が特権的な他者とのつながりをどのように捉えたかを踏まえると、さらにその先、特権的な他者とのつながりと総体的なつながりの間の関係性について、どのような原理的な問いが横たわっているかが明らかになる。この原理的な問いこそ、ルーマンの先駆的な指摘が本書の論じる「ついていけなさ」に与える重要な洞察である。

ルーマンの議論の検討の前に一点補足しておく。本書が採用する特権的な他者とのつながりという言葉は、「恋愛」「パートナーシップ」「セックスフレンド」といった日常語をまとめあげたものであるが、ルーマンが主題的に論じているのは「愛」である。両者は互換的に論じることができる（少なくともルーマンの議論を特権的な他者とのつながり一般に拡張できる）と筆者は考えているため、本章では基本的に特権的な他者とのつながりという表現を用いつつも、引用やそれにもとづく分析の箇所では「愛」という言葉を用いる。ただし、特権的な他者とのつながりの中には、日常語においては「愛」ではなく「性」と呼ばれる要素も含まれ、またゲイ男性の集合を対象とする本書にとってこの「性」という要素は当然重要である(3)。この点については「圏」のゼマンティクについて述べる本章6節で補足する。

実は、ルーマン以外の研究においても、感情がある種の理由となることは示されていた。たとえば単婚制度と結びつくことによって、嫉妬の感情を抱くことが権利となり、ある種の正当性をもつことが指摘されている（Hochschild 1983＝2000: 83）。しかしこれは感情そのものが理由となっているというよりも、別の（この場合は法律的な）条件によって正当性が与えられているため感情に正当性が付与される、と捉えるべきである。感情が感情であることによって正当性を付されているわけではないのである。

一方、ルーマンの議論はより強い結論を導き出している。ルーマンによれば、愛が感情であることそのものが合理的な正当化要件を解除してよいことの理由となるゆえに愛の正当性を主張しうるという逆転が起こっているのである。本節では、この点についてルーマンがハーバーマスとの論争の中でわかりやすく言及した『批判理論と社会システム理論』（Habermas & Luhmann 1971＝1984）に即してルーマンの議論を追う。

ルーマンにとって、愛はまずシンボルによって一般化されたコミュニケーション・メディアの一つとして説明されるべきものであった。まずルーマンにとって愛がいかなる意味で説明されるべき問いだったのかを、簡単に押さえる。

複雑な社会は部分システムの中に大きい任意性を制度化しなければならない。すでに私が挙げた事例を考えてみるだけでよい。愛の情熱化、法の実定化、意味の単なる間主観的伝達可能性としての真理の定義などである。これはみな全体社会の統制からの排除を意味している。(Habermas & Luhmann 1971＝1984: 上22)

愛に関してのみ要約すれば、「全体社会の統制」から逃れたところに諸個人が選択できる任意性を部分システムとして定位する必要がある。この主張はまぎれもなく、平等の原則の裏面であるところの排他性がいかに社会に位置づけられるのか、という本章最初の問いと同一である。ルーマンは、古代ヨーロッパの伝統におけるフィリア（友愛）は「あらゆる社会システム、とりわけ政治社会の基本的特徴であった」とし、現在の愛のように、全体社会と切断されてはいなかったと論じる（Habermas & Luhmann 1971＝1984: 上15）。この比較からもわかるように、全体社会に逆立するかのような個人的な情熱としての愛のありようこそ、ルーマンが近代社会におけるその位置を問われるべきと考えたものであった。この問いに対してルーマンが持ち出す解が、シンボルによって一般化されたコミュニケーション・メディアとしての愛、という事態である[4]。ルーマンにとってコミュニケーション・メディアとは、「複雑性の縮減の追加メカニズム」であり、「選択の仕方によって承認へと動機づけられるとき、従って選択様式が同時に動機構造として機能するとき」述べられるものである（Habermas & Luhmann 1971＝1984: 下428　強調原文）。これらはシンボル化されたり、時には選択と動機づけを制御する〈コード〉をもったりする。ルーマン自身のもっとも平易な言葉を借りていえば、シンボルによって一般化されたコミュニケーション・メディアは「真理、愛、貨幣、権力などの特殊事例についての共通の言明を的確に述べうる、ある概念レヴェル」（Habermas & Luhmann 1971＝1984: 下428）なのである。特殊事例という表現からも、いかに愛を例外的な事態としてルーマンが捉えているかがわかる。

以上の事態を裏返していえば、シンボルによって一般化されたコミュニケーション・メディアのはたらきとは、愛という例外的な事態を全体社会の中に位置づけることである。そこで、このはたらきを可能にする〈コード〉について『情熱としての愛』（Luhmann 1982＝2005）を検討する中で明らかにしていく（『批判理論と社会システム

に言及する)。

理論』と『情熱としての愛』の間の大きな差異については次節で論じることとし、本節では両者に共通といえる部分のみ

ルーマンは『情熱としての愛』において、題名にも含まれる情熱という言葉の意味が近代以前の宮廷風恋愛と近代の情熱的愛において異なることを指摘する。宮廷風恋愛において情熱（Passion）は美・徳・富といった対象（女性）に帰せられる理想的性質によって引き起こされる、（字義どおり）受動的なものであったが、近代の情熱的愛においては対象である女性自身もまた彼女にとっての対象としての男性を決定しうる。このことにより、自由に対象を決定できる二人がいかにして互いを対象として決定しうるのか、というダブル・コンティンジェンシー（二重の不確定性）にまつわる問いが浮上する。これに対処するために、愛する側は愛される側の微細な表情や仕草を読み取り、相手の想像力に対して能動的にはたらきかけるようになった。

ここで重要なのは、宮廷風恋愛においては愛の重心が対象の性質におかれているのに対し、情熱的愛においては愛する側のはたらきかけに重心が移動していることである。もはや、対象の性質に明示的に愛の動機や原因を求めることはできない。そこで起こるのが、愛する側の内にあるとしかいいようのない明示しがたさそのものを愛としてコード化してしまうことによって、愛に正当性を与えることである。

> 愛を根拠づける視点が変化している。理想が問題であったかぎりでは、愛の対象の性質を知ることが必要であった。パラドックス的なコード化の領域では、愛は想像力によって正当化されている。最終的に親密な関係性の自立性が行きわたり再帰的になると、愛の根拠づけのためには愛しているという（説明し難い）事実で十分となる。自己準拠的なコミュニケーション連関においては愛は自らで自らを正当化している。（Luhmann 1982＝2005: 53-4　強調原文）

このようにしてまさに「愛のコードは」「まさしく規定されている感情となり」（Luhmann 1982＝2005: 55　強調

原文）、「愛のゼマンティクは誰でも使える言葉や誰でも掻き立てられる感情を提供することになった」（Luhmann 1982＝2005: 76）のである。本書の問題関心に即して読み替えるならば、第三者からの「ほかでもなくなぜその人を選んだのか」という問いに対して、我々は愛を、あるいは愛という感情をもち出すことによって正当性を示すことができるようになったのである。「愛独自の領域が存在しているという主張、つまり愛は愛自体を支配する要求を持つという主張」に依拠した「愛に固有の理性的根拠」がもち出される（Luhmann 1982＝2005: 143　強調原文）。愛だから愛なのだ、としかいいようのないこと、理由のいいがたさこそが正当化の理由となる。[5] 我々が「本来自発的な感情」といいたくなるのは、感情が「本来自発的」であることが「固有の理性的根拠」として認められているからなのである。前節の問いの答えはここにある。

もう一点、シンボルによって一般化されたコミュニケーション・メディアの重要な特徴がある。それは動機づけの機能である（村中 1996: 180–1）。繰り返しの引用になるが、「選択の仕方によって承認へと動機づけられるとき、従って選択様式が同時に動機構造として機能するとき」（Habermas & Luhmann 1971＝1984：下428　強調原文）ルーマンはそれをコミュニケーション・メディアと呼ぶ。したがって、「愛に固有の理性的根拠」が与えられるメディアの発生は、人々を愛の実践へと仕向けることになる、とルーマンはいうのである。ここではいわば、「愛をいかに全体社会に位置づけるのか」という問いと、「その位置づけにおいて人々がいかに愛の実践をおこなうようになるのか」という問いが同時に解かれているのであり、その鍵がシンボルによって一般化されたコミュニケーション・メディアなのである。

5　自発的な服従というパラドックス

ただし、シンボルによって一般化されたコミュニケーション・メディアとしての愛という観点は、ルーマンの

表２-１　コミュニケーション・メディアの四類型

	自己の体験	自己の行為
他者の体験	真理：価値関係	愛
他者の行為	貨幣、芸術	権力

Habermas & Luhmannn（1971＝1984: 下429）をもとに筆者作成

そののちの議論の進展において、基本線を維持した上でさらに発展されることとなる。『批判理論と社会システム理論』の段階では、愛というシンボルによって一般化されたコミュニケーション・メディアの存在によって、愛の愛としかいいようのない特徴に正当化が付され全体社会の中にその位置が与えられるとともに、動機づけを誘発し、人々（＝それぞれの心理システム）を愛の実践へと誘引するという点が述べられただけであった。しかし、ルーマンが愛についてさらに深く論じた『情熱としての愛』（Luhmann 1982＝2005）においては、理論構成はさらに複雑化している。

実は前述のルーマンの議論の中には、端的な矛盾、少なくとも説明を要する事態が書き込まれている。それは、愛が不可抗力のものとして正当化されるにもかかわらず、人は他者の愛を得ようとして、他者に愛の働きかけを行うというものである。結局のところ、愛が単に自らに訪れてしまうものならば、他者の愛を得るためのはたらきかけは無駄ではないのか。無駄ではないどころかそれが時に要求されるということを示し、この矛盾を解きほぐすために、愛を語る議論の中にルーマンはパラドックスとゼマンティクという概念を導入していく。まずは次のような引用から見ていく。

> 恋愛でかわされるコミュニケーションは、例外なく再帰的になる。つまり、愛を互いに語り合うことや、愛を語り合う仕方（さらにそうすることには、愛にとって決定的に重要な身体行動も含まれる）は、同時に愛の証しの方法にほかならない。こうした愛の自己準拠以外に愛の証しの可能性はありえない。（Luhmann 1984＝1995: 下827）(6)

愛について語ることは「愛の証し」であり、しかもそれ自体が、愛の内実である。ここでは、愛が積極的な営為として表現されている。言い換えれば、愛は、個人に訪れる体験であると同時に、個人が他者に対してなす行為なのである。シンボルによって一般化されたコミュニケーション・メディアの四類型（表2-1参照）における、「自己の行為が相手にとっての体験として感得されるように行為しなければならない」というルーマンの分析も、「しなければならない」という命法の部分を取り除けば、訪れるものでありはたらきかけるものであるということの（説明されるべき）愛の性質を述べ直したものと考えることができる。

しかしこの地点で、ルーマンの議論はパラドックスという要素を抱え込まねばならなくなる。先述のとおり高橋（2007）は、愛する側に起こる事態を「体験選択」と名づけた。厳密には高橋とルーマンの体験は当然異なるが、自己にどうにもならない「感情」としてそれがやってくることを認めている点で両者は共通している。しかし、ルーマンのシンボルによって一般化されたコミュニケーション・メディアとしての愛の説明では、「体験」を行う（ことを自己によって目指される）のは他者の側であり、自己の側は行為をしている。高橋の場合と違って、ルーマンの場合にはここに説明すべき事態が発生する。愛する自己は、愛が体験であることによってそれを正当化するだけではなく、その正当化のロジックを崩さない状態で、愛の行為をおこなうことができるようにならなければならないのである。ここに、愛がパラドックスとして名指される必要が生まれる。

次のように言い換えることができる。第一に、愛としかいいようのない感情の訪れ（＝体験）こそが愛を正当化するにもかかわらず、実際に愛する側の人々は他者の側にも愛を発生させようとして行為する。第二に、しかしながら、愛の実践が単なる能動的な行為であってはならない。なぜならば、それが単なる能動的な行為であるならば、受け取る側にとってそれは感情の訪れとしての愛の体験ではないからである。それゆえ、理論構成上、受動的な体験と能動的な行為が一致するようなものとして愛を設定しなければならない。このことを、ルーマン自身は自発的な服従というパラドックス（das Paradox der freiwilligen Unterwerfung）と呼んでいる（Luhmann 1982＝2005: 257）。より端的に記述すれば、「愛してしまったのだから仕方ない」という正当化と、愛にまつわる意図的な行為を可能にする「余地」という二者が同時に存立せねばならないという事態こそ、自発的な服従というパラドックスの内実である。

> 愛は誘発されることを許さない。愛は相手の出方に対する反応としてではなく、相手の出方に先んじて行われなければならない。(…) そのようにして愛する者はすっかり心を奪われている相手に求められる前に行為するやり方で、自分自身の自由と自己決定を保ち続けることができる。(Luhmann 1982＝2005: 256-7　傍点引用者)

ここで重要なのは、この自発的な服従というパラドックスは、愛に関する理論構成が「攻略」しなければならない難点ではないということである。上記の引用からもわかるように、むしろこのパラドックスを上首尾に保持することで、愛する側の自己決定が確保される。愛にもとづくカップリングを実態として確保するためには、カップリング達成のための自覚的な努力は推奨、少なくとも許可されるべきであり、したがって、このパラドックスは解消されるのではなく、利用されねばならない。愛においてこの「パラドックスを構成因とすることが許容されなければならず、それどころか明示的に活用されなければならない」(Luhmann 1982＝2005: 75) のである。

したがって、愛に関する軽重硬軟さまざまな説明は、そのどれも決定的な解とはならない。それらは自発的な服従というパラドックスを完全に解決するのではなく、むしろ一時的に解決し延命させる。その中で、人々は自身に起こる事態を愛と解釈するだけでなく、また愛へと動機づけられる。そして、体験として正当化されるにもかかわらず行為として愛する側が選択する事態として愛が可能になる。シンボルによって一般化されたコミュニケーション・メディアとしての愛は、このようなプロセスで機能していくのである。そしてこの展開、パラドックスを延命させる装置を、ルーマンは「愛の決疑論」(Luhmann 1982＝2005: 77　強調原文) と呼んで仔細に検討していくことになる。

決疑論 (Casuistry、決疑法) に関してはキリスト教神学から現代の生命倫理に関する議論まで、さまざまな分野で専門的な議論がすでに蓄積されているが、ここでは辞書上の意味とルーマンの文脈を踏まえた上でルーマンがいうところの決疑論の意味を確定させておく。決疑論とは①道徳上の判断をする際に、②個別具体的な例から類推によって導き出された基準がある種の権威をもち、③一般的だが普遍的ではないルールとして、認識関心の要求に応じる形で場合分けをされながら個々の具体的な行為、問題に適用されることである。本書の関心に引きつけて決疑論を説明すれば、①自発的な服従というパラドックスに対し、②ある種の経験則が権威性を帯び、③このパラドックスが一時的に解決されるためのなんらかのレトリックが設定される事態を決疑論（ないし決疑論的性質）と呼ぶ。またCasuistryという語にはこじつけ、詭弁、ごまかしといった意味もある。決疑論はネガティヴには捉えられないが、基準の妥当性が疑問に付されているというニュアンスが、パラドックスは「明示的に活用」されるというルーマンの表現と通底しているといっておくことができる。

そして、ルーマンが愛をめぐる議論に導入したゼマンティクという概念は、このパラドックス／決疑論概念と関連している。ゼマンティクとは「コミュニケーション過程においてすばやい受容とすばやく理解できる受容を用意している、可能的な諸テーマの一種のストック」のうち、「とくにコミュニケーションのために保管されている」ものを指す（Luhmann 1984＝1995：上257）。すでに述べたように、愛の決疑論は、自発的な服従のパラドックスを活用してコミュニケーションを継続的に発生させ、愛の実践を可能にする。愛のゼマンティクもまた、愛についてのコミュニケーションを継続的に生起させることで愛を可能にする。このことを考えると、愛の決疑論とは愛のゼマンティクのレトリカルな別名だと言うことができる。自発的な服従のパラドックスは、愛の決疑論＝ゼマンティクと、単なる矛盾というよりもむしろ相補的な関係におかれているのである。

このように、ルーマンは自身の愛についての議論を、シンボルによって一般化されたコミュニケーション・メディアという枠組みから、それにパラドックスとゼマンティクを付加したものへと変化させた。『情熱としての愛』においてルーマンが小説を題材に「実証的」な立場から考察を深めたことを踏まえると、裏返しの形で次のように結論づけることが可能だろう。すなわち、むしろ愛の現象の性質そのものがこのような理論的な深化を要求したのである。そこでもう一度ルーマンの最終的に至った理論構成を「ルーマン語」を排してまとめる。

まず、愛という「感情」に支えられた特異な選択現象は、「愛は愛なのだ」という自己正当化によって全体社会の中に位置づけられると同時に、人々はこの正当化によって愛の実践へと誘引される。ただし、愛がこのように位置づけられると、受動的な体験として正当化された愛が、能動的な行為として現出してしまうことになる。この矛盾を絶えず喚起させつつそこそこに解消するような、（時に陳腐な）愛についての種々の説明や実践的指針があることによって、人々の愛への誘引は上首尾におこなわれることとなるのである。

ただし、愛についての説明や実践的指針（決疑論・ゼマンティク）は、自発的な服従のパラドックスと関連させた形でより明確にその内実を確定されるべきだろう。次節ではルーマンの文脈を離れ、ゲイ男性の文脈と以上の議論の接合をおこなった上で、再度この点について検討する。

6　「圏」のゼマンティク

前節までの議論は、ルーマンが一七、一八世紀のヨーロッパの長編小説の分析から導き出したものであり、したがって出自によれば異性愛に限定したものである。しかし、筆者は以上の愛に関する議論は、男性同性愛（や、そのほかの性愛）にもあてはまる「原理的」なものだと考える。その理由は二つある。第一に、ゲイ男性（やそのほかのセクシュアルマイノリティ）もこれらの愛のゼマンティクに接し続けていること、第二に、ルーマンが分析した、愛自身をその正当化の理由とするような愛は、原理的に異性愛に限定されないものであるからである。

愛自身により正当化される愛が異性愛に限定されないことに関して論じたのはギデンズの『親密性の変容』（Giddens 1992＝1995）である。ギデンズは、ルーマンの『情熱としての愛』と同じく中世ヨーロッパの情熱恋愛から近現代の恋愛への変化を追い、ルーマンと同じくロマンティック・ラブという要素を論じる。そして、ロマンティック・ラブをその下位カテゴリに含む「純粋な関係性」という用語を提出する。これは、ルーマンが言うところの愛のゼマンティクのうち、現代的なそれを指す包括的な概念と考えることができる。その上で、「純粋な関係性」はあらかじめの性役割のような形での「性の差異を無視する傾向」があるため、「異性愛に固有なものでは決してない」のであり、「同性愛にも及んで」いると論じるのである（Giddens 1992＝1995: 97–8）(7)。

この点を踏まえると、愛の基本的なゼマンティクに関しては、ゲイ男性も異性愛のゼマンティクと同じものにしたがっていると考えられる。すなわち、愛という「感情」に支えられた特異な選択現象、愛自身による愛の正当化による「全体社会」への位置づけ、この位置づけにもとづく矛盾を絶えず喚起させつつ適度に解消する愛についての説明や実践的指針が必要とされていること、そして具体的なその指針としてのロマンティック・ラブや「純粋な関係性」という要素などである。

しかし、ここまでを異性愛と男性同性愛の共通点としたとしても、異性愛と男性同性愛がまったく同じ愛のゼマンティクをもっていると結論づけることはできない。そして、この両者のずれが、ゲイ男性のつながりに特有の（異性愛では解かれてしまっている）問いを発生させるのである。その違いを浮き彫りにするために、以下ルーマンとギデンズがともに用いた親密性という用語をもとに考察する。

親密性という言葉はギデンズ（Giddens 1992＝1995）以降、男性優位的な異性愛にかぎらない多様な性愛の関係性を指し示すために用いられるようになってきた。親密圏という言葉は公共圏という言葉と対比される形でハーバマス（Habermas 1962→1990＝1994）において用いられた。ただし、「起源」としてのハーバーマスがあくまで親密圏という言葉において小家族を念頭においていたのに対し、近年の親密圏研究はむしろ「親密圏と私的な小家族を等号で結ぶこうした典型的な言説」（齋藤編 2003: ii）を批判し、「近代の家父長的な家族制度とは異なった〈親密圏〉について、新しく論議を呼ぶ」（風間ほか 2003: 157）、「旧来の規範への批判」（井上 2004: 241）を企図したものだといえるだろう(8)。その意味で、本書がとりあげるゲイ男性の排他的なつながりは、十分に親密性、親密な関係性に含まれる。

しかしここで問題となるのは、親密性と親密圏との関係である。より正確には、両者の関係が自覚されることなく、横滑りして論じられてしまう点が問題なのである。

> 親密な関係とは、そうやすやすと「圏域」を作るのだろうか。複合語である「親密圏　intimate sphere」は、intimacy と sphere があたかも対称的に調和しているような錯覚を与えるが、我々はこの語彙の挑発に乗り、親密な存在と圏域の定立を即座に結びつけてよいのだろうか。（新田 2005: 94）

そもそも、本章で重点的に論じてきたルーマンも、あるいは親密性研究の嚆矢となったギデンズも、親密な関係性、本書の言葉づかいでいうところの特権的な他者とのつながりが、近代社会においてその「圏」を確保していることに対する学的な驚きを研究の核心においていた。ルーマンは「近代社会をインパーソナル（unpersönliche）な大衆社会として特徴づけそれでよしとする」ことを「誤った判断」と退け（Luhmann 1982＝2005: 11）、むしろパーソナルな関係（親密な関係性、特権的な他者とのつながり）もまたその深度を上げながら、インパーソナルな関係と共存する、より正確にはこの二つの「親密な世界と疎遠な世界との差異」を諸個人が利用することを強調している（Luhmann 1982＝2005: 16）。またギデンズは、中世の情熱的恋愛が明確に婚姻と逆立していたのに対し、近代のロマンティック・ラブが婚姻と結びつき、「親密な関係性は、公的領域における民主制と完全に共存できるかたちでの、対人関係の領域の掛け値無しの民主化」（Giddens 1992＝1995: 14　強調引用者）を達成したと指摘している。

つまり、ルーマンとギデンズの親密性に関する記述は、そもそもこの親密性という要素が近代社会の中に位置づく＝「圏」を確保することのありそうもなさがいかなる論理で覆されるのかという問いに貫かれている。ルーマンの言葉づかいを用いれば、愛それ自身によって正当化される愛が、いかにして社会の中に位置づくかが、そもそも親密性研究の基本的関心のうちの一つだったのである。たとえばルーマンは、これは愛なのかの自問を連鎖させつつ愛を存続させるロマンティック・ラブのゼマンティク[9]とともに、結婚という「心を奪われた熱烈な激情についての制度化された了解」（Luhmann 1982＝2005: 226）について述べている。

しかし、二〇一二年五月現在、日本では同性婚は認められておらず、ゲイ男性の特権的な他者とのつながりに対する「制度化された了解」はない[10]。ゲイ男性にとっての愛は、確かにそれが愛であることによって正当化されるが、しかし、そのことによって社会に「居場所」を得ているわけではないのである。新田の指摘は、親密という語の適用範囲を異性愛者や近代家族以外（たとえばゲイ男性）にも拡大する、あるいは拡大可能なものに抽象化する際に、ルーマンやギデンズが捉えていた驚きをスキップしてしまうことに対する懸念として読み解くことが可能であり、特権的な他者とのつながりの位置づけの問いを親密性・親密圏という言葉で蒸発させてしまうことへの疑問を投げかけているのである。

この疑問は、本章でこれまで用いてきた「愛」という言葉についてもあてはまる。筆者が拡張したルーマンの「愛」という用語は、日常語における、あるいは学術用語における、少なくとも愛と性という二つの言葉を含んでいる。そしてジェンダー研究やセクシュアリティ研究の分野では、両者の結びつきを相対化する作業がすでに蓄積している。愛のあるセックスを称揚する「親密性パラダイム」の検討（赤川 1999: 382-4）や性が愛でなく快楽と結びつけられる可能性（瀬地山 1997）の指摘により、愛・性・結婚の三位一体イデオロギーはその自明性をすでに剥奪されている。筆者がルーマンの「愛」を拡張して解釈したことは、この潮流に逆行するものに見えるかもしれない。しかし（日常語における）愛と性と結婚が仮に分離されたとしても、それらどの要素に関しても排他性や自発的な服従というパラドックスは存在する。とすれば、（日常語の）愛と性の結びつきを解体するべきと考えるならなおさら（筆者はそう考えるが）、これらの要素のすべてに共通する自発的な服従というパラドックスが、より原理的な位相で考えられねばならないだろう。

したがって、特権的な他者とのつながりをめぐるゲイ男性と異性愛者の差異は、単に制度の有無に回収されてはならない。前節で自発的な服従というパラドックスに対応するゼマンティクこそが重要であると述べておいたことからわかるとおり、制度の有無は、ゼマンティクをめぐる論理的条件との関連で捉えられなければならない。とすると、このパラドックスを、およそパラドックスの発生する関係性（愛・性・結婚）をすべて重ねあわせて「全体社会」に対する唯一の例外とすることで解いたのが愛・性・結婚の三位一体イデオロギーの「意義」だったのではないだろうか。

この「唯一の例外」という表現に輪郭を与えるために、新田の「圏」に関する指摘を逆向きに読み替えてみることができる。すなわち、自発的な服従というパラドックスは、「圏」というあり方によって「解かれた」のではないだろうか。つまり、「圏」という捉え方そのものが、なんらかのゼマンティクの言い換えなのではないか。たとえば、仮に同じ職場で夫婦がともに働いている場合、職場ではパートナーへの「えこひいき」は認められないが、「家庭」においてはそれが当然のこととされる。あるいは、法的には、配偶者には代理としての意思決定権がそれ以外の他者に比べて圧倒的に広く認められており、「家族」が一個の意思決定体として対外的にふるまうこともある。ゆえなく人々の扱いに差をつけることは、それが局所に閉じ込められることで許容されるのである。ここに性行為が「寝室の中」に閉じ込められることで許容されるという「倫理」を付加してもよい。そして、婚姻とは、そのような関係性の中に自己の選択によって参入することを示し、またそれが承認されるためのメカニズムと考えることができる。ここでは、体験であったはずの愛が、関係性への参入という行為に読み替えられることによって、近代的な行為する自己―責任をとる自己の原理に接続されているのである（したがって、この自覚的参入／承認という要件を満たせば、そのメカニズムは婚姻に限定される必要はなく、それゆえに「親密圏」という包括的な概念が要請されると考えることができる）。

近代においては、平等の原則の適用範囲である「全体社会」を一つの場として想定できる。正確には、場に限定をかけること自体が平等の原則に反するので、近代は特権的な他者とのつながりを形成しうる可能性のある諸個人をすべて含む「全体社会」をむしろ所与の前提とする（子どもは含まれないなど、形式的な条件にもとづく制限の下であれば、必ずしもすべての個人が含まれなくても構わないが）。そのかぎりにおいて、これに対抗的な「圏」

を設定するゼマンティクは、数あるゼマンティクの中でももっとも重要なもの（少なくともその一つ）である。

したがって、異性愛における愛＝特権的な他者とのつながりの機制を次のように定式化することができる。人々に特権的な他者とのつながりを可能にすると同時に動機づけるための特権的な他者とのつながりの位置づけは、異性愛の場合には純粋な関係性の称揚、すなわち特権的な他者とのつながりの自己正当化を純化させる一方で、（結婚）制度への取り込みによる「圏」の設定によってその正当化の領域を確保することによってなされる。

以上の議論を踏まえ、特権的な他者とのつながりが可能になる、「全体社会」と対比的な「圏」を設定し、「全体社会」と特権的な他者とのつながりのための「圏」の間に安定的な関係を成立させるレトリック、言語実践上の機制を「圏」のゼマンティクと呼ぶことにする。繰り返すが、このゼマンティクこそ、特権的な他者とのつながりを考える際もっとも重要なゼマンティク（の一つ）なのである。もちろんこのゼマンティクは近代（それがいつを指すのかも問題だが）を通じて存在するものではなく、少なくとも「恋愛」や「性」といった道具立てが揃った時代以降にのみ存在する、歴史的に特殊なものである。しかし日本において「恋愛」と「性欲」の結びつきは一九二〇年代にすでに主題化されており（赤川 1999: 169-72）、男性同性愛者が一九二〇年代に析出されてきたことを考えれば、男性同性愛者、ゲイ男性の集団はつねに異性愛版の「圏」の設定の仕方を横目に見てきたことになる。

ただしゲイ男性はこの「圏」の設定方法をただ踏襲すればよいわけではない。なぜなら、ゲイ男性の場合、この「圏」のゼマンティクの成立には二重の困難がつきまとうからである。第一に、ゲイ男性の場合、婚姻制度がないゆえに、局所的な「圏」の設定とそのことによる特権的な他者とのつながりの封じ込めの程度は異性愛に比べて非常に弱い。とくに、そもそも「圏」に封じ込められるべき要素が複数のものとして感得される可能性がある。そこに封じ込められるのは（日常語における）愛であるべき場合もあり、性であるべき場合でもある。この時、「圏」は結婚といった制度によってはますます正当化されにくくなる。したがって、特権的な他者とのつながりの自己正当化の純化がむき出しのまま他者（とくに選ばれなかった他者）に対して提示されるため、さまざまな対人的葛藤やストレスをゲイ男性に発生させる。またこのゼマンティクなき特権的な他者とのつながりの自己正当化は、そのつながりの達成までの道筋を整備しないがゆえにその「理想」を高める。よって、人々を特権的な他者とのつながりへと動機づけ、その実践を達成させるには不十分か、少なくともその達成の可能性を低めてしまう。

第二に、仮にこの「圏」が設定される、つまり特権的な他者とのつながりのための場が生起するとしても、問題はそれがどのような「全体社会」との対比において、それとどのような関係性をもつように設定されるのか、そもそも対比させられるべき「全体社会」は存在するのか、という困難がある。この「圏」は、自発的な服従というパラドックスの存在しない、近代社会におけるルール合理的選択—行為者責任の存在する場、からの「例外」的な領域として設定される時、近代的な平等の原則を破棄せずに済むゆえ、もっとも意義をもつものとなる。そしてゲイ男性もこの原則を前提とするのであれば、特権的な他者とのつながりの「圏」と、それを例外とするような「全体社会」、さらにはその関係性を設定せねばならない。

もちろん異性愛者の場合、合理的選択—行為者責任の存在する「全体社会」は容易に想定できるが、ゲイ男性にとってそれは決して自明な存在ではない。そしてその自明でなさに着目すると、ゲイ男性に特有の、現代的な困難が発生している理由がわかる。たとえば、男性同性愛者の発生当時やその直後の時代においては、このような困難は逆説的にも存在しなかった。そもそも男性同性愛自体が「例外」事項であったがゆえ、男性同性愛者とのつながりに参入することそのものが、男性同性愛者同士の特権的な他者とのつながりを解除してよいことと同一視されていたからである（二種類のつながりが不可分であったとはそのような事態の言い換えである）。しかし、二種類のつながりが分化すると、総体的なつながりと特権的な他者とのつながりの間の原理的な逆立が顕在化する。そのことによって、総体的なつながりの、特権的な他者とのつながりとの関係性が争点として浮かび上がってくるのである。すなわち、特権的な他者とのつながりのためのものではなくなった総体的なつながりは、ここでいうところの「全体社会」の機能を果たさない可能性がある。この点について次節で述べる。

繰り返しになるが、筆者はだから現在よりも過去の状態の方が男性同性愛者にとって望ましいといっているのではない（そもそも過去の状態においても、二種類のつながりの間の関係性という問題は、存在しなかったのではなく単に潜在していただけである）。むしろ、「過去よりも現在の方が遥かに望ましい」とする見方自体が、ゲイ男性の現在に特有の問題を看過させている可能性に注意を払いたいのである。すなわち、ゲイ男性が特権的な他者とのつながりを生起させようとし、しかしゲイ男性の総体的なつながりがそれとは独立に存在する際、両者の間にどのような関係性を設定されればよいのかを問題とするべきなのである。次節では、本節で述べた二重の困難への可能的な「解」を検討する中で、ゲイ男性の集団が解かなければならない問いを、さらに明確にする。

7　二重の困難への「解」

前節で述べた二重の困難を解く課題とは、特権的な他者とのつながりを「圏」として設定し、その自己正当化の純化がもたらす敷居の高さを引き下げる、そのために特権的な他者とのつながりを総体的なつながりと対比させて存立させ、両者の間に適切な関係性を設定する（「圏」のゼマンティクの整備）というものであった。

この問いこそ、ゲイ男性のつながりが解くべき問いであり、特権的な他者とのつながりというゲイ男性の「属性」に付随した現象と、ゲイ男性の社会集団、さらにはそこでの個々のゲイ男性の「ついていけなさ」を接続するものである。すなわち、二つのつながりの間に、適切な関係性を設定するという問いが解けないゆえに「ついていけなさ」が発生している、との仮説が提起できるのである。以下、適切な関係性とはなにかを明確にする形で、この仮説を定式化する。

第一の困難、「特権的な他者とのつながりの自己正当化の純化」がもたらす高い「理想」と道筋の未整備を乗り越えて特権的な他者とのつながりをどのように担保するかという問いをまずは考察する。この問いには、論理的に考えて三つの「解」がありうる。第一に、そもそもこの困難を解消しないという選択肢がありうる。つまり、

「愛だから愛なのだ」という自己正当化によってたとえ特権的な他者とのつながりの理想が高まり、実現可能性が低下したとしても、とくに実現への道筋をつけるようなゼマンティクをもたなくてよい、というものである。

一方、自発的な服従というパラドックスに対応したゼマンティクをもつことを解とすることもできる。このタイプは二つに分かれる。まず、特権的な他者とのつながりを成立させるもっとも重要なゼマンティクである「圏」のゼマンティクを成立させずに二重の困難を解消させるという解がある。困難の解消とは特権的な他者とのつながりの成立であるゆえ、この方針は総体的なつながりの側の解除という形をとる。すなわち、ゲイ男性の相互行為に、独立した集団としての、ないし社会としてのリアリティを見てとらないということである。ゲイ男性の集団は単に「同じ属性」をもつ人の束という地点までその意味を引き下げられる。したがってこの時、特権的な他者とのつながりに関するゲイ男性独自のゼマンティクは発生しようがない（それを保持する社会をもたないので）。それゆえ、ゼマンティクは、必然的に「外部」の異性愛に関するそれの流用という形で利用される。もちろん、異性愛の特権的な他者とのつながりに関する決疑論的な知は多く流通しているから、これで困難のいくらかは解消される。しかし、もしゲイ男性に特有の特権的な他者とのつながりに関する問題（人数や出会いの機会の少なさなど）があるとすれば、それには対処できない。

次に、「圏」のゼマンティクを成立させて二重の困難を解消させるという解がある。しかしこれは解というよりは問いの引き受けである。すなわち、特権的な他者とのつながりのためのものでもあるものとして総体的なつながりを設立した上で、特権的な他者とのつながりをそれとは別の「圏」として設定し、両者の間の関係性を良好に保つということだからである。それが上首尾になされれば、ゲイ男性独自のゼマンティクを総体的なつながりの中に創出して対処することも可能になるゆえ、特権的な他者とのつながりの実現可能性は高まる。

むしろ、次のように正確にいい直す必要があるだろう。二つのつながりの関係性が良好であるとは、ゲイ男性独自のゼマンティクが総体的なつながりの中に保持され、そのことによって特権的な他者とのつながりの「圏」の方へとゲイ男性個人を誘引することができるかぎりによってである。言い換えれば、「圏」のゼマンティクが上首尾にはたらけば、さまざまなそれ以外のゼマンティクがゲイ男性の集団によって保持される。

したがって、（「圏」のゼマンティク以外の）ゼマンティクは、それが存在するとするならば、総体的なつながりの中にあると考えられる。(11) しかし、すでに述べたように、ここで大きな問題が起こる。現在のゲイ男性をめぐる状況においては、特権的な他者とのつながりと総体的なつながりは明確に分化している。言い換えれば、総体的なつながりの側が成立しているとしても、それが「圏」のゼマンティクにのっとり、特権的な他者とのつながりのためのゼマンティクを用意するとはかぎらないのである。総体的なつながりが特権的な他者とのつながりを可能にするゼマンティクを保持するか否かは一意的には決定されない。特権的な他者とのつながりのためのゼマンティクが存在するとすればそれは総体的なつながりの内部においてである、という議論は、現在においては「したがって総体的なつながりの中に特権的な他者とのつながりを可能とするゼマンティクが存在する」という結論を導かない。

一方、総体的なつながりが特権的な他者とのつながりのゼマンティクだけを保持するのみでは、「圏」のゼマンティクを保持したことにはならない。それでは単に総体的なつながりが特権的な他者とのつながりに従属しているだけであり、この時、逆説的にも総体的なつながりは特権的な他者とのつながりと逆立していないゆえ、「圏」のゼマンティクは成立していない。具体的に次のように言い換えることができる。ゲイ男性の集合性がまったくもってゲイ男性の特権的な他者とのつながりのためのものであるとすることは、排他性という「例外事態」の全面化を帰結するため、事実上総体的なつながりは成立しえず（排他性は諸個人総体のまとめあげを明らかに拒絶する）、本節における第二の「解」に漸近する。それゆえ結果として、ゲイ男性独自のゼマンティクは成立しえなくなる。

したがって、総体的なつながりが自発的な服従のパラドックスを「圏」のゼマンティクによって「解く」ためには、総体的なつながりは自発的な服従のパラドックスを解くためだけの装置ではない、ゲイ男性自身のリアリティに即して言えば、総体的なつながりは特権的な他者とのつながりのためのみにある場ではない、と信憑されていなければならない。特権的な他者とのつながりが安定的に成立するためには、それを可能にする総体的なつながりが、それを可能にするためだけに存在するのではない状態で存在する必要があるのである。

総体的なつながりを特権的な他者とのつながりのためだけのものではないと考えるには、さまざまなゼマンティク以外の、たとえば「ゲイカルチャー」などと呼ばれる、特権的な他者とのつながりとは無関連の共有されるべき要素の存在が絶えず言及される必要がある。しかし、そもそも総体的なつながりがそれらの要素に言及しえているのか自体が一つの問いを形成している。自発的な服従というパラドックスを解くためのゼマンティクの相対性を示すための（「ための」とは思われていない）諸要素が共有されていないのであれば、「圏」のゼマンティクは成立できない。この時総体的なつながりはその意義を掘り崩す。

以上の議論と本書が冒頭で指摘した「ついていけなさ」は密接に関連している。以上の検討を踏まえると、「圏」のゼマンティクが整備されているとは、総体的なつながりが特権的な他者とのつながりのためのものであると同時にない状態において、特権的な他者とのつながりに資するゼマンティクと、それとは無関連な諸要素が共有されている状態である。

この「であると同時にない」状態は、男性同性愛者の発生時点においては、偶然ではあるが成立していた。しかし、総体的なつながりが特権的な他者とのつながりと分離している現在においては、総体的なつながりは特権的な他者とのつながりのためのものではないと考えられる可能性が非常に高くなっている。このことが、ゲイ男性に「ついていけなさ」を感じさせる結果を生んでいると考えられるのである。

次のように表現することができる。筆者のこれまでの見立てのとおり、個々のゲイ男性にとって、特権的な他者とのつながりと総体的なつながりが別個のものとして存在していると感得されているとする。この時、次の二種類の経路で「ついていけなさ」が発生する。第一に、あるゲイ男性個人が特権的な他者とのつながりの系に強く巻き込まれている時、ゲイ男性のつながりにある特権的な他者とのつながりとは無関連なさまざまな要素の共有へと誘引されることは、その個人にとってなんらインセンティヴのない不要な事態であり、しかしながらそれは「圏」のゼマンティク成立のためむしろ共有を目指されなければならないゆえ、その個人には「強制」と感じられる。他方、総体的なつながりの系に強く巻き込まれている時、このつながりが特権的な他者とのつながりと切断されているがゆえに、そこに特権的な他者とのつながりに関するゼマンティクが「混入」することによる違和感が生じる。その結果、たとえば「単純な性愛ゲームを超えて広がっていく多様で奥行きのある人生」（小倉 2009: 178）といったように、特権的な他者とのつながりへの否定的な反応がなされることもあるだろう。いずれの場合にせよ、「圏」のゼマンティクが、総体的なつながりに二種類の「存在意義」を与えるにもかかわらず、現代的なつながりの構図における特権的な他者とのつながりと総体的なつながりの分離が、この二種類の「混在」を許さないゆえに、「ついていけなさ」が発生すると考えることができるのである。そして付け加えるならば、多くのゲイ男性の希求するつながりはこの両者の間を行き来するため、現実問題としては、多くのゲイ男性にとって二種類のつながりが別個とされる状態そのものが「ついていけなさ」を感じさせる要因となる。

したがって、ゲイ男性のつながりが解くべき問いと、ゲイ男性が感じる「ついていけなさ」の連関について、次のように定式化することができる。ゲイ男性のつながりは、特権的な他者とのつながりを上首尾に達成するために、総体的なつながりを設定しその「例外事態」として特権的な他者とのつながりを設定するという「圏」のゼマンティクを成立させなければならない。この時、「圏」のゼマンティクが成立しているとは、総体的なつながりが特権的なつながりのために存在すると同時にそのためでなく存在するという事態を指す。

しかし現在の状況においては、総体的なつながりと特権的な他者とのつながりは分離しているがゆえに、個々のゲイ男性がこのような「のため・のためでない」状態で総体的なつながりを感得することが少なくなっている。すなわち前段落の問いは現代において解きにくい状況にあり、それゆえ、「のため」であることを要求したり「のためでない」ことを要求したりする個々のゲイ男性は、もう一方のつながりのあり方が存在することに「ついていけなさ」を感じる、と仮説を立てることができる。

ゲイ男性の集合性の、「なにごとかを共有していること」をめぐるほかの集団と異なる最大の特徴がこれである。つまり、ゲイ男性同士がつながっていくということ、あるいは個々のゲイ男性がそこに「ついていけなさ」を感じるということは、単に社会的事実の拘束性一般に回収できる話ではないのである。

排他性を特徴とする「性愛」的な関係性は、近代社会としてくくられるさまざまな社会に見られるものである。したがって、自発的な服従というパラドックスは、それらの社会すべてに存在する。これに対する「圏」のゼマンティクは、その出自を異性愛主義的な社会に求めることはできるが、ゲイ男性の場合にも変わらない。したがって、ここまではゲイ男性の集合性の特徴ではない。しかし、ゲイ男性の集合性の場合にはここに二つの条件が加わることによって特殊な問題を解かざるをえなくなる。第一に、ゲイ男性の場合、ゲイ男性全員を可能的に含む集合性の存立そのものが一つの政治的課題である、すなわちその存立に成員が確信をもてるとはかぎらない。第二に、歴史的に、あるいは差別的な状況ゆえ「全体社会」のどこでもゲイ男性の特権的な他者とのつながりが可能になるとはいえないことが、ゲイ男性の特権的な他者とのつながりはどこで可能になるのか、という問題をゲイ男性の集合性自身が解かないわけにはいかなくさせている。これら二つの条件から導き出せるのは、そもそも存立しているかわからないゲイ男性の集合性そのものを、それとは逆立する（排他性とはそのような意味である）関係性を埋め込む形で一からすべて設定しなければいけない、という課題である。

したがって、ゲイ男性の集合性は、総体的なつながりと特権的な他者とのつながりの関係がどのように設定されるのか、どのような構図になっているのかに関する、ゲイ男性の集合性に特有の、原理的で現代的な問題を抱えているのである。本章が特権的な他者とのつながり一般の考察に迂回することで導き出したのは、このような知見である。また付け加えれば、このように一から揃える形で集合性が設定されなければならないという課題は、それに真正面から答えるにせよそうでないにせよ、「私たちの集合性とはどのようなものなのか」という問いをほかならぬゲイ男性自身に発生させる。次章でそのような問いへの応答を検討していくが、そのことによって、具体的な集団の特徴に言及するのではない形で、ゲイ男性の集合性の固有性がより一層明確になるだろう。

本章の内容をまとめる。

特権的な他者とのつながりをゲイ男性の集団の特徴として捉え、本書の記述にいかに組み込むかを考察する本章では（1節）、まず特権的な他者とのつながり一般に範囲を拡大した上で、それを合理的な選択とは異なる人の選別として捉えることを主張した（2節）。その上で、そこにまとわりつく感情というレトリックがそれ自体では答えにならないと述べ（3節）、それゆえに逆説的にある種の正当化の理由を保持することをルーマンを引きつつ考察した（4節）。ただし、ルーマンの理論の展開を踏まえると、この正当化のみよりもさらに特権的な他者とのつながりの実現可能性を高めるため、その周辺に自発的な服従というパラドックスを解くためのレトリック（＝ゼマンティク）の存在が想定される（5節）。「圏」の設定が婚姻制度によって保証されていないゲイ男性の場合にはこのパラドックスをめぐる二重の困難が発生し（6節）、この二重の困難こそ、ゲイ男性の「ついていけなさ」を論理的に帰結するものである。したがって、特権的な他者とのつながり、総体的なつながり、およびそれへの「ついていけなさ」は相互に原理的に関連した一群の問題としてゲイ男性にとって立ち現れている（7節）。

したがって、本章以降の記述においては、特権的な他者とのつながりと総体的なつながりの関連と、そこにおける「ついていけなさ」の考察がつねに重要となる。繰り返しになるが、これこそ、ゲイ男性のつながりを社会的事実の拘束性一般に回収せずに、その固有性を適切にとり出すための理論的拠点となる。この拠点からの記述は第Ⅱ部でおこなわれることとなるが、その前にまだ検討しておかねばならないことがある。

本書が前提としている特権的な他者とのつながりと総体的なつながりの分離という事態は、そもそも本当に起こっているのか、起こっているとしたらどのような形でなのか。この問いを「ゲイコミュニティ」という言葉に関連づけて次章では論じる。それはまた、本書が「ゲイコミュニティ」という言葉を使わず「つながり」という言葉を使うことの正当化ともなるはずである。

注

(1) ただし、実際のところは高橋がこの点に自覚的であるとはいえない。むしろ高橋自身は若林の考え方にかなり近いともいえるだろう。高橋は、〈行為＝選択の世界〉から〈体験＝選択の世界〉に「飛躍」した人間が、〈行為＝選択の世界〉に「帰還」した後に、行為の選択として選択を自覚する、という考えを主に記述している。確かに、高橋にとって〈体験選択〉は〈行為＝選択の世界〉（高橋によればこの世界は「社会」と等置される）の外部に存在するゆえ、あくまで〈体験選択〉をした当人が改めてそれを選択と名指す、一種の「個人主義」が要請されるのだろう。しかし、この記述においては、それを「選択」と名付ける高橋自身の分析者としての視点が隠蔽されている。より直接的にいえば、当の〈体験選択〉をした本人よりも早く、かつ素直に、それを観察した人間は〈体験選択〉をまぎれもなく選択の実践として捉える、という事実が隠蔽されている。素直に考えればよい。Aという人がBを〈体験選択〉した時、それを選択として理解できるのは、なによりもまずそれを観察する第三者であるCであり、二つの「世界」を行ったり来たりするA自身ではない。したがって私たちは、〈体験選択〉をまさに選択として名指した高橋の洞察を引き継ぎつつ、そこにある高橋の社会学者としての俯瞰的な視点を解除した上で、私たち自身がしばしば遂行する営みの中に位置づけなければならない。

(2) 感情語の扱いに着目した形で崎山（2005: 75）は「社会学という立場から感情経験を分析することに否定的な見解を示す」高橋を批判している。

(3) 加藤（2004: 25）は、本章で用いられる、ルーマンの主張を筆者が拡張する形で用いている愛＝特権的な他者とのつながり、日常語の「愛」、日常語の「性」の階層関係とよく似た、「恋」カテゴリーの中に「恋愛」「性欲や発情」を置く体系を採用している（筆者の三つの用語と順番に対応している）。

(4) シンボルによって一般化されたコミュニケーション・メディア一般の説明として、長岡（2006: 236-8）。

(5) 感情が正当化の理由になる、という事態は、愛などの「ポジティヴ」な事態だけでなく、フォビアのような「ネガティヴ」な事態にも当てはまる。「でも嫌なものは、嫌なんだ。これは理屈ではない、感情であり、生理的なものなんだと、自らのフォビアを正当化していく」（好井 2006: 225　傍点引用者）。

(6) この箇所を引用し、村中（1996: 83　傍点引用者）は「日常的にコミュニケーションについてのコミュニケーションが頻繁になされうる唯一の例外」が恋愛だと論じるが、ルーマン自身は教育、貨幣、法、権力についても同種の再帰性（Reflexivität）が働くと述べている（Luhmann 1984＝1995: 下827-8）。

（7）　ギデンズは「純粋な関係性」の下位カテゴリとしてロマンティック・ラブと一つに融け合う愛情を提出し、同性愛は後者に当てはまると明示的には述べている。しかし、「ロマンス」という表現を同性愛に適用していること、「純粋な関係性」一般が同性愛に適用可能であることを踏まえると、ロマンティック・ラブが同性愛に適応可能であるとまとめても問題はないだろう。

（8）「「親密圏」の中心には、家族があると考えられる」と言う野崎（2003: 155）のような論者も存在する。野崎の議論自体は規範的家族を自明視するものではなくさまざまな点で示唆に富むが、親密圏という語の取り扱いに関してはハーバーマスに接近しすぎであることは指摘しておくべきだろう。

（9）「パーソナルな世界に耐久的な意味を与えよという要求と愛のゼマンティクがコンフリクトに陥っている状況に対して、ロマン主義は要求を過度に高めることへの逃走によって応えている」（Luhmann 1982 = 2005: 221）。なお、『情熱としての愛』訳書中の「ロマン主義（的）」「ロマンティック（・ラブ）」はともに原語では romantisch である。

（10）　ただし、同性婚が認められれば「制度化された了解」が与えられたと考えられるとはかぎらず、たとえば同性カップルが「家族」と認められれば「制度化された了解」が与えられたと考えられるともかぎらない。ポイントは愛の自己正当化以上の愛のメリットが制度側にとって存在し、それゆえ制度が人々を愛へと動機づけるかという点である。現在の異性愛家族における制度側の最大のメリットは労働力の再生産だろう。「再生産のイデオロギー」についてルーマン（Luhmann 1982 = 2005: 222-39）も論じている。

（11）　たとえばハッテン場でなら、総体的なつながりに保持されたゼマンティクを経由せずに特権的な他者とのつながりを達成できるのではないか、という反論に対しては、次のように再反論できる。特権的な他者とのつながりを可能にする装置であるところのハッテン場について知るためには、ゲイ男性によって発せられた情報のネットワーク（ネットワークの担い手がゲイ男性であるゆえ、これもまた総体的なつながりの一形態である）に参入しなければならない。さらに、ハッテン場では排他性の発動を強くしてもかまわないといったルールは、情報のネットワークから、あるいは実際のハッテン場での相互行為の中から学びとられるものであり、したがって総体的なつながりに保持されるゼマンティクによって支えられている。

第三章　ゲイコミュニティという思想

1　語そのものへの着目

ゲイコミュニティへようこそ。(伏見編 2003: 2　伏見自身の発言)

『同性愛入門【ゲイ編】』と題された書物の冒頭に置かれたこの一文において、編者が人々をゲイコミュニティと名指されるなにものかへ招き入れることを目指していることは明白である。だがしかし、「入門」書におけるこの表現において、人々はいったいどこへ、あるいはなにへと招き入れられようとしているのか。つまり、ゲイコミュニティとはいったいなんなのか。すでに第一章で、ゲイコミュニティという言葉が特権的な他者とのつながりを排除している、少なくとも考慮に入れていない可能性を指摘した。とすれば、ゲイコミュニティという言葉で指し示される対象が、本書が取り組むべき、特権的な他者とのつながりと総体的なつながりの多層性を内包しているかや、ゲイ男性が「ついていけなさ」を感じる対象と同じものなのか異なるのかといった点は、それ自体一つの問題である。

しかし、ゲイコミュニティという単語が本書の採用する「つながり」という単語と重ならないからといって、ゲイコミュニティという単語に価値がないわけではもちろんない。現在のゲイ男性の集合性を表すのに、現在もっとも使い勝手のよい、いわば意味の伝わりやすい語彙がゲイコミュニティであることは間違いない。したがって、つながりとゲイコミュニティの間に差異があるとすれば、それは積極的に本書の記述へ取り込まれるべきだろう。すなわち、つながりという言葉を基準点として、ゲイコミュニティという言葉のそこからの偏差を調べることで、現在のゲイ男性の集合性のありよう、その特徴を摘出するべきなのである。

以上の基本方針にしたがって本章ではゲイコミュニティという語彙とその用法を分析していくが、この方針は本書にとっての別の利点ももっている。というのも、いかにゲイコミュニティという語彙がゲイ男性に使い勝手のよいものであったとしても、使い勝手のよさや意味の伝わりやすさを記述者が想定すること、いわば記述者がゲイコミュニティという語の意味を知っているとの立場から記述をおこなうことは、本書の問題意識においては批判的に捉えられるべきだからである。このことを以下「当事者」という言葉に引きつけて述べる。

研究者がゲイ男性の集合性、あるいは「ゲイコミュニティ」をどのように扱うかという点に関してもっとも根強いのが、研究者が「当事者」＝ゲイ男性であることが、その「ゲイコミュニティ」研究が正しく「ゲイコミュニティ」を捉えていることの根拠となるという想定である。事実、「当事者研究」の多くが、この想定にもとづき「真正性」を付与されているのは間違いない(1)。しかし、「なにごとかを共有していること」への「ついていけなさ」を中心的な問題意識とする本書においては、このような「当事者」性への居直りは認められてはならない。「私は当事者である」とためらうことなく主張できるということは、「基本的に私はゲイ男性が共有していることについていけている」ということの表明でもあるからである。したがって、ゲイコミュニティの内実を研究者（たとえば筆者）が暴力的に先取りしてしまうことは、実践上は仕方ない側面もあるにせよ、本書の問題意識からすれば単なる「権威への居直り」でしかない。

本書が仮想的に設定している（と同時に現実に存在すると推察している）ゲイ男性は、「これほどまでについていけていない私は、当事者とは言えないのではないか」という自責によって声を上げることを自粛するかもしれない。とすれば、そのようなゲイ男性に寄り添うため、本書はたとえそれが迂回であるにせよ、ゲイコミュニティという言葉を、少なくとも一度はそれをまったく知らないかのように＝ゲイコミュニティの当事者ではないかのように検討しなければならない。

この方針にもとづき本章では、まずゲイコミュニティという言葉の使われ方を調べ、そこにはたらく論理を明らかにする。その上で、その論理が本書の用いるつながりという言葉とどのように異なるかを考察することによって、現在のゲイ男性の集合性の特徴を明らかにする。この作業の後では、ゲイコミュニティという語彙の特徴に鑑みて、本書が題材とするゲイ男性のつながりのうち、特定のあり方（正確にはある種の志向性）をゲイコミュニティと呼ぶ、言い換えればゲイコミュニティという語を記述概念として用いることも可能になるだろう。

それゆえ、本章で行われるのは、ゲイコミュニティという言葉の「内実」を整理して、辞書的な意味を確定したり、その意味にしたがって既存のゲイ男性の集合性や相互行為をゲイコミュニティに含むもの／含まれないものに分割したりするような行為ではない。先取りして述べておけば、コミュニティという語彙へ着目することによって、その「内実」ではなく、ある語られ方のパターンを抽出することができる。このパターンこそが、本書がゲイコミュニティという言葉をどのように限定的に用いるかの指針となる。したがって、この指針を導き出す試みがうまくいけば、その後はゲイコミュニティという語彙とその含意を積極的に反映させながらゲイ男性のつながりを考察できることとなる。

この問題設定にもとづいて、本書の前半では一九九〇年代中盤以降の日本におけるゲイコミュニティについての語りに着目し、それらを分析していく。この時代設定は、インターネットによってゲイ男性のつながりが大きく機能分化したという第一章の洞察を踏まえており、また本書が用いる「現在の」という形容の定義とも整合的である。コミュニティという言葉が用いられるようになったのがこの時期からであること（河口（1997: 191）が一九九七年時点で比較的最近用いられるようになったとの旨の記述をおこなっている）、本書が現在のゲイ男性をめぐる状況を問おうとしていることから考えて、この方針には意義があるだろう。

2　資料について

本節では、本章が分析対象とする資料について述べる。

本章では、現在一般に入手可能な書籍および商業誌掲載の論文のうち、ゲイコミュニティないしコミュニティ（ただし、ゲイ男性に関するものだと文脈から判断できるもののみ）という言葉の使われているものを分析する。また、本書ではゲイコミュニティという語彙そのものに照準することによって、ゲイコミュニティの「内実」ではなく、その語られ方のパターンを抽出していく形でゲイコミュニティ語りを分析する方針をとる。これは、ゲイ男性のつながりにおいて保持される諸要素のうちに扱いの差を設けない、という本書全体の指針に適合的になるよう設定された戦略である。

また、取り上げる文章がアクティヴィズムやアカデミズムの分野のものに偏っていることも指摘しておく必要がある（また逆に、この分野のものに限り書き手がゲイ男性でない文章にも補足的に言及している）。いわば「市井のゲイ男性」の引用はまったくないわけではないが少なめとなっている。資料の絶対量は少ないが、自らの考えや主張が文字になる特権性をもった人々の文章を追うことで、ゲイコミュニティ語りがいかに牽引されてきたかに関してはある程度は分析の精度を確保できるはずであり、最終的にゲイ男性のつながりに関する指針を導き出すことという目的を達成するためには問題はないと考える。

3　歴史という名の理想主義

素朴な実在

以下、検討に移る。逆説的なことに、ゲイコミュニティという言葉を使った語りは、ゲイコミュニティなるものが存在するか否かというもっとも基本的な論点に関しても、まったく異なる立場をもつものである。以下三つのパターンに分けて整理する。

まずは、ゲイコミュニティは現に実在するというパターンから検討する。冒頭で挙げた引用と同じように、ゲイコミュニティの存在を前提として語る語りは、いくつも存在する[2]。

こうした経済的なジェンダー格差は、レズビアンとゲイのコミュニティのあり方に違いをもたらしている。（加藤ほか 2005: 178　石田仁の執筆）

同性愛者のアイデンティティやコミュニティに深く分け入り論究するのでもない新しい研究の方向性の台頭（河口 2003: 52）

コミュニティ全般との対話がない活動（伏見ほか 2002: 109　春日亮二の発言）

また、この言葉を用いるのは必ずしもゲイ男性に限らないことも補足できる（たとえば中村（2005: 110）、伏見（2005: 455）の宮台真司の発言、伏見（2005: 475）の三橋順子の発言など）[3]。少なくとも一部の人にとっては、ゲイコミュニティはリアリティをもって実際に存在するものとして捉えられ、語られている。

また、このような実感に支えられ、あるいはこのような実感を支える形で、ゲイコミュニティを定義したり、その性質を語る語りも多い。

「ゲイコミュニティ」というのは、地域社会としての実体があるわけでも、何か組織として成立しているわけでもありません。ゲイ、同性愛者として肯定的に生きていこうとする人たちの情報のネットワーク、というくらいに想像してみてください。九〇年代以降、日本のゲイたちのネットワークは、性的なパートナーを探すだけではない、ライフスタイルを共有する関係性の輪へと広がっていきました。（伏見編 2003: 2　伏見自身の発言）

フラットな人間関係が多いゲイ・コミュニティ（伏見編 2000a: 58　森村昌生の発言）

ネットワークが密なゲイ・コミュニティ（伏見編 2000a: 62　森村昌生の発言）

日本のゲイコミュニティは「ボランティアによって支えられている」と言っても、過言ではないのです。（伏見編 2003: 97　森村明生の発言）

性が中心的なコミュニティ（伏見編 2000b: 71　伏見の発言）(4)

ゲイコミュニティという言葉が、厚みと奥行きをもったものとして使われていること（の少なくとも一端）が以上の引用からわかる。このパターンにおいては、ゲイコミュニティは実在を前提され、そして語られるのである。

ある時点での生成

しかし以上のような引用からゲイコミュニティが存在し、享受されている、という物語のみを引き出して終わることはできない。なぜならば、ゲイコミュニティという言葉は、その素朴な存在を信憑した語り以外にも特徴的な語られ方をするものだからである。そしてそこではつねに歴史が争点となっている。特異なイベントによって、ゲイコミュニティが生成したという語りを見ていく(5)。

アカーの活動は、府中事件そして裁判という非日常のプロセスをへて、同性愛者どうしで集まることにより肯定的なアイデンティティとコミュニティの形成という結果をもたらした。(風間 1996: 100)

そう、あの夏の日（引用者注：二〇〇〇年八月二七日。東京レズビアン&ゲイ・パレードと新宿レインボー祭りが行われた）、日本に真のゲイ・コミュニティが誕生したのだ。(伏見 2004: 196)

問題は、この二つのどちらが正しいゲイコミュニティ成立の時点か、ということではない。むしろ指摘しておくべきは、どちらの時点より前にも明らかにゲイ男性もゲイ男性の相互行為も存在したにもかかわらず、その瞬間にこそゲイコミュニティが成立したと主張したくなるという各論者にとってのリアリティの存在である。さらにいうならば、このリアリティにおいて、ゲイコミュニティはゲイ男性の相互行為からは単純に導き出せない、特定の負荷のかかった概念として用いられていることが重要である。次の節でみるタイプの引用においては、さらにその傾向が顕著である。

未成立

ゲイ男性の相互行為はかつて以上に盛んであるにもかかわらず、「望むべきコミュニティはまだ存在しないのではないか」との疑義の形の語りはとても多い。

しかし、いまの私にはひとつの言葉として「コミュニティ」というものを理解することはできるが、現実の問題、実感として感じることができないのである。（…）そして、国家や社会における既存の権力作用と抵抗していくためのコミュニティのあり方とはいかなるものなのだろうか。今のところ、私には答えはまだない。（河口　1997: 191　強調引用者）

「コミュニティ」の名に値するネットワークや関係性をこれから築くことができたら、それは老後の私たちのアドヴァンテージになるだろう。（…）こうした「コミュニティ」の存在は、金銭には替えられない「何か」を私たちにもたらしてくれるかもしれない。（伏見編　2001b: 25　伏見の発言　強調引用者）

真に意義のあるゲイコミュニティというのは、ゲイたちがコミュニティ依存症から脱却できたときに、はじめて生まれるのである。（竜　2009: 68）

以上のような語りの派生形として、「コミュニティを発展させていくべき」とのニュアンスの語りも多い[6]。

しかし、私たちのコミュニティは実は未成熟で、未ださまざまな問題を抱えている。（伏見編　2003: 138　長谷川博史の文章　強調引用者）

いまはいかに、具体的に、僕らのコミュニティを創っていくのかが問われている時代なのだ。（伏見　2004: 202）

ゲイコミュニティを一層豊かな人間形成の場にするために（伏見編　2001b: 45　伏見、田辺貴久の共同執筆）

ゲイコミュニティに期待するもの（伏見編 2001a: 210）

これらの語りすべては、ゲイコミュニティの歴史、つまりありうべきゲイコミュニティがすでに存在するか、これから存在するようになるかというポイントを争点としている。同時に、これらの語りにおいてはありうべきゲイコミュニティの中身がなんであるかがあまり語られていないことにも着目すべきだろう。それらは語り手によって暗黙のうちに前提されているのだが、ゲイコミュニティという言葉の中に封じ込められ、その内実が明示されることはない。

以上、三つのタイプの語りを見てきた。それぞれにおいてゲイコミュニティは素朴に実在する／ある時点で生成された／まだ成立していない、とされている。もちろんここにこそ各論者の決定的な差異があらわれているのだが、一方でこれらの語りはすべて、ある時点でゲイコミュニティが、それもありうべきゲイコミュニティが成立する、という信念を共有していることにも着目するべきだろう。過去／現在／未来のある時点での成立そのものが前提されている限り、これらの三つのタイプの語りは、定義問題、あるいは歴史という争点において異なる立場であるように見えても、ゲイコミュニティという言葉にありうべき方向性というニュアンスを込めている点において、同一平面上の語りのタイプなのである。

4　純化される理想主義

「フィクションの創造」論

前節の各項で挙げたようなタイプの語りは、同時代的に並存している。三つの項をこの順序で並べたのは、たとえば逆順では時系列に沿ったものだと誤解されてしまう可能性があったからである。しかし、この時期的な重なりをコミュニティ形成の「過渡期」ゆえの現象と捉え、かつて存在しなかったゲイコミュニティがある時点で成立し実在するとの形で、ゲイコミュニティを語る言葉の争点を単なる歴史認識に回収しようとする人もまだいるかもしれない。とくに、一九九〇年代後半と本書執筆時（二〇一二年）の時代状況の差を考えると、この総括は一見説得的に見える。

そこで本節では、二〇〇〇年代後半に（も）出現する、ある特徴的な語りを分析する。この語りのタイプは、前節の各項で現れた語りの平面を乗り越える試みであると同時に、筆者の分析によれば三つの語りが共存していることとある信念を共有している。その意味で、典型性への執着を離れてこの特殊な語りを分析することは、ゲイコミュニティ語りに関する本章の目的にとって重要な意義をもつ。それは、伏見憲明が積極的に主張している「ゲイコミュニティ＝フィクション」語りなるものである(7)。

そう、今、僕らには発想の転換が求められている。ゲイの発展段階論として「ゲイコミュニティ」が成立するのではなく、僕らがより充実した人生を送るための「アトラクション」を実現する「場」として、「ゲイコミュニティ」というフィクションを創造していくのだ。（伏見編 2001b: 40　伏見、田辺貴久の共同執筆）

ここ数年、僕は、ゲイだからゲイ・コミュニティに属する、という見方ではなく、自分が豊かな人生を歩むのに、ゲイ・コミュニティというフィクションをいかに創造し、それを利用するのか、というスタンスに移行しています。ここで言うゲイ・コミュニティとは同性愛の欲望を持つ人たちの場というよりは、同性愛という縁でつながった人々が意識的に作り上げる空間、と言った方がいいでしょう。（伏見 2007: 154）

ここでおこなわれているのは、ゲイコミュニティを「フィクション」として、すなわち内実を実体的に想定できないものとして捉えると同時に、「フィクション」の「創造」という名指しのもとに引き留めおくことによって、逆説的にゲイコミュニティを安定的に言及しうるものに変える営みである。

そしてこの営みによって、伏見はゲイコミュニティが今存在するのか、存在しないのかという前節の定義問題や歴史を争点とする問いそのものから脱却することに成功している。これらの問いは、当のコミュニティの内実をどのように想定するかによって答え方が変化するため、事実上各論者の実感するリアリティを投影したコミュニティ観の差異、「信じる神の違い」に還元されるしかなく、決着は結局のところつかない。この不毛さから脱却する伏見の身振りは、コミュニティの「内実」をめぐる問いから遠ざかった上でコミュニティについて検討する本書にとって、重要な手がかりである。

理想主義は現実を看過する

しかし、伏見のタイプの語り方の利点を認めた上で、伏見が切断しようとした語りの類型に伏見自身が接近していることについて指摘しなければならない。伏見が定義問題や歴史認識を争点とする不毛な意見の対立から身を引きはがした方法を考慮しつつ、なおひそかに共有する点をもっている点を指摘することで、ゲイコミュニティ語りが必ず巻き込まれてしまうポイントを探る。そのことによって、ゲイコミュニティ語りがなんであるのか／なんでしかありえないのかに関する分析を行うことが本項の目的である。

以下「ゲイコミュニティ＝フィクション」語りを伏見の特異性に還元しない形で分析していく。まず、伏見のこの語りは、歴史を争点とする語りを避けることによって、「われわれが創造するものとしてゲイコミュニティはある」という帰結を引き出している。いわば、定義問題を避けフィクションとあえて表現することで、むしろコミュニティが存在する、あるいはゲイコミュニティという言葉を使ってよいことを前提にできるようになっている。フィクションなのであるから、実在を主張するよりも満たされなければならない要件（定義に照らしてコミュニティといえるか、あるいは歴史上いつ発生するのかに関する確証）は少ないからである。

「ゲイコミュニティ＝フィクション」語りは、定義問題や歴史を争点とするような語りの対立から脱却するために、いくつかの争点自体を棄却している。一方、そのことによって、むしろゲイコミュニティの実在をいいたい心性、そこにありうべき状態を読み込みたい心性がもっとも純化した形で込められているのである。その意味で、伏見の歴史を争点とする語りを棄却した「切断」は、切断しているように思えてむしろ強固な連続性を抱えているものなのである。

　したがって、多くのゲイ男性に影響を与えている（本章での伏見編著の本からの引用の多さに、それは端的に現れている）伏見の語りを特異視しないのであれば、この「ゲイコミュニティ＝フィクション」語りは、ゲイコミュニティ語りがなにから逃れられないかに関する一般的な知見をむしろ示していると考えられる。つまり、ゲイコミュニティという言葉は、現に存在するつながりの様態を単に指し示すのではなく、つねに理想の状態を念頭において用いられてしまうものなのである。ゲイコミュニティという言葉自体に、理想主義的な含意がつねに込められている。

　この知見を伏見個人のスタンスに還元しないように、次の引用を検討する。

> とくにゲイの場合、従来の婚姻と家族の物語に乗らないぶん、むきだしの性愛ゲーム（クラブ、バー、ハッテン場、出会い系サイトなど限られた空間が仲立ちするような、性愛・恋愛限定的な関係性）が牽引役となってゲイシーンが開拓されてきた側面がある。しかし、その性愛ゲームの空間は「若さ」に価値を置いた市場になりがちであり、中年期以降をそのなかだけで生きていくのは難しい（少なくともそれは、人生後半期を支えるコミュニティにはなっていない）。そして実際、そうやってゲイシーンを開拓してきた世代自身がいま中年期を迎えつつある。（小倉 2009: 178　強調引用者）

　ゲイ男性のエイジングを考察する小倉にとって、当然ゲイ男性の「人生後半期を支える」しくみはポジティヴに捉えられている。この点を踏まえれば、小倉がゲイシーン／コミュニティという言葉の差異に対し[8]、前者に（全面的にではないにせよ）ネガティヴな、後者にポジティヴな含意を割り当てていることは明白である。なぜ強調部分のゲイシーンがコミュニティであってはいけないのかを考えてみれば、コミュニティという語にあらかじめ肯定的な含意が埋め込まれていることがわかる。

ただし、この引用からはあと二点、本書にとって重要な指摘を引き出すことができる。第一に、ここでのゲイシーン／コミュニティの差異が、本書が用いている特権的な他者とのつながり／（特権的な他者とのつながりのためのものではない）総体的なつながりとほぼ重なっていることを確認しておく必要がある。この時、コミュニティという語の中からは、特権的な他者とのつながりが排除されている。第二に、この点と関連して、ここでの「生きていくのは難しい」という記述は、本書が視座の中央に置く「生きづらさ」や「ついていけなさ」に直結している。ここに述べられているのは、第二章で論じた、総体的なつながりの系に強く巻き込まれているゲイ男性にとっての、特権的な他者とのつながりに関するゼマンティクの「混入」への抵抗そのものである。この二点は、ゲイコミュニティという語彙の、つながりという語彙に対する偏差を示しているゆえ、のちに詳しく論述する。

次節に移る前に伏見の記述に戻ってもう少し検討を続ける。定義問題や歴史を争点とする語りの体裁をとる語りに対し、ゲイコミュニティ＝フィクション論はその争点によって問われていた理想主義的要素を取り込みしかも純化した形で言語化しているという点において、それらの語りの一歩先を行っている。いわば、ゲイコミュニティという言葉にその語を用いる論者がおのおの理想を託している、という状態を、もっとも的確にとり出してゲイコミュニティという言葉の「真の意味」を明らかにしたのが伏見の作業なのである。したがって、ゲイコミュニティの定義やその内実を考察するよりも、「ゲイコミュニティ＝フィクション」語りと整合的な立場を選択し、その理想主義的傾向を踏まえてゲイコミュニティという語を使う方が、ゲイコミュニティという語彙が使われる必然性を十全に捕捉している点で認識利得は高いだろう。

しかし、ゲイコミュニティについて研究するためには、伏見のような視点に全面的に賛成するべきではない。

つまり、ゲイコミュニティはフィクションなのである、という主張にただ賛同するだけでは、本書の問題意識を十全に論述において展開することはできない。伏見の啓発的な議論から、しかしそれでも距離がとられねばならないのである。その理由は、ゲイコミュニティが「フィクション」として語られている点および、「発展段階論」から「フィクション」論への変化が「自己否定」として語られてしまう点にある。

まず、なぜ「フィクション」として語られることが問題なのかを述べる。すでに述べたとおり、伏見のこの語りは、ゲイコミュニティという言葉のもつ理想主義的傾向を純化した形でとりだし、「創造」という要素を加えたものである。しかしそれは、現在ゲイ男性の諸個人が抱えているゲイ男性の共同性や集合性への「ついていけなさ」を捉えるための言葉としては機能しない。ここで理想とは、筆者の問題意識に即して言い換えると「ついていけなさ」がない状態の別名である。この時、ゲイコミュニティをフィクションとして捉えるとは、現実にこの状態が今成立しているかどうかを不問に付す（なぜならそれは実態ではなく虚構＝フィクションだから）ことと等値である。しかもそこに創造という将来への志向性をもった語彙を付け加えることで、それにもかかわらずゲイコミュニティという語そのものは延命されている。ゲイコミュニティという語彙を伏見のように用いることは、ゲイ男性の共同性がゲイ男性個人と齟齬があることを認めた上で、両者の合致という理想を維持するために現在ゲイ男性が抱えている「ついていけなさ」をむしろ後景化させることと同義なのである。

以上の点は、伏見が自身のスタンスの変化を「自己否定」として語っている点からも明らかである。ポイントは、個人史的自己否定を行うことによって、たとえば定義や歴史認識といった争点は、論点として一本化されるのではなく、まとめて棄却されることにある。たしかに、理想主義の理想の中身は各論者にとって異なるのであり、「信じる神の違い」を乗り越えることには意義がある。しかし、伏見の「自己否定」的な身振りは、理想と現実のギャップという問題を、理想は実現していくものであるという「創造」のレトリックによって先送りする。それこのことによって、ゲイコミュニティという言葉すなわちその理想主義的傾向は無傷のまま延命している。それを「フィクション」と名指し創造の対象とすることによって、ゲイコミュニティという言葉の理想主義的な傾向はポジティヴな特徴として維持されるのである。

もっとも、筆者の伏見への論難は、今現在のゲイ男性のつながりのありようがどのように語られるかを二種類のつながりという本書特有の言葉づかいに当てはめたいがためになすものであり、伏見が単に誤謬を犯しているのではないことは補足しておくべきだろう。しかし、既存のゲイコミュニティ語りを伏見の洞察を経由する形で検討し見えてきたのは、ゲイコミュニティという語の強烈な理想主義的傾向であった。ゲイ男性のつながりのうち、それが望ましいと思われる点についてのみゲイコミュニティとされる、より正確には、望ましいと思われる点について語られる時にゲイコミュニティという表現が用いられる。いわば、ゲイコミュニティという言葉には予定調和的にあらかじめ肯定的含意が埋め込まれているのである。では、この洞察は本書全体の記述にとって、とくに本書が用いるつながりという語彙との関係においてどのような意味をもつか。次節で検討する。

5　ゲイコミュニティ／つながり

ゲイコミュニティがあると率直に語る行為（たとえば「素朴な実在」語り）も、その存在に対する懐疑を差し挟む形でゲイコミュニティなるもの、について注意深く語ろうとする行為（たとえば「未成立」語り）も、結局は各論者の想定する理想を投影しながらゲイ男性のつながりを語っている。とするならば、これらのいずれかの論者の想定する「ゲイコミュニティ像」を共有する形でゲイ男性のつながりについて語ってはならないだろう。それは恣意的な理想状態の選択にすぎないからである。同時に、これらの語りが端的に誤っているとする視点にも禁欲的であるべきだろう。それは、誤りとしてこれらの語りを棄却する側（たとえば筆者）の理想の押しつけである可能性もあるからである。むしろ、ゲイコミュニティという言葉が、理想主義的傾向を強くもっていることを折り込む形で、どうゲイコミュニティという語を使う／使わないのかを検討する方が生産的である。

したがって、本書は次のような記述とは異なる道を選択する。

新宿二丁目に代表されるような同性愛者の歓楽街は、しばしば「ゲイ・コミュニティ」と称されるが、これはじつは「ゲイ世間」の間違いではないだろうか。（…）そこでは世間の目を気にし、硬直化した「空気」を読んでコミュニケーションすることが求められる。（金田 2009: 251）

金田（2009）はコミュニティという言葉に積極的な規定を与えないが、しかし望ましくない点があるのだからそれは「コミュニティ」ではない、というロジックは、裏返しの形でコミュニティの理想主義的傾向に巻き込まれている。筆者は金田のいらだちに共感するが、こんなものはコミュニティの名に値しない、という立場は、実際のところもっとも「コミュニティ」らしい言明なのである。そのこと自体が間違いだとは思わないが、筆者がまず問うべきなのは、ではなぜ「世間」と金田が名指すようなものとしてゲイ男性の集合性がイメージされ、個々のゲイ男性に感得されるようになってしまったのか、その社会的条件の方だろう[9]。

言い換えるなら、ゲイコミュニティという語彙の理想主義的傾向を踏まえることが、その理想に到達しない現実がいかに存立しているか、その存立構造を探ることを回避する理由になってしまってはならない。少なくとも、理想主義的なニュアンスをもったゲイコミュニティという語を用いることで、ゲイ男性のつながりの肯定的な側面だけがクローズアップされることになれば、それは本書の問題意識から著しく離れた記述しか生み出さない。

くわえて、先の小倉の記述のように、コミュニティという語で指される対象が総体的なつながりに集中し特権的な他者とのつながりを排除する傾向にあるとすれば、この語の使用は本書にとって致命的な欠陥となる[10]。すなわち、本書の対象がゲイ男性のつながりであることの固有性、すなわち第二章で指摘したようなゲイ男性特有の二種類のつながりの関連という問いを丸ごと考察の埒外に棄却してしまうからである。この欠陥は避けられなければならない。

ただし、排除という言葉づかいはやや極端だともいえるだろう。本章で挙げてきた引用を見れば、特権的な他者とのつながりは排除されているというよりも、そもそも達成されているものとして想定されているゆえにあまり言及されない、後景化している、とした方が正確である。

しかし、特権的な他者とのつながりに関して「好意的に」解釈するにせよ、ゲイコミュニティという言葉の使われ方に、第二章で定式化した「圏」のゼマンティクの設立を志向しないという傾向を見て取ることができる。したがって、本書の視座からすれば、ゲイコミュニティがいかに高い理想を掲げるものであっても（あるいは場合によっては高い理想を掲げるからこそ）、それが「圏」のゼマンティクの設立の問題を看過していることに着目せざるをえない。ゲイコミュニティという語は、ゲイ男性のつながりが解くべき問いを棄却する発想を内包している可能性が高い。したがってゲイコミュニティという言葉は、本書の対象とするゲイ男性のつながりの一部分しか表すことしかできないという意味で適用範囲が狭すぎるのである。ただし、ゲイ男性のつながりにはゲイコミュニティと呼べるものと呼べないものがある、という形で、単純にこの二つの語の包含関係を確定するべきではないだろう。というのも本章で扱ったのはゲイコミュニティの「実態」ではなく、ゲイコミュニティの語りだからである。むしろ、ゲイコミュニティという語は、ゲイ男性のつながりの実像ではなく、その特定の部分のみがフォーカスして語られる際の「レトリック」として本書にとって利用価値がある。

ゲイコミュニティという語のこのような特徴こそ、ゲイ男性の集団の、共有の「文化」といった特徴とは異なったレベルでの固有性を示している。同一属性の者の集まりにおいて、当の同一属性が集合性の呼び名になっているにもかかわらずそのニュアンスが脱落していくというのはおよそ考えにくいが、ゲイ男性の集合性においてはこの事態が起こっているのである。たしかに誰もが誰かとのカップリング形成を目論んでいる、「合コン」のようなものとしてゲイ男性の集合性を考えるのは錯誤であるどころか悪意に満ちてさえいる。ゲイ男性のアイデンティティはセクシュアリティに還元されるものではない。しかし、ゲイコミュニティという語が積極的にセクシュアリティの側面を脱落させていることは、そのような悪意への抵抗に還元されない意味をもっていると考えるべきだろう。この語はホモフォビアに満ちた異性愛者に対してのみ用いられるわけではないからである。

このようにゲイコミュニティというものがゲイ男性の集合性の固有性を表すものであるならば、本書はゲイコミュニティという言葉そのものに言及してはならないわけではないが、ゲイコミュニティという語をゲイ男性の集合性そのものを表す語として用いてはならない。この語を用いる手つきは、もっと繊細なものにならざるをえないのである。その具体的な手つきの方針は以下の三点にまとめられる。第一に、筆者自身がゲイ男性のつながりを指し示す時にゲイコミュニティという語を用いることには禁欲的であるべきである。なぜならば、ゲイ男性の「ついていけなさ」とは、ゲイコミュニティという語を理想主義的なものとして把握する時にこぼれ落ちる要素のことだからである。

第二に、しかしゲイコミュニティという語が用いられる際に、そこに理想主義的傾向を読み込んだ読解をする可能性を排除してはならない。あるべき状態が想定されるからそれとの落差が問題視されることはありうるのであり、全面的にゲイコミュニティという語の使用を避ける必要はないだろう。とくに、ゲイ男性のつながりの「内実」描写に傾斜しないという本書の方針は、（とくに伏見の）ゲイコミュニティという用語の使用法に近いものであり、したがってゲイコミュニティという語はつねに理想主義的というニュアンスを込められることによって、分析のための言語としては汎用性をもつということができる。ゲイコミュニティという言葉を用いることには、その「内実」をめぐる問いに巻き込まれず、むしろゲイ男性の集合性をめぐる理想と現実の落差を包括的に記述する認識利得がある。

第三に、ゲイコミュニティという語が特権的な他者とのつながりを排除、あるいは隠蔽していないかにつねに着目せねばならない。裏側から表現すれば、特権的な他者とのつながりが看過されつつ語られるようなゲイ男性の集合性に、ゲイコミュニティの名を積極的に当てはめていくことができるだろう。今や、ゲイコミュニティという語を、ゲイコミュニティという言葉そのものを使ってなされた言語実践のみへの言及に限定する必要はない。それを人々の語りに求めるか、書かれたものに求めるか、相互行為の中に求めるかは開かれている。

6　以降の記述の指針

第一章から第三章までの議論をまとめる形で、第Ⅱ部以降の記述の指針を整理しておく。

第一章では、一九二〇年代まで時代をさかのぼる形で、ゲイ男性の集合性は特権的な他者とのつながりと総体的なつながりの二重性にその特徴をおくことができ、また現代（一九九〇年代後半以降）はこの二つが大きく分化した時代だと述べた。第二章では、第一章で抽出された特権的な他者とのつながりを本書の記述にどう組み込むかを検討した。特権的な他者とのつながりを上首尾に実現するためには、特権的な他者とのつながりと総体的なつながりを論理構成上相補的な関係におく「圏」のゼマンティクを設定しなければならないが、二種類のつながりが乖離した現代ではこのゼマンティクの設定が難題としてゲイ男性の集合性に課せられていると論じた。第三章では、この課題の難しさと二種類のつながりの乖離の関係を、ゲイコミュニティという言葉について調べる中で考察した。ゲイコミュニティという語はその理想主義的傾向により、ゲイ男性の集合性における個々のゲイ男性の「ついていけなさ」を見えにくくさせ、同時に、主に特権的な他者とのつながりと無関連の総体的なつながりのみを指し示す。二種類のつながりの乖離は、一方のつながりの重視とゲイ男性の集合性が解くべき問いの捉えそこね、という事態を引き起こしていることがわかった。他方この点を踏まえた上で限定的に使用する限りにおいて、ゲイ男性のつながりを捉える本書において採用することが可能だと主張した。

したがって、第Ⅰ部の論述から導き出される、第Ⅱ部以降で記述すべき項目は次のようになる。第一に、現在のゲイ男性のつながりの特徴である二種類のつながり（特権的な他者とのつながりと総体的なつながり）の関係性に着目することで見出される「圏」のゼマンティクが成立しているか否か。第二に、「圏」のゼマンティクの成立・不成立と、二種類のつながりの乖離やその一方の重視などの傾向はどのような論理的な関係にあるのか。第三に、そのような論理的な関係が、ゲイ男性にどのようにして「ついていけなさ」を発生させているのか。第四に、この「ついていけなさ」に対し、個々のゲイ男性はどのように対処し、どのようにほかのゲイ男性とつながっていく（いこうとする）のか。第一から第三の項目が第Ⅱ部で、第四の項目が第Ⅲ部で主に記述される。

注

（1）ではポジショナリティに依存しない「客観性」を研究に求めようとすればよいかと言えば、そうでもないだろう。結局のところこの「客観性」とは、おそらくあらかじめゲイコミュニティを研究者の側で定義し、その定義にしたがって研究をおこなうという方法論しか帰結しない。たとえば「この論文ではゲイコミュニティという言葉で新宿二丁目のゲイタウンを表すこととする」といったように、である。しかしよく考えれば、この定義がゲイコミュニティ研究にとって突飛なものではないとの想定は、「当事者研究」に付与される真正性と同程度の確からしさしかもっていない。かといって、そのことを考慮してそれが操作的な定義であると断れば、今度は真正性が疑義に付される可能性が高くなる。結局のところ、どうしてある要素がゲイコミュニティにとってオーセンティックな要素となるかを正当化することにまつわる問題は、この方針でも解消できない。

（2）本文中で引用したもののほかに浅田ほか（1997: 35）の河口和也、浅田ほか（1997: 37）のクレア・マリィの発言、伏見（2005: 31, 257; 2007: 127, 153）など。この語の使用はアクティヴィズムおよびアカデミズム関係者にかぎらない。伏見編（2001a: 174–95）所収の座談会における参加者の発言、伏見編（2001a: 197–213）所収の座談会における参加者の発言、伏見編（2001b: 110）の参加者の発言など。

（3）本書ではとりあげないが、「レズビアン・コミュニティ」という言葉は（本書の分析対象とした資料の中にも）多数存在する。

（4）ただし、この表現に関してはそれがゲイコミュニティの実態を表すものとは単純に言いきれない。本書93頁一つ目の引用によれば、むしろ「中心」以外の要素が含まれる可能性こそ、伏見の主張の主眼だからである。

（5）ここまで極端でなくても、コミュニティが成熟、発展している、との「歴史観」も表明されている。

コミュニティと呼んでも差し支えないような、ライフスタイルを共有するものたちの共同性が構築されてい

く（伏見 2007: 139）

日本社会とゲイコミュニティの成熟の結果（伏見 2007: 237）

コミュニティが成熟というか年月を重ねてくると（伏見 2005: 486）

（6）海外の論者の論を引きながら、「コミュニティ」の（開かれた方向への）変容の重要性を語るものも多い。この場合「コミュニティ」という語は単に引用元の英単語のカタカナ表記でもあるので本文への引用は差し控えたが、このようなものとして河口（2003: 26-7）、村山（1997: 247）、ヴィンセント・北丸（1997: 285）など。

（7）本文中で挙げたもののほかに、伏見（2007: 238）。

（8）英語文献であり、初版刊行が一九七一年であるため本文中では論じないが、アルトマン（Altman 1993＝2010: 168）の以下の表現は重要である。アルトマンは、「古いゲイ世界という擬似コミュニティを真のコミュニティ感覚に変容していく」ことを肯定的に評価しているが、この際のゲイ世界／ゲイコミュニティは、小倉のゲイシーン／ゲイコミュニティとほぼ完全に重なりあう。ともに前者で本書がいうところの特権的な他者とのつながりを指し、後者にポジティヴな含意を与えているからである。

（9）金田（2009）はゲイ男性にも影響を与える「個人化」（ギデンズ）の進展によって、「『社会』総体が有意味さを失っていく」なか「個人に対し意味や生き甲斐をもたら」すのが「世間」だとし（金田 2009: 250）、しかし「世間」への「固執」が同性愛者を「『社会』から孤立させることにつながるのではないか」と述べる（金田2009: 252）。事態を「社会」や「世間」といった、ゲイ男性の集合性をめぐる問題として捉えている点で、筆者は金田と立場を同じくしている。しかし重要なのは、「社会」と異なる「世間」が問題だという言明よりも（少なくともそれだけではなく）、なぜゲイ男性の集合性が、そしてそれのみがその固有の仕方で「世間」であらざるをえないのかという条件の分析だろう。でなければ、議論はいつでも現代社会「全体」の問題か、あるいは付和雷同型のパーソナリティをもったゲイ男性個々人の問題に帰着されてしまう。そうならないためにも、金田の分析の一歩先の作業が必要なのである。

（10）たとえば次のような発言は、もし「コミュニティ」という言葉に特権的な他者とのつながりが含まれるなら成り立たない。

差別が消えていくのに比例して個々人のゲイアイデンティティも薄れて、いずれはゲイコミュニティ自体も解体されていくというのは、寂しい話ではないでしょうか。（伏見編 2006: 65）

差別が消えればこそゲイ男性同士の特権的な他者とのつながりはその阻害要因を減ずることになるのであり、特権的な他者とのつながりは残る（か増える）。にもかかわらずコミュニティが解体されるというのは、そもそもコミュニティという語に特権的な他者とのつながりが含まれていない（か、少なくともそれが重視されていない）からなのである。

西洋が覇権をとれた6つの真因

CIVILIZATION The West and the Rest

文明

ニーアル・ファーガソン
（ハーヴァード大学教授）

仙名 紀［訳］

やさしく解説します。

A5 判並製 420 頁　定価 4515 円
ISBN978-4-326-40275-5

的成果。

A5 判上製 244 頁　定価 5880 円
ISBN978-4-326-50367-4

アジア地域統合講座　テキストブック

アジア地域経済統合

浦田秀次郎・栗田匡相 編著

経済学の理論と実証ツールの学習、およびアジア経済統合の実態的把握の両輪を同時により深く理解するための画期的テキストブック。

A5 判並製 344 頁　定価 3360 円
ISBN978-4-326-54634-3

宗教と社会のフロンティア

宗教社会学からみる現代日本

高橋典史・塚田穂高・岡本亮輔 編著

社会のさまざまな領域と結びつき、私たちの慣習や価値観の中に溶け込んだ形で存在する日本の宗教を、気鋭の若手が初学者にも分かりやすく解説する。

A5 判並製 320 頁　定価 2835 円
ISBN978-4-326-60242-1

8月の重版

文明

西洋が覇権をとれた6つの真因
ニーアル・ファーガソン
仙名 紀 訳

文明論の決定版をついに完訳！　西洋覇権の謎をスリリングに読み解き、中国台頭と西洋没落の行方を占う。

四六判上製 548 頁　定価 3465 円
ISBN978-4-326-24840-7　1 版 2 刷

グリーフケア入門

悲嘆のさなかにある人を支える
髙木慶子 編著
上智大学グリーフケア研究所 制作協力

愛する家族や親しい友人など、大切な人の喪失によるどうしようもないほどの悲嘆。そのような事態を支え癒すために大切なこととは。

四六判上製 232 頁　定価 2520 円
ISBN978-4-326-29900-3　1 版 2 刷

逆転無罪の事実認定

原田國男

8 年間で 20 件をこえる逆転無罪を言い渡した裁判官がいた！　彼の裁判は何が違うのか？　逆転無罪の判決文をとおして刑事裁判を考える。

A5 判並製 264 頁　定価 2940 円
ISBN978-4-326-40276-2　1 版 3 刷

第Ⅱ部　つながりの隘路

第四章　つながりの禁欲化
――カミングアウト論の分析から

1　観測地点としてのカミングアウト

ゲイ男性のつながりは、「圏」のゼマンティクを上首尾に成立させなければならないが、しかし二種類のつながりの乖離は、この成立を難しくさせているのではないかと第I部で述べた。その難しさは、第二章での記述を踏まえて以下の二点に仮説的にまとめられるだろう。第一に、総体的なつながりが特権的な他者とのつながりから切り離されて独立した意義をもっているため（ゲイコミュニティという語に関する第三章の議論を参照）、総体的なつながりが特権的な他者とのつながりのためのものでもある、というリアリティが成り立ちにくくなっているのではないか。第二に、そもそも、総体的なつながりが、特権的な他者とのつながりのためのゼマンティクを保持する以前に、そのほかの要素に関しても共有してはいないのではないか。まとめて表現すると次のようになる。現在のゲイ男性にとって、総体的なつながりは特権的な他者とのつながりへとアクセスするための通過点としては機能していない（機能することを志向されていない）し、そもそも総体的なつながりへのアクセスも共通の要素へのゲイ男性個人の到達を意味できていないのではないか。もしこの二つの困難が実際に発生しているとすると、「圏」のゼマンティクの前提条件、すなわち二種類のつながりの安定的な成立とそれらの間の関係性を問う思考枠組すら成り立っておらず、したがって「圏」のゼマンティクはその成立のはるか手前の地点で挫折させられることになる。このような事態が起こっているとすれば、総体的なつながりと特権的な他者とのつながりの一方を求めるゲイ男性個人にとって、他方のつながりの存在自体が不要に感じられ、したがって「ついていけなさ」をそれに対して感じることとなる。

そこで第Ⅱ部では、これらの二つの困難が実際に成立しているかについて考察する。総体的なつながりが、特権的な他者とのつながりへのアクセスへの通過点と成りえているかを第四章で、そもそも総体的なつながりへのゲイ男性個人のアクセスが安定して成立しているかを第五章で（補足的には第四章でも）考察する。先取りして述べれば、第Ⅱ部ではこれら二つの問いに対し否という答えが提出されることとなる。その意味で、第Ⅱ部はつながりの隘路を指し示すものとなるはずである。

そしてこのような問いに答えるためには、ゲイ男性のつながりにおいて観察される要素のうち、ゲイ男性のつながりやゲイ男性諸個人に部分的にしかあてはまらないものをとりあげる戦略は不適切である。なぜならば、この要素を通じては否定的な知見が明らかになったが、しかしほかの要素に関しては違うかもしれない（あるいはその逆）という反論が容易に想像できるからである。したがって、第Ⅱ部の記述は、可能なかぎり、すべてのゲイ男性にあてはまると同時に、ゲイ男性の形成するつながりに全面的に関連する要素について行われねばならない。そこで、第Ⅱ部はまずカミングアウトをめぐる議論からスタートする。特権的な他者とのつながりへのアクセスに関する問いとカミングアウトがなぜ接続可能なのかについては後述するが、周辺的要因として、戦略上の二つの理由がある。第一に、カミングアウトに必要なのはその担い手がゲイ男性だという要素だけであり、したがってカミングアウトは特定の共通の文化事象や価値観などを想定せず、それらから遠ざかった上でも検討が可能な事象だからである。第二に、カミングアウトは他者へ向けての行為、すなわちつながっていく営為であり、本書が主題とするつながりという要素に直結しているからである。

一方、この戦略には注意しなければならない二つのポイントがあることも指摘しておく必要がある。第一に、カミングアウトをめぐる議論がカミングアウトすべきかという規範の議論にスライドしてしまってはならないということである。なぜならば、カミングアウトすべきという規範を共有するか否かという特定の要素の共有度をめぐる問題は、筆者の恣意性を回避し、解の一般性を高めるためにもここではとりあげるべきではないからである（カミングアウトすべきかどうかという問題そのものに意義がないわけではない）。第二に、カミングアウトはゲイ男性から主にヘテロセクシュアルの人々へ向けて行うものであり、したがって本書全体が取り扱うゲイ男性同士のつながりとは無関係なのではないか、という疑問に答えねばならない。この直感は現在のカミングアウト観に照らせば正しいが、その正しさは時代的な制約を受けている。そしてこの制約こそが翻ってゲイ男性のつながりに関する知見をもたらすと本章で検討していくことで、上記の疑問への応答とする。

とはいえ、結論ばかりを先取りするのではなく、まずはカミングアウトという事象に即して考察を行っていくべきだろう。以下その作業が展開される。

カミングアウトという言葉は、現在の日本ではゲイ男性、あるいはそのほかのセクシュアルマイノリティであるかどうかにかかわらず多くの人が知っているものである。この言葉はもちろん欧米でのセクシュアルマイノリティの社会運動の中で重要な意義を担った言葉であり、日本に輸入されたのち、本書でとりあげるゲイ男性のほかにもレズビアンの人々（掛札 1992; 笹野 1995; 竹村 1996: 22; 池田 1999: 79–89, 98–112; 飯野 2003など）、性同一性障害とインターセックスの人々（吉永 2000: 136, 151, 152, 174, 224, 226; 針間監修相馬編著 2004など）などが早くから使用してきた[1]。また、セクシュアルマイノリティに限らないさまざまなマイノリティの人々がカミングアウトという言葉の用法を「拡大」する形でこの語を使用してきた[2]。

このような状況を踏まえ、さまざまなマイノリティ問題に共通するカミングアウトの一般的な「定義」を記述すると次のようになるだろう。すなわち、自身の特徴や属性（とくに差別や抑圧の「理由」となるようなそれ）について、今まで明らかにしていなかった情報を他者に伝達すること、直感的にいってしまえば「秘密の告白」である（「告白」という言葉づかいについては4節で検討する）。この「定義」における特徴や属性にあたるものがさまざまに入れ替えられながら、現在のカミングアウトは成り立っている。

しかし、この「定義」において変数だとは思われていない部分、今まで明らかにしていなかった情報を他者に伝達することという要素は、カミングアウトの源流の一つであるゲイ男性をめぐる問題においては決して不変のものではない。そこで本章ではゲイ男性の文脈において時代的に少し（といっても一九九〇年代という直近の過去を取り扱うゆえ、歴史学的で厳密な手続きによってではないが）遡り、この「定義」の偶有性を検討する。この偶有性こそ、本章がゲイ男性の特権的な他者とのつながりへのアクセスに関して知見を導き出すための手がかりとなる。

カミングアウトという事態に特徴的な論点について補足しておく。カミングアウトは、個人がおこなう営為であり、したがってゲイ男性の集合性そのものとは独立した事象である（ように現在の時点からは見える）。しかしこの点はむしろ本章にとって利点となる。すなわち、個々のゲイ男性がゲイ男性のつながりへと無矛盾に接続されているのかという問いに、個々のゲイ男性が集合性に対してはたらきかける行為がどう意味づけられているかを調べる形で答えることができる。本章ではカミングアウトを突破口に、ゲイアイデンティティとそのつながり（「コミュニティ」）の連関について考察していく。

2　カミングアウトの捉え返し——先行文献の検討

とはいえ、本章がとりあげるカミングアウトという題材は、学術研究を含む言論状況の中でも積極的に論じられているものであり、本章における作業もその蓄積からまったく断絶したところでおこなわれるわけではない。そこで論述に入る前に、本章と既存のカミングアウト論の類似点と差異を明らかにしておく。

二〇〇〇年代中盤以降、カミングアウトの全面肯定ではない、カミングアウト礼賛を批判的に捉え返す視点をもつ学術研究が産出されるようになった。たとえば石丸（2005）は、ＬＧＢの人々に対する質問紙調査の結果を分析し、「カミングアウトした上での受容体験は、カミングアウトしない状態での受容体験に比べて自尊心上昇の効果が大きいとは言えなかった」との知見を導いている。いわばカミングアウトの実効性そのものにデータを用いて疑義を付しているのである。

また金田（2003b: 64）は、「単純な二元論的図式によって『カミングアウトをする』あるいは『カミングアウトしない』という行為を把握」することに疑義を呈し、カミングアウトしなくとも「バレバレ」であるゲイ男性の事例を検討しつつ、「必ずしもカミングアウトを行っているわけではない状況が、クローゼット状況と全く同一であるわけではない」（金田 2003b: 71）ことを指摘し、「カミングアウトの実践に過剰な期待をかけるよりも、『バレバレ』のような実践に期待をかける方が望みがあるのではないだろうか」（金田 2003b: 76）と結論づける。(3)

カミングアウトを推奨する立場へのもっとも痛烈な批判として、最後に関（2009）の次の記述をとりあげておくべきだろう。

カミングアウトを奉じる者たちはわかっているのだ。同性愛者がみんな、クローゼットから出て、ゲイ・レズビアンと名乗ることなどありえないことを。だからこそ、声高に自ら率先して行動するのだ。そこに生じる利権を手に入れるために。（関 2009: 341）

これらの研究は、カミングアウトを推奨する立場からはかなり自覚的に距離をとっている。金田の研究は、「最終的にはあなたが選択すればよいがカミングアウトはやはり推奨されるべきである」というカミングアウト肯定の立場へ結局論を帰着させる人々にとっては耳が痛いものであるがゆえに、むしろラディカルな主張としてもっと真剣に検討されるべきであると筆者は考える。クローゼットから出て名乗れないのかもしれないゲイ男性やレズビアンに寄り添う点において、関の記述も本書の「ついていけなさ」に着目する立場と通底するものがある。

それゆえ本章もまた、これらの研究と同様、カミングアウトを推奨する言論からは距離をとる。しかし、これらの研究に単純に後続する研究を筆者はおこなわないし、おこなうべきでもない。その理由は以下のとおりである。

上記の議論は、なんらかの理想的な状態を設定し、その状態を達成するための手段としてカミングアウトのみが有効であるかどうか、オルタナティヴが可能であるかどうかを探るものである。したがって、これらの議論がカミングアウトの相対化に成功しているのは、むしろカミングアウトを推奨する議論と、その理想的な状態に関しては価値観を共有しているがゆえなのである。関の刺激的な記述でさえ、「利権」という皮肉に満ちた言葉づかいでカミングアウトする当人にとって望ましい帰結を想定している。

しかし、本章にとって重要なのは、カミングアウトの掛け金となっていた理想的な状態の内実、しかもその偶有性である。より正確にこう述べてもよい。カミングアウトが、ゲイ男性とそのつながりに関するどのような状態を肯定的に捉える前提のもとに推奨されたかが問われねばならないのである。したがって本章では、カミングアウトの有効性をめぐって議論をおこなうべきではない。

一方、本章冒頭で先取り的に述べている偶有性に関しては、次のような指摘がされている。

もともと「カミングアウト（coming out）」という英語は、ゲイやレズビアンが、仲間が集まるバーに初めて行くようになるなど、なんらかのかたちで「コミュニティ」に参加するようになることを意味する言葉だったという。しかし、いつしか、みずからの性的指向を誰かに（おもに異性愛者に）伝えることをさすようになっていったらしい。（RYOJI・砂川 2007: 195　引用箇所の執筆は砂川秀樹）

明確にカミングアウトという言葉の意味の変遷が指摘されている点で、本書の考察にとってこの引用箇所は非常に有効な補助線となる。この指摘は、我々が知っているところのカミングアウトだけがカミングアウトではなかった可能性を記述しているからである。

しかも、ここで挙げられている、カミングアウトのゲイ「コミュニティ」の成員（内側）に対して行うものから成員でないもの（外側）に対して行うものへの歴史的な変化は、非常に劇的な転換ともいえるものである。そしてこの前者の側面は、本書の問題意識の中心であるゲイ男性同士のつながりという要素と直結している。カミングアウトの「定義」の自明性を疑い、それをゲイ男性同士のつながりという要素に引きつけて検討する作業の正当性が、すでにこの引用によって示唆されているということができる。

しかし、事態は砂川が想定するよりもやや複雑である。詳細は後述するが、その理由は二つある。第一に、一九九〇年代に日本語で読むことのできたカミングアウトに関する文章においては、砂川が少なくともここでは指摘していない「自分へのカミングアウト」という要素が重要な役割を果たしているからである。第二に、砂川が指摘する「コミュニティ」への参加と「性的指向を誰かに伝えること」の二者は、九〇年代には併存しており、かつ積極的に接続して語られたからである。したがって、まったく逆向きのベクトルをもつ要素がカミングアウトという言葉において接続されていることの意味が考察されるべきである。以下、自らへの回帰、コミュニティという要素を含み込む形で、九〇年代のカミングアウトに関する語りの全体像、九〇年代版のカミングアウトの「定義」（と現在のそれとの差異）を明らかにし、ゲイ男性のつながりをめぐる現代的な様相の検討へその知見を折り返していく。

3　資料としてのカミングアウト論

以下、とりあげる時代と文献の特徴について述べておく。

まずは時代について述べる。もちろん、カミングアウトという言葉は、その輸入元の英語圏では九〇年代よりも前から使われていた。日本にいつこの言葉が輸入されたかを正確に同定することはできないが、伏見憲明が『プライベート・ゲイ・ライフ』(伏見 1991) を出版し日本で初めてメディアに対し大々的にカミングアウトしたのが一九九一年のことなので、カミングアウト自体がゲイ男性にとってある程度一般的な言葉として用いられるようになったのが九〇年代以降だと述べることは可能だろう。(4) したがって、本章では考察の対象として九〇年代以降の文章をとりあげる。また本章では九〇年代と現在（二〇〇〇年代以降）のカミングアウトに関する文章の差異を論じていくが、現在からそう隔たっていない、しかも二〇年に満たない期間における変化を論じるため、明確に切断の時点を同定することもできず、また緩やかな変化において変化前と変化後の要素が混在した文章をとりあげることもありうる。カミングアウトに関する文章の質的差異から翻ってそれを「九〇年代の語り」「現在の語り」とラベリングすることは避けるよう努めたが、それでもこの二つの類型が「理念型」としてのニュアンスを含む可能性はあらかじめ指摘しておく必要がある。また、本書全体において、「現在」とは九〇年代後半以降を指すので、本章の九〇年代と本書全体の「現在」は実際のところ時期的に重なってしまっている。カミングアウトに関する記述の変容がつながりの多層性の分岐と時期的にぴったり重なるとはデータからはやはりいえないので、このずれは完全に消去できないことを踏まえた上で用い続けるしかないだろう。

対象となる文献の特徴について述べる。本章においては、カミングアウトの「定義」の偶有性からゲイ男性のつながりに関する知見を導き出す本章の目的にもとづき、カミングアウトの実践そのものの記録よりも、カミングアウトとはなにかを説明したり、定義したりするような記述に着目する。このような着眼点からカミングアウトに関する語りを探索し集めていった結果、とりあげた文献は、アクティヴィストの文章やアカデミックな論文など、やや「硬い」ものに偏ることとなった。ゲイ男性全体に対するこれらの文献の代表性はあまり高くないが、逆にカミングアウトというプロジェクトのもつ「政治的」な位相については、これらの文献で十分にカバーできるだろう。本章末尾では「政治的」プロジェクトとしてのカミングアウトの位相について考察する。また、英語で書かれ日本語に訳された文章も本章では考察の対象としている。資料の薄さをカバーするため、という消極的な理由もあるが、カミングアウト自体が外来語であり、その意味づけも輸入された上で流通する傾向が強いこと、したがってその意味づけ自体の変化も同時期に起こっていることを考慮すると、積極的に分析の対象に含めることには意味があるだろう。

4　関係性という発想

まずは、関係性という発想に関して考察する。この語、およびそれを支える発想は現在のカミングアウトをめぐる語りにおいても頻繁に見出されるものである（それゆえこの節では時代的な区分や比較をおこなわない）。したがって、「秘密の告白」に回収されないこの発想の質をまずは検討することで、カミングアウトを特徴づけるもっとも強力な要素を同定する。

中心的要件としての関係性

それ（引用者注：カミング・アウト）は、個人間の関係、そして、個人間に共有されている何ものか――価値？――と個人との関係を新たにつくり、また、作り直すことである。（田崎 1992: 111　強調引用者）

カムアウトするということは、田崎氏も指摘しているように、「公的な領域と私的な領域の境界線を引き直すこと」、つまり、その相手との新たな関係性を築いてゆこうとすることなのである。（大石・河口 1998: 198　強調引用者）

カミングアウト。

これは「自分が同性愛者であることを伝え、相手との関係性を変えていく過程のこと」をいう。（石川 2002: 122　強調引用者）

「閉じこめられている」状況から出て行くことが目標なわけですから、自分の「性」のあり方を知らせるだけではなく、知らせた人との関係を新しくつくり直すことまでを含む長い過程を「カミングアウト」と言うのです。（伊藤・虎井編著 2002: 198　伊藤の記述　強調引用者）

カミングアウトをめぐる語りは、カミングアウトが新しい関係性をめぐる実践であることを強く主張する。もちろん、語る側がいて聞く側がいる相互行為であれば、関係性が問題になるのはつねに当然である。したがって「どんな人間関係でも、相手に関する新しい情報を共有したら、関係性は変化して当然です」（伊藤・虎井編著 2002: 198　伊藤の記述）とも語られる。

相互行為であるから関係性が問題になるのであれば、わざわざ関係性という言葉を用いるのはリダンダントである、とも主張できる。しかし、「関係性」という言葉を意図的に使うことによって、それが単なる「秘密の告白」ではないことが主張されていると考えることもできる。「関係性は変化して当然」という言葉も、むしろカミングアウトによって関係性に変化が起きないことを忌避するために積極的になされた発言と解釈できるだろう。

関係性へのこだわりに関しては次項でも検討し、上記の主張をより強く立証する。

関係性という発想は、現在のカミングアウトをめぐる語りでも一般的である。たとえば「相手との関係を大事に思えば思うほど、カミングアウトをしたいという気持ちがわき起こりやすい」と述べ、カミングアウトを「絆を深めるため」の実践と捉えるような語り（RYOJI・砂川 2007: 195　引用箇所の執筆は砂川秀樹）は、現在でも枚挙にいとまがない。また、時には関係性へのこだわりがカミングアウトより基底的なものとなることもありうる。

前節でとりあげた金田（2003b: 76）は、「人間関係における関係性の質がカミングアウトを行う／行わないという判断の基準となっていたわけだが（…）その判断の基準そのものも今後変容していく可能性を多分に秘めている」と述べ、関係性の質がカミングアウトするか否かの判断基準ではなくなる可能性を示唆しているが、このことは逆にカミングアウトを礼賛するしないにかかわらず関係性を判断基準とする発想が現代では一般的であることを示しているだろう。関係性は「秘密の告白」に回収されないカミングアウト特有の要件として現在も残存しているといえる。(5)

何が失敗なのか？

前項で、関係性に対する強いこだわりが、単に「秘密の告白」でないカミングアウトの特徴ではないかと論じた。このことを明確にするのが、カミングアウトが失敗するとはどういうことかに関する語りである。

もしカミングアウトが、単に「私に関する情報の伝達」なのだとすれば、カミングアウトはしてしまえば終わりであり、成功／失敗の差異は、情報がきちんと伝達されたか否かの差異に重なりあうはずである。(6)たとえば、カミングアウトは単なる冗談であり嘘であると解釈されてしまうという状況が失敗とされるだろう。しかし実際には、失敗をめぐる議論はそのようにはなっていない。

もちろん、情報の伝達がなされればあとはどうなっても成功、としてしまうのはあまりにも成功という言葉のイメージから離れすぎている。「カミングアウト後に生じる『危険と制約』」という表現を用いて風間（2002: 355）が述べているように、フォビアにもとづく否定的な対応は、カミングアウトがカミングアウトという政治的営為として言挙げされなければならない当の理由そのものであるから、この点を考慮しないでカミングアウトの成功や失敗を語ることに意味はないだろう。では、次のような例はどうだろうか。

そのような（引用者注：カミングアウトを正当な公的言論の行為として聞くことの）拒絶は、多くのカミング・

アウト行為に対して与えられる、冷ややかな反応の中に数限りなく反響している。「そりゃいいけどね、でも何だって私がそんなことを知りたいだろうなんて思ったのかね？」（Sedgwick 1990＝1999: 102-3）

同性愛が美学的にとらえられてしまうことは、同性愛を「個人的なこと」、「私的なこと」、あるいは「趣味のひとつ」として見ることを強化する。私たちが、だれかにカミング・アウトするときに、「それ（同性愛）はあなたの趣味だから別になんとも思わないよ」と言われることは象徴的である。（河口 1997: 187）

「そりゃいいけどね」「別になんとも思わない」でよいではないか、とはいわず、両引用ともこれらの応答に対して否定的な評価を下している。そのこと自体が間違っているとは筆者は考えない。それまでと変わらない（ように見える）関係性にカミングアウトした側が苛立つのは、今でも珍しくないだろう。

「あなたが同性愛者／トランスジェンダーでも今までと関係は変わらないよ」と「カミングアウト」を受けとめた側が言う時、（…）時として「あなたが同性愛者／トランスジェンダーであることは、とりあえず棚上げしておいて、全くふれずに、それまでの関係を続けることになってしまうことがあります。自分が友人にゲイだと言ったのに、相変わらずその友人はテレビの「ホモネタ」に大笑いするのでショックを受ける、などということも少なくありません。（伊藤・虎井編 2002: 198-9　伊藤の記述）

この状況にホモフォビアを見て取ることは容易であり、フォビアにもとづく否定的な対応とそれまでの関係性からの変化のなさが重なっているゆえ、上記引用内のエピソードは記述者にとって非常に苛立たしいものとして描かれている。したがって、現在でもカミングアウトが「伝えてしまえば終わり」なものではまったくないことを示していると指摘できる。なにをもってカミングアウトの失敗とみなすかは、翻ってカミングアウトがいかに関係性というものを重視した営みかを明らかにしているのである。

告白／カミングアウトの差異

この点が非常によくわかるのが、カミングアウトを告白とは異なるものとして定位しようとする「アカデミック」な議論の蓄積である。一連の議論の出発点となったのが次の引用である。

カミング・アウトは、秘密を明らかにすることとはちがう。カミング・アウトは、私的な領域と公的な領域の境界を作り直すことだ。それは、生き方の、生の様式の発明抜きには語れないだろう。それは、個人間の関係、そして、個人間に共有されている何ものか――価値？――と個人との関係を新たにつくり、また、つくり直すことであるのだから。ほとんど不可避的に、家族以外の、個人と個人の関係をつくる装置の創出とかかわりあっている。（田崎 1992: 111）

なぜカミングアウトを説明するのに告白という言葉を忌避するのかに関しては、以下のような事情がある。フーコーの『知への意志』（Foucault 1976＝1986）における告白・告解が主体化のテクノロジーであるという主張によって、告白という語には権力に対して従順な営為というイメージが付与されていた。これに対して、そのような営為ではないものとしてカミングアウトを構想し、権力への無抵抗性から救おうとしたがゆえ、カミングアウトと告白の差異が主張されたのである[7]。

しかしこのような学説上の事情を抜きにしても、この箇所を引用して論じる形で、告白とカミングアウトの差異は何人かの論者によってより強調して主張された。

河口（1997: 189–91）は田崎の論文を引用した後、カミングアウトを「私室の秘め事」とされていたものの公的な場への問いかけと、告白を秘密を明らかにすることと説明し、両者の差異を主張する。河口は「『告白させよう『という力』にノーを突きつける」（河口 1997: 190）ことが重要であり、カミングアウトがその役割を担うと主張する。「私的な領域に押し込まれていたものを公的な領域に引き戻すこと」（河口 1997: 190）がカミングアウトの重要な意義なのである。

風間（2002: 356-8）は田崎の論文を引用した後にカミングアウトを「性的欲望、あるいは同性愛者であることを私的領域における秘密として語るのではない公／私の境界の再定義を求める実践」と主張し、「同性愛を私的領域に押し込めると同時にそこから排除する」（風間 2002: 361）権力に抵抗していく実践としてカミングアウトを再定位する。

いずれの場合にも私的／公的な領域という言葉が用いられ、この二項対立自体がさまざまな問いを開くものではあるが、本書にとっては、これらの用語に託す形で、自らがゲイ男性（あるいはレズビアンなど）だと伝える側にのみ問題を押し付け、矮小化しようとする圧力への抵抗としてカミングアウトが言祝がれたことが重要である。告白とカミングアウトの差異は、事態をゲイ男性（など）の側のみの問題と捉える発想と伝え手と聞き手の関係性の問題と捉える発想の差異とパラレルなのである。それゆえ、カミングアウトが告白とは異なるものとして語られることは、それ自体カミングアウトが伝え手と聞き手の（その後の）関係性をつねに焦点化することの証左だといえる。

したがって、カミングアウトと告白の差異に関する「アカデミック」な議論もまた、カミングアウトにおいて関係性が重要だとの認識を共有しながらなされていたものだといえる。

5　反省する自己

問われる自分自身

新しい関係性をつくるためには、そもそもカミングアウトによってどのような関係を形成していきたいのかをカミングアウトする側が明確にイメージしていなければならない、と主張される。

> 大切なことは、自分がゲイであることを打ち明けて相手からどう思われるか？　ということではなく、自分がゲイであることを打ち明けようと思っている相手と自分がどういう関係をつくりたいと願っているのか？　ということだと思います。（伊藤 1993: 200　強調引用者）

それゆえカミングアウトにおける関係性の重視は、一見関係論的な視座の重視に見えて、実のところ自分自身の重要性をその基底においている。したがって、カミングアウトに関しては自己肯定や自己受容、アイデンティティの確立といった要素が必要である、あるいは先にそれらの要素が出現する、という記述が非常に多くなされる。

> この作業（引用者注：カミングアウト）は、自分がゲイであるということを自分で肯定的に受け入れていないと難しい。（石川 2002: 122）

> 自分の生き方に自信を持つようになることで、異性愛中心の社会の中でも異性愛者の〝ふり〟をしてではなく、同性愛者として生きていこうと考えられるようになった頃、私は家族や友人に、自分が同性愛者であることをカミングアウトするようになっていました。（大石 1995: 47　強調引用者）

> 他者にカミングアウトをするためには、自己受容という過程は避けて通ることができません。（伊藤ほか 2003: 120–1　簗瀬の記述）

カミングアウトによって自他の関係性を良い方向へ変えていくための基礎として、きわめて反省的な自分自身への視線がおかれていること、現在でもそのような傾向が存在することが指摘できる。次の引用は、そのような反省的な自分自身への視線のもっとも強い形での現れである。

カムアウトする主体は過去の自分と決別し、新たな自分を相手の前に示すことになる。（大石・河口 1998: 198）

「自分へのカミングアウト」という表現

しかし、自己に向けられる反省とそれによる変化がカミングアウトと呼ばれる、という事態は、九〇年代にはあって現在には存在しないものである。アナクロニスティックな読みをあえてすれば、自分へのカミングアウトという奇妙な表現が比較的多く言及された時代があったのである(8)。

たとえば、プラマー（Plummer 1995＝1998: 118）はカミングアウトを個人で／私的に／公的に／政治的にするものと分類し、風間は自己への／周囲の人への／社会へのカミングアウトを記述する。

①自らが同性愛者であることに対して肯定的な認識を持つ自己へのカミングアウト②その肯定的な自己認識を基礎に友人や家族など身近な人に対して同性愛者であることを伝え（…）（風間 1996: 88-9）

あなたが三人のゲイやレズビアンにカミングアウトの経験はどんなものだったかと聞けば、まったく違った三人三様の答えが返ってくるでしょう。最初の人は最初の性的経験について、つまり性的なカミングアウトについて話すかも知れません。二番目の人は自分に対するカミングアウト、つまり自分がレズビアンであることを受け入れたときのことを話すかも知れません。三番目の人は自分の家族にカミングアウトしたときのこと、自分がゲイなんだと初めて家族に告げたときのことを話すかも知れません。（Marcus 1993 = 1997: 66-7　強調引用者）

このように、自分へのカミングアウトが他者へのカミングアウトと並んで語られることがある。しかも前者の風間の例のように、自己へのカミングアウトを「基礎」として他者へのカミングアウトを行う、という記述もある。つまり、関係性をつくるためには、それより前に／その下に自分へのカミングアウトと自己肯定が必要なのである。

またカミングアウトという語彙のこのような用法は日本にかぎったものではなく、coming *out* の外部へ向けたニュアンスをより強く感じるはずの英米圏でも用いられている。

自らをホモセクシュアルであると定義しホモセクシュアルとして自らを他のホモセクシュアルの人々に見せることがカミングアウトと呼ばれるアイデンティティ開示の広汎なプロセスの最初のステージである。（Troiden 1988: 50　一番目の強調は引用者、二番目の強調は原文イタリック）

カミングアウトは３つの明確な側面がある。最初に（First of all）自分自身へのカミングアウト、自身のホモセクシュアルなパーソナリティとニーズを認識することが伴い、次に他のホモセクシュアルへのカミングアウト、それらのニーズをゲイコミュニティや関係の中で表現することが伴い（…）（Weeks 1990: 192　強調引用者）

以上のように、少なくとも九〇年代のカミングアウトをめぐる文章の多くには、自分へのカミングアウトと自己肯定に関する語りが多く見られた。一方、世紀をまたいで以降、自己肯定やニーズの自覚を含む自己反省的な語りは減っていないものの、それをカミングアウトという言葉で表現することはほとんどない[9]。現在では他者に向かってする営為でないものにカミングアウトという呼称を用いることはなくなってしまったのである。

継続性

このように九〇年代のカミングアウトそのものが自己への再帰的なまなざしを含むものだとすれば、カミングアウトを一時的な行為としてのみ捉えることと矛盾する。それゆえ、カミングアウトした相手以外は自分がゲイ男性やレズビアンなどだと知らないからまたカミングアウトする、というものとは別の形でカミングアウトの継続性が主張されるようになる。この主張を象徴する語彙がカミングアウトに対する（ビ）カミングアウトである。まさに「（ビ）カミング・アウト――レズビアンであることとその戦略」と題された論考で、シェイン・フェランは次のように述べる。

「カミングアウト」のプロセスは、啓示であると同時に「何者かになってゆくこと（ビカミング）」でもある。（…）確かにカミングアウトには、隠されていた何かを明るみに出すプロセスという側面もあるが、それがすべてではない。カミング・アウトとは、それ以前には存在していなかったような自我――レズビアンあるいはゲイとしての自我――を形成することなのだ。（Phelan 1993 = 1995: 226-7）

河口もまた同様の主張を展開する。

私は、カミング・アウトという行為は、「ゲイである」ということに気づき、さらに「ゲイになる」ためのひとつの過程であると考える。（河口 1997: 190）

上記の引用からもわかるように、カミングアウトというプロセスは自己の形成のプロセスと重なっており、カミングアウトの継続性は「自分へのカミングアウト」、すなわち自己への反省的なまなざしの存在と深くかかわっている。

6　コミュニティとの連関

コミュニティの生成

しかし、カミングアウトには、自己への反省的なまなざしに回収されないもう一つの重要な要素が存在している。コミュニティである。前述のフェランと河口が自説形成のために引用しているブレシアスにおいても、コミュニティについての言及がある。

カミング・アウトは、個人個人が、レズビアンとゲイのコミュニティを構成する関係領域に入っていくという、生成、レズビアンあるいはゲイになることのプロセスと考えられる。(Blasius 1992＝1997: 219　強調原文)

誰かがレズビアンやゲイ男性になっていくプロセスは、コミュニティへの参入と重ね合わせられているのである。いわばここでは、コミュニティへのカミングアウトが主張されている。レズビアンやゲイ男性の自己形成は、コミュニティによって支えられているのである。ただし、このことをもってゲイ男性の自我形成がコミュニティによって基礎づけられている、と主張することはできない[10]。次のような主張があるからである。

カミング・アウトという行為がなければ、コミュニティはありえない。ゲイやレズビアンのコミュニティは自然にあるのではなく、カミング・アウトという行為によって、当事者たちが自己を創造する過程の中で、同

時に構築されるものなのだ。（河口 1997: 191）

したがって、カミングアウトを媒介にして個人（レズビアンやゲイ男性としての自我形成の前であるとするならこの表現は誤っているかもしれないが）がコミュニティを基礎づけるともいえるのである。ゲイ男性にかぎっていえば、ゲイ男性の自我（あるいはこれをゲイアイデンティティと呼んでもよいだろう）とゲイ男性のコミュニティは、カミングアウトという言葉を結節点に循環的に支え合っているのである。時間の前後関係に重点をおけば、両者は同時に生成するとも主張できる。

また、第三章で指摘したように、コミュニティという語は理想主義的な含意を強くもっている。このことを踏まえると、ゲイ男性のアイデンティティとゲイコミュニティ、本書の言葉づかいに引きつけてゲイ男性とそのつながりが循環的に成立することとは、それが実態を記述しているか否かという点はこれらの引用からは明らかにならないにせよ、ある種の理想状態として捉えられていた、と考えられる。

「幸福」な邂逅

以上の議論を図式化し、九〇年代のカミングアウト論の布置を描くと図4-1のようになる。

もちろん、矢印を基底的なものから派生したものへの影響関係としてのみ考えることはできないし、逆に時間的な順序を示すものとのみ考えることもできないだろう。図4-1はあくまで近似モデルである。しかし、この図からは重要なポイントを二つ指摘できる。

第一に、もっとも重要なこととして、図4-1すべてが「カミングアウト」という言葉によって結ばれていることが挙げられる。九〇年代にこれらの要素が一つの単語でまとめあげられることに明確な異議が提出されず、この図式が流通したということは、図4-1に描かれている諸要素がひとつながりのものとして捉えられることに違和感がなかったことを示している。コミュニティの形成も自我の形成も新しい関係性も、こういってよけれ

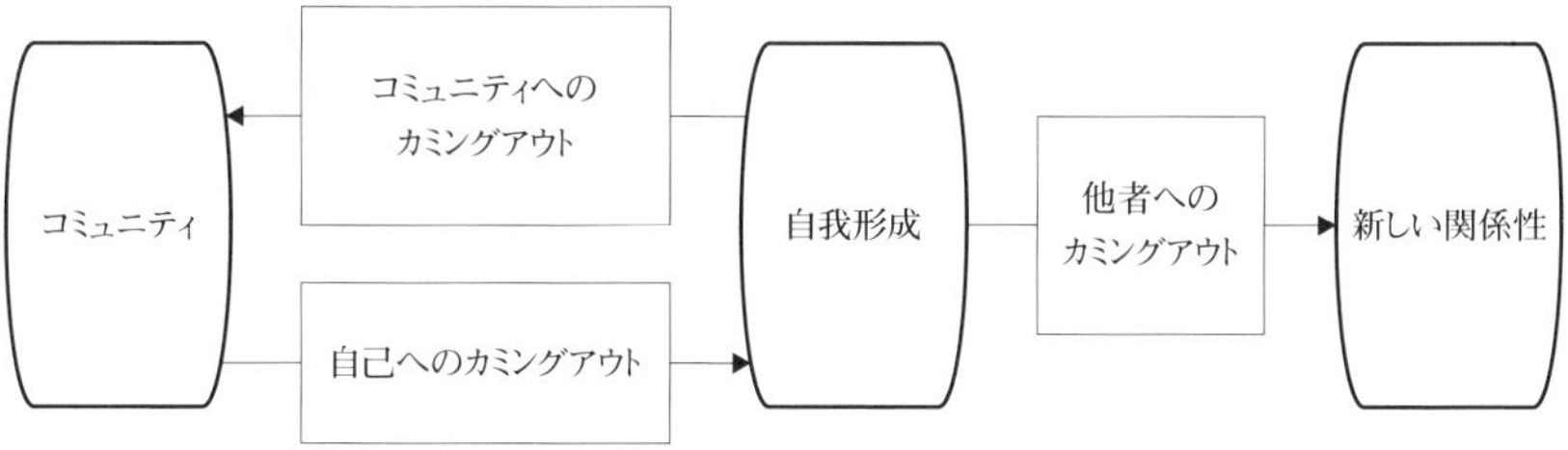

図4-1　九〇年代のカミングアウト論の布置

ば一つの（政治的）プロジェクトの内実だったのである。[11]

第二に、図4-1は基礎付け主義を自覚的に断念させる形で成立している。ゲイ男性の自我形成の根底にコミュニティがあるとすれば、そのコミュニティは一体どこから生まれ出たのかという問いは当然起こるし、逆の場合も同じことである。それゆえカミングアウトをめぐる議論は、「究極の基礎」としての項をおかず、ゲイコミュニティとゲイ男性の自我は循環的かつ同時に生成するという図式になっているのである。この循環を支える要素としてカミングアウトの継続性を挙げておくことができるだろう。

したがって、ゲイコミュニティとゲイ男性の自我の間に矛盾は想定されない。一方が他方から導き出されるという関係を双方向にもたせることで、お互いをお互いの想定の範囲内に拘束しているからである。しかも、繰り返しになるが、この状態の中にコミュニティという語が埋め込まれていることは、この双方向性自体が理想状態として想定されていることを示している。九〇年代のカミングアウト論はその根本にゲイコミュニティとゲイアイデンティティの「幸福」な邂逅、ゲイ男性とそのつながりの強固な順接性を埋め込む形で成立していたのである。

それゆえ九〇年代のカミングアウト論は次のようなストーリーを潜在的に抱えている。ゲイアイデンティティとゲイコミュニティの同時生成により両者は安定し、それゆえ個人はどのような関係性を自分が望んでいるかについて再帰的に意識することが可能になる。したがって、カミングアウトを単なる情報伝達ではない関係性改善の営みとしておこなうことができるのである。

繰り返すが、これらの一連の営為がすべてカミングアウトという一語に内包されていることに着目すべきだろう。あえてアナクロニスティックなまなざしから述べれば、これらの営為をカミングアウトという一語に負わせるのは「強引」である。カミングアウトという語へのこれらすべての要素の「たたみ込み」をすべてのゲイ男性が行っていたと考えることもできない（コミュニティという語の理想主義的性質が、逆説的にも実態がそうであったかという点に関して疑義を抱かせるものになっている）。しかし少なくとも次のことはいっておける。すなわち、九〇年代とは、コミュニティ形成と自我形成と新しい関係性の創設が、カミングアウトという語を通じて一つの（政治的）プロジェクトとして言挙げされる可能性をもった時代だったのである。

7　邂逅の困難

最後に、前節でまとめた九〇年代のカミングアウト論の布置を現代のそれと比較し、現在のゲイ男性をめぐる状況について考察したい。

これまでの節でも補足的に説明しているように、九〇年代のカミングアウト論のうちいくつかの要素は、現在のカミングアウト実践に明確に受け継がれている。具体的には、新しい関係性の希求とその実現のためのカミングアウトという図式と、どのような関係性を望むかを考える反省的な自己は、今でも（明確に言及されずとも）つねにカミングアウトと結びつけられて考えられているといえる。

しかし、現在では「コミュニティへのカミングアウト」「自己へのカミングアウト」という言葉や、それらの循環的な関係は語られることはない。コミュニティの形成や、ゲイアイデンティティの形成は、もはやカミングアウトの名の下に包含される一つの（政治的）プロジェクトの内実ではないのである。前述の図4-1にあてはめて表すと図4-2のようになる。

このようにカミングアウトをめぐる布置からコミュニティへの／自分への、という内実が外れたのは、ゲイアイデンティティとコミュニティに関して、それを導出するプロジェクトをわざわざ言挙げすることにもはやリア

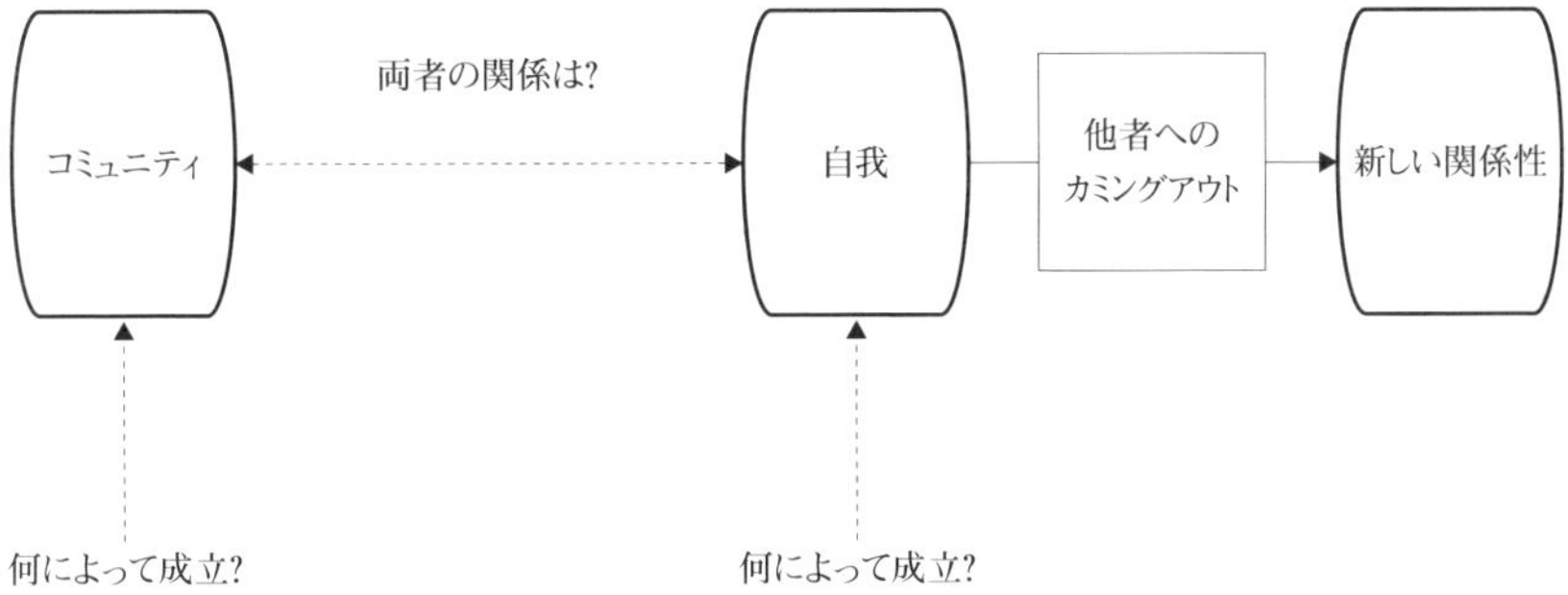

図4-2　現在のカミングアウト論の布置

リティが感じられなくなったから、と考えることができる。コミュニティやゲイ男性の自我（ゲイアイデンティティ）がなにかほかのメカニズムによって導出されると考えられているのか、あるいは単に自明なものとしてあるのか、といった問いに対する答えは図4-2やこれまでの論述から導き出すことはできないが、カミングアウトというゲイ男性にとってもっともなじみのある「政治的な」語彙に両者が包含されなくなったのが、積極的な営為の結果両者を獲得するという想定がまったくもって一般的でなくなったからという帰結は導き出せる。

もう一つ重要なのは、コミュニティとゲイ男性の自我の関連性に関しても、あらかじめの無矛盾性を埋め込むような語りが消えてしまったことである。カミングアウトに「コミュニティへの」「自分への」という現在からでは無関係に見えるような要素を包含させようとする想定は、コミュニティとゲイアイデンティティが「幸福」に邂逅するとの想定と親和的である。とすれば、翻って、カミングアウトという語が現在のように用いられる状態とは、コミュニティとゲイアイデンティティが「幸福」に邂逅するとの想定がつねに疑義に付されうる状態であるということができる[12]。

ただし、現在のカミングアウトにおいてかくかくしかじかの要素がなくなった、という言明を証明するのは、不在の例は提示できないという点において困難を伴う。そこで、記述の方向性を逆向きにとり、現在のカミングアウトが強く「個人」に照準しており、集合性、本書の用語で言えばつながりへと到達するような政治的プロジェクトではないことを確認し、傍証としたい。

たとえば次のような発言がある。

職場ではカミングアウトをしても特に問題はないけど、していないのはする必要がないし、したら周りが気を使うことになるから。（伏見編 2006: 7）

よほど必要がない限りカムアウトしていなかったからかも知れませんが、上司から結婚、結婚とうるさく言われてちょっと嫌な想いをしたとか以外、これと言って損した得したということは思い当たりません。（伏見編 2005a: 50）

カミングアウトを推奨するか否かそのものが問題なのではない。両者に見られる「必要」という言葉が、もはやカミングアウトが完全に個人のコントロールのうちに回収可能なものとしてリアリティをもっていることを示している点が重要である。より直接的に、次のような表現を挙げることもできる。

だいたい、今さらカミングアウトなんて言っても誰もついて来ないし、言ってる自分自身もちょっとさむいなとか思ってしまう（笑）。（伏見編 2005b: 129）

話をしてみても、完全に個々人のレベルにまで降りてきてて、社会のレベルじゃないんだよね。「カミングアウト？　したけりゃすればいいいんじゃないの？」で終わっちゃう。（伏見編 2005b: 129）

九〇年代のカミングアウトも、もちろんしたくない人にすることを強要するようなものではなかった。しかし現在ではカミングアウトは完全に個人の選択として捉えられている。カミングアウトが問題化される状況そのものの政治性は個人の選択に対して後景化するのであり、政治性というリアリティは完全に離脱している。九〇年代から現在へのカミングアウトの意味づけの変化は、その政治的プロジェクトとしての側面の解体とまとめられる。

繰り返すが、以上の議論はカミングアウトに関する比較的「堅い」語りの分析から導き出されたものである。それゆえ、九〇年代から現在まで、実践レベルではカミングアウトはつねに本項で示したような（現在のカミングアウトの）図式に位置づくものであり、「コミュニティへの」「自分への」カミングアウトなど一般的でなかった可能性ももちろんある。コミュニティという語の理想主義的傾向も、その可能性を指し示している。しかしそれは逆に、なおのこと現在ではゲイコミュニティやゲイアイデンティティの成立と両者の「幸福」な邂逅が積極的に達成されるべき・達成可能な課題としてのリアリティをもちえていないことを示している。カミングアウトという語の内実の揺れは、ゲイコミュニティとゲイアイデンティティが相互連関から互いに独立した（矛盾を抱える可能性のある）実体へと変化したこと（あるいはもとからそのような実体だったと認識されたこと）の現れと解釈できるのである。

したがって、ここまでの考察の結果は次のようになる。現在ではゲイ男性の自我（アイデンティティ）やゲイコミュニティの形成が言挙げされるべき（政治的）プロジェクトとしてはかつてのようにリアリティをもたず、また両者が無矛盾に接続すると想定することがもはやできない。九〇年代にはゲイアイデンティティとゲイコミュニティは相互に支え合う論理構成により政治的かつ「本質的」に連関すると想定されていたのに対し、現在では単にゲイアイデンティティをもった個人がゲイコミュニティで活動する、という以上の負荷のない、論理的にも政治的にも連関しない二項としてしか捉えられていない、とも表現できる。カミングアウトという突破口から見えてくるのは、ゲイアイデンティティとゲイコミュニティの連関から連関のなさへの歴史的変遷なのである。

本書全体の言葉づかいに置き換えて表現すれば次のようになる。現代においては、ゲイ男性のアイデンティティとゲイ男性のつながりの理想状態としてお互いがお互いを支える図式は成り立たない。政治的なプロジェクトレベルでも両者の縫合がもはや語られなくなるということは、実態レベルでは、両者の乖離はよりいっそう強固なものとして発現していると推測することができる。ここで問題なのは、ゲイ男性のそのつながりへのアクセスには、かつてのような順接性を想定できなくなっていることである。第一章で検討した大正時代の男性同性愛者において、男性同性愛者としてのアイデンティティは、「悩み」という回路を通じてそのつながりへと強く結びつけられていたことと対比すると、現在のゲイ男性は、ゲイアイデンティティが存在しないという問題も、ゲイ男性同士のつながりが存在しないという問題も解決された状態を生きているが、同時にゲイアイデンティティとゲイ男性のつながりが別個に存在することの問題を生きざるをえない状態を生きているとまとめられる(13)。カミングアウトという言葉が、さまざまな議論をもっとも喚起する語彙の一つであったこと、今もそうであることを踏まえれば、ゲイ男性とそのつながりの間の齟齬には、一般性を見出すことができる。ゲイ男性とゲイ男性のつながりが順接していないという問題点については、次章でさらに述べていく。

8　忘却されるつながり

しかし、本章でまず解くべきは、ゲイ男性とゲイ男性のつながりの関係性の問いではなかった。一つの問いが残っている。以上のカミングアウトに即して述べた議論で、いったいどのような意味で「総体的なつながりは特権的な他者とのつながりへのアクセスへの通過点となりえているか」という問いに答えたことになるのか。この問いに答えるためには、ここまでの議論における、九〇年代のカミングアウトにおいてはまだ探求されていたつながりとは、本書が区別してきた総体的なつながりと特権的な他者とのつながりの双方を指すのか、それとも一方を指すのかという問いに答えねばならない。実はこの問いは、本章冒頭で述べた、カミングアウトはゲイ男性からヘテロセクシュアルの人々へ向けて行うものであり、本書全体の主題とは関係ないのではないか、という疑問と関連している。

あらかじめ答えをいってしまえば、ゲイ男性がゲイ男性に対してカミングアウトするという場合においてすら、基本的にそこで求められているとされているのは特権的な他者とのつながりではなかった。現在のようにカミングアウトが異性愛者に対してされるものと考えられているならば、特権的な他者とのつながりが志向されないのはひとまずわかる（この点については後により正確に述べる）。しかし、同じゲイ男性に対してもなぜそのように「禁欲」しなければならなかったのだろうか？　その理由を明確にするために、一つの用語をとりあげ、検討してみたい。

その用語とは、九〇年代によくいわれ、現在でも潜在的にはカミングアウトにかかわる主題となり続けているホモセクシュアルパニックというものである。この語はもともとアメリカにおいて、「ゲイ・バッシャーに対する有罪判決を防いだり判決を軽くしたりするために一般的に使われる弁護戦略であり、また、この研究の要となる分析手段を指し示す用語で」（Sedgwick 1990＝1999: 30）ある。ゲイ男性に対する暴力で告発されている主に異性愛者の男性に対して、「彼の暴力は望んでもいないのに性的に接近されたことによっておそらく引き起こされた、病的な心理状態の結果であり、それによって、彼の犯罪に対する責任能力が減少していたことを暗示する。この弁護戦略には、ゲイの男性がすべて、見知らぬ人に対して性的に近づくという非難をされても無理がない、という不当な前提がある」（Sedgwick 1990＝1999: 30）。たとえば、ゲイ男性にカミングアウトされた異性愛男性は、そのゲイ男性に暴力をふるっても仕方がない、なぜならこのゲイ男性のカミングアウトはその異性愛男性に対する性的な誘いであり、そのような誘いに対して暴力的な防衛をするのには理がある、という主張がなされる。ここまで極端なものではなくても、カミングアウトした相手が性的な誘いを受けたと思い忌避感を発生させることはよくある。

もちろん、暴力行為の不法性や暴力性そのものは批判されればよい。ただし、ホモセクシュアルパニックの抱える本章の記述に関連する要素は別のところにある。すなわち、ゲイ男性のカミングアウトは必ず性的な誘いである、という前提である。そして、この前提を覆すために、性的に誘ったり、言い寄ったりしているのではない、というメッセージがカミングアウト概念に折り込まれていく。本章で挙げた「新しい関係性」に関する引用は、どれにもそのような含意がある。

しかし、もしかしたら相手がゲイ男性かもしれないと期待し、かつ相手との特権的な他者とのつながりを期待してカミングアウトすることはあってよく、現にある。とすると、「新しい関係性」が特権的な他者とのつながりを避けていわれることは、必然ではない。おそらくそこには時代も前後するいくつかの重層的な原因が見てとれるだろう。第一に、ホモセクシュアルパニックに対する抵抗のために、ある種の「禁欲」が強いられたという可能性がある。性的な誘いの場合もある、といってしまうことは、相手の前提を部分的に認めることとなり、戦略上の弱みになるからである。第二に、ゲイ男性の社会運動の戦略が、エスニック集団をモデルとするものであった（河口 2003: 39-42）こととの残滓ともいえる。エスニック集団モデルとすることはある属性をもった個人としてゲイ男性を捉えることであり、この時カミングアウトは、自らが同性への欲望をもった人であることの表明であり、欲望そのもの（すなわち「あなた」と特権的なつながりを形成したいという欲望）の表明ではないとされるからである。一方現代的な理由として第三に、本章でこれまで述べてきたように、時代が下ってからは、カミングアウトの宛先からほかの同性愛者が外れたということもあるだろう。カミングアウトの宛先と欲望の宛先の「棲み分け」が行われているのである。以上の原因によって、ますますカミングアウトという理念からは、特権的な他者とのつながりという要素は外れていく。

この現代的な第三の理由に関しては、むしろ次のように正確にいい直すことができる。カミングアウトから特権的な他者とのつながりの欲望が外れていったことは、ゲイ男性の集合性が特権的な他者とのつながりを排除する形で総体的なつながりに一本化していくことの結果であるか、少なくともその同時代的現象である。すなわち、ゲイ男性の集合性に参入するということが総体的なつながりへの参入に限定されるようになったからこそ（少なくともそれと同期して）、カミングアウトの先に想定されるのも、特権的な他者とのつながりではなくて総体的なつながりに限定されるようになっていったのである。特権的な他者とのつながりが総体的なつながりから放擲されているリアリティが、カミングアウトという用語に着目することで（も）見えてくるのである。

また、特権的な他者とのつながりが排除されていることは、コミュニティという言葉がもつ総体的なつながりのみへの志向と強く共振していることも押さえておくべきだろう。第三章で述べた、理想主義的で総体的なつながりに特化したものをコミュニティと呼び直してもよいという指針をここに適用すれば、カミングアウトとは、異性愛者との相互行為を指すものでありつつ、（仮に「コミュニティへのカミングアウト」という呼び方がなされなくなったとしても）すぐれてコミュニティ的な事象なのである。

もちろん、カミングアウトがこのようなものとして構想されるようになったとしても、実際のカミングアウトはその規定をあっさりと「踏み外す」。先に述べたように、カミングアウトによって特権的な他者とのつながりをもてるかもしれないと期待してカミングアウトをすることは、やはり実際にはありうるだろう。したがって、本章の考察からカミングアウトに関する現実を掬いとることは（全面的にではないにせよ一定程度）禁欲しなければならない。むしろ、カミングアウトというゲイ男性にとって重要であり続けている言葉についての議論から導き出された、志向されるべき「新しい関係性」は特権的な他者とのつながりではない点、ゲイ男性のアイデンティティがゲイ男性のつながりとは無関連に導出される点に注目しなければならない。

つまり、カミングアウトが現在でもゲイ男性にとって実存的重要度の高いものであることを踏まえるならば、ゲイ男性のつながりが志向する（とされる）関係性は、特権的な他者とのつながりではありえない。したがって、総体的なつながり（先述のとおりカミングアウトはすぐれて「コミュニティ」的な事象である）は特権的な他者とのつながりにアクセスするための通過点としては考えられていないのである。率直にこう表現できる。「カミングアウトしたらその相手と付き合える・セックスできるかもしれない、だからカミングアウトすることにはメリットがある」という動機づけが強く禁欲されていることは、それ自体カミングアウトが特権的な他者とのつながりのためにはまったく機能していないことを意味している。

　したがって、カミングアウトという題材は、一見すると本書の追う「ついていけなさ」とは関係ないように思えるが、むしろ、「ついていけなさ」が、つながりに志向される要素の都合上必然的に発生してしまう、という点を明らかにするという点で本書にとって非常に重要な題材であった。すなわち、自発的な服従というパラドックスを解くための基礎的な条件である「圏」のゼマンティクとは、「総体的なつながりは特権的な他者とのつながりのためのものであり、同時にためのものでない」ことを要求するが、現在では単に前者は後者のためのものではない状態へと変化してしまったのである。

　次章への接続のために、現在のカミングアウトには、そもそも「コミュニティへの参入」という要素がない点についても考えておく。九〇年代のカミングアウトにおける「コミュニティへの参入」という要素について、「圏」のゼマンティクの観点から考えるとその意味が明確になる。第二章で述べたように、異性愛の場合は、「公共圏」が自明なものとして存在するがゆえ、特権的な他者とのつながりが局所的な「圏」へ封じ込められる際、その封じ込めを自覚的に選択したとみなす制度として婚姻があった。しかしゲイ男性の場合「全体社会」が自明ではない。したがって、その内部で特権的な他者とのつながりを可能な他者と取り結ぶ、そのような「全体社会」への参入の時点に自覚的な選択（＝「カミングアウト」）を付与することによって、平等原則と行為責任を保持しつつ同時に可能な他者の存在する場を創出し、自発的な服従というパラドックスを解くという事態が起こっていたと考えられる。

　しかし「コミュニティへの参入」の存在しない現在においては、少なくとも「全体社会」に関する自覚的な選択の他者からの承認によって自発的な服従というパラドックスを解くことは不可能になってしまった。また、ゲイ男性のアイデンティティが総体的なつながりとは別個の出自をもつと規定されていることにも注目すべきである。個々のゲイ男性と総体的なつながりの間に無矛盾性が設定されていないのであれば、「圏」のゼマンティクの成立可能性はさらに低められることになるだろう。特権的な他者とのつながりに関するゼマンティクと切り離された総体的なつながりにさえゲイ男性は接続できていない可能性が存在するからである。次章ではこの点について考察を進める。

注

（1）レズビアンとゲイ男性ではカミングアウトの意味が異なる可能性については、上野ほか（2001: 174-5）で指摘されている。

（2）たとえばレイプからのサバイバー（Plummer 1995＝1998: 157）、黒人（鄭 2003: 18）、在日コリアン（鄭 2003: 21）、ＨＩＶポジティヴあるいはエイズ患者であること（大石 1995；大石・河口 1998）などをめぐる問題においてカミングアウトという言葉が用いられている例を確認したが、これはほんの一例にすぎない。

（3）類似の主張（同一ではない）をほかにも見出すことができる。

（オープンにすることに不利益があるのかという質問に対して）不利益うんぬんというより、こうなったらもう言わずにいるのもおもしろいかな、と。当人のアイデンティティがゲイであることは揺らぎのない事実なんですけど、対会社とか対家族ということになると、それを限定させないことで、まわりが「どうなんだろう？」と首をかしげているのを見ているのが楽しい、という境地に至ったのです。（伏見編 2006: 61）

（4）掛札悠子がレズビアンとしてカミングアウトし『「レズビアン」であるということ』（掛札 1992）を刊行したのは一九九二年である。ゲイシーンの歴史に関しては伏見編著（2003: 48-51）が参考になる。

（5）したがって、時には誰がゲイ男性やレズビアンかどうかを相手に伝える必要のない、誰かがゲイ男性やレズビアンであることがわかるだけのカミングアウトも主張されることになる。マリィ（1997）はレズビアンやゲイ男性のパレードを集団的カミングアウトと捉え、「集団的カミング・アウトの安全感に共感を示す報道」（マリィ 1997:

230）について指摘する。集団的カミングアウトについてのさらなる分析として砂川（2000: 241）。

（6）やや力点がずれるが、次のような事象が理解の参考になる。「私の知り合いの一組の男女のことを考えてみよう。彼らは一番の友達同士で、何年もの間互いのエロティックな生活の中の複雑な感情のもつれを、詳細に語り合って来た仲だった。この男性のエロティシズムの焦点は、たまたま男性にのみ向けられていた。しかし、会話の中で、彼をゲイの男性と呼ぶ許しが女性の方に与えられたと二人に感じられたのは、この友情がたっぷり十年も続いた後、二人の会話のある特定の時点でのことだった。後から語り合った結果、そのとき以前に、何年もの間、この男性がゲイであるということに基づいたやりとりがあったにもかかわらず、二人とも、この特定の瞬間が明快なカミングアウトの行為を構成したとそのとき感じたという。どんな発言がきっかけになったのだろう？「僕、ゲイなんだ」に類した言葉でないことは確かだ。そんな言葉は彼らにとってはあっけない滑稽な急落法（ペーソス）〔滑稽な龍頭蛇尾〕でしかなかっただろうから。この状況で、この男性にとってのカミング・アウトを構成したものは、彼自身について、「カミング・アウト」というフレーズを使うことだった。彼らは、さりげなさを装って、誰か別な人に対してカム・アウトしたということに触れたのだった」（Sedgwick 1990 = 1999: 12　強調原文）

（7）告白とカミングアウトの差異に関する理論的検討のうち重要なものとしては、金田（2003a）。

（8）本書では積極的にとりあげないが、これは日本に限った事情ではない。翻訳と輸入のプロセスを考えると、むしろ英米圏でこのような議論があり、それが日本でも言われたと考えるべきだろう。カミングアウトを「個人の／私的な／公的な」（Eichberg 1990: 41）、「自身に／他の同性愛者に／それ以外の人々に」（Weeks 1990: 192）「自身に／他者に」（Herdt & Boxer 1996: 209）対するものとする記述を確認した。

（9）もちろん皆無ではないだろうが、筆者は一例しか見つけられなかった。伊藤ほか（2003: 120　簗瀬の記述）における「自分への」カミングアウトの記述がそれである。

（10）ゲイアイデンティティがゲイコミュニティによって可能になったと論じる研究として、デミリオ（D'emilio 1983）。

（11）ゲイ男性の解放運動におけるこの政治的プロジェクトの詳細についてはアルトマン（Altman 1993 = 2010）の第一章を参照。現在の日本では見られないような（本文中で「九〇年代のカミングアウト」と称したような）カミングアウトという語の使用法が見られる。

（12）ゲイコミュニティとゲイアイデンティティの間の齟齬や軋轢については第五章を参照。

(13)　ゲイ男性が単にゲイアイデンティティを獲得できると主張することは、筆者がゲイ男性に関して本質主義的立場をとっているということではまったくない。仮に本質主義という言葉を用いるならば、現代はゲイ男性が「本質主義的リアリティ」を生きざるをえない時代である、と表現することも可能だろう。たとえば「戦略的本質主義」(ヴィンセントほか 1997)という言葉は、構築主義者として本質主義の立場の利点に言及しているものと解釈が可能だが、本書ではまったく逆に、本質主義の立場が抱える困難を指摘している。

第五章　ライフスタイルという問題

——雑誌『Badi』の分析から

1　特定のライフスタイルへの同化？

第四章で明らかになったのは、総体的なつながりは特権的な他者とのつながりに到達するための通過点としてはもはや感得されていないということであった。総体的なつながりは特権的な他者とのつながりのためのものでありかつない、という状態にはなっておらず、したがって「圏」のゼマンティクは成立していないとすでに結論づけることができる。しかし、カミングアウトという題材からは、特権的な他者とのつながりのための、という要件を外された意味での総体的なつながりに対してでさえ、ゲイ男性個人がアクセスする経路が安定的に成立していないのではないか、という疑問も導き出された。そこで本章では、ゲイ男性と総体的なつながりの間の接続について、それが順接的になされているのかを考察する。

すでに述べたように、総体的なつながりが特権的な他者とのつながりのためのものでない、というリアリティを存立させるためには、特権的な他者とのつながりとは無関係な諸要素が総体的なつながりの中で保持されている必要がある。したがって、第四章の記述から発生したゲイ男性諸個人と総体的なつながりの接続に関する疑問は、総体的なつながりにおいてなにかを個々のゲイ男性が共有しているかという論点に置き換えることによって、よりいっそう「圏」のゼマンティクの存否と結びついた問題として考察することができる。すなわち、ゲイ男性が、総体的なつながりの中で共有されている諸要素を自身も保持しており保持することに抵抗がなければ、ゲイ男性個人と総体的なつながりは（少なくとも「圏」のゼマンティクを可能にする条件を満たしているという意味で）順接していると考えることができる。そこで本章では、総体的なつながりにおいて諸要素の共有が可能になっているのかを問う。だがしかし、ここでも個々の内実の列挙に記述の重心はない。では諸要素についてどのように本章でとりあげればよいか。以下の引用を糸口に本節で考察する。

「ゲイファッション通信」（『Badi』2005. 9: 34）(1)
「オカマの琴線に触れそうな新作連ドラ」（『Badi』2006. 3: 78）
「ＰＶはゲイ臭プンプン」（『Badi』2006. 3: 82）
「ゲイのライフスタイルに役立つ、今月の５冊を紹介!!」（『Badi』2006. 11: 95）

ここに挙げられたいくつかの表現は、ゲイ雑誌『Badi』に掲載されている記事から抜き出してきたものである（雑誌『Badi』については3節で述べる）。ファッション、テレビドラマ、ＪポップのＰＶ、小説へのゲイ男性独自の視点や感性、裏から言えばゲイ男性特有のライフスタイルにとって各記事で取り扱われた題材がいかに有意味な関連をもっているかをこれらの表現は示している。

そしてこれらの表現は、男性のエロティックな写真へのキャプションでもなければ、テレビドラマに登場するゲイ男性への言及でもない。これらの表現は性的欲望や性行為に関するものではないのである。また「ライフスタイル」もセクシュアリティのことを指してはいない。特権的な他者とのつながりとは無関連の要素に関する集合性や同質性の存在が論点なのである。ここで改めて、ゲイ男性のセクシュアリティに回収されない生活上の特定の形式ないし傾向性と信憑される事象を総称してライフスタイルと本書では呼ぶことにしておく。この用語法にしたがえば、本章が取り組むべき課題は、この共通のライフスタイルを諸個人が保持しているといえるかを検討することとなる。

第四章ですでに、現在のゲイ男性は、そのアイデンティティをゲイ男性の総体的なつながりにおいてなにごとかを共有することとは独立に獲得することができるとの想定が示唆された。したがって、ある人物がゲイ男性ということとその人がゲイ男性に共有されると想定されるライフスタイルを選択することの間には、大きな乖離があると仮説を立てることができる。上記の引用における、ゲイ男性特有の、ゲイ男性なら共有しているであろうライフスタイルは、実際には共有されていない、との否定的な結論が予想されるのである。

もちろん、具体例によってこの結論を正当化することは容易である。「ゲイなんだから二丁目に行かなきゃ」「ゲイのくせにオネエ言葉もしゃべれないの?」、あるいは逆に「二丁目に行くゲイはちょっと…」「オネエ言葉をしゃべる人と同じゲイだと思われると困る」といった発言は、このように直接的な表現ではないにせよ、かなり多くのゲイ男性が耳にしたことがあるだろう。これらの発言によって、確かにゲイ男性に共通のライフスタイルとされるもののうち特定の要素について、その共有のされなさを示すことはできる。しかしこれでは、ゲイ男性と総体的なつながりの接続一般に対する知見とはならない。むしろ、ライフスタイルという、より一般的な次元そのものに記述の力点を置くことで、特定の要素に肩入れしない(言及しないわけではない)記述が可能になるだろう。

したがって、本章では、ゲイ男性が無意識のうちに、漠然とした形で対峙しているであろうライフスタイルについて論じる。その際、資料としてゲイ雑誌『Badi』を選択する。

具体的には以下のように記述を進める。2節では、理論編として「懸命にゲイになる」ことというフーコーの表現をめぐる既存の議論を整理する。3節では、ゲイ男性諸個人と総体的なつながりの関係性の接続(の失敗)について、ゲイ雑誌『Badi』を題材に検討していく。その上で、この方法の可能性を2節の議論と突きあわせ、両者の重なる地点により原理的な困難が隠れていることを4節で考察する。最後に5節で、この困難を「圏」のゼマンティクの成立不可能性に引きつけて論じる。

2　フーコーの「曲解」

本節では、フーコー（Foucault 1982a = 1987: 41）が用いた「懸命にゲイになる」という表現がゲイ男性についての（アカデミックな）語りにおいていかに「曲解」されたかについて理論的に検討し、そこにゲイ男性のライフスタイルをめぐるどのような前提が働いているかを示す[2]。ではなぜ唐突にこの表現を検討するのか。それは、この表現の解釈の多くが、ゲイ男性諸個人がゲイ男性のライフスタイルを保持するという想定をもっているからである。いわば、以下『Badi』の検討と正反対の議論を追いかけることで、『Badi』の立場をより強く浮き上がらせる準備をすることが本節の目的である。

したがって本節および本章はフーコー自身の議論を詳細に検討すること自体を目的とするものではない。しかしフーコー自身の議論をある程度正確に理解しておくことは重要でもあり必要でもあるので、まずフーコーのインタビュー集、『同性愛と生存の美学』中に現れるこの「懸命にゲイになる」という表現の意味を改めて確認する。その上で、この表現がいかに「曲解」されたかを本章の議論に資する形で論じる。

同性愛／ゲイ

まずは、「懸命にゲイになる」という表現がどのような文脈で用いられ、どのような内容を指し示しているかをフーコーに寄り添った形で確定しておく。「曲解」がいかなる意味で「曲解」なのかを論じるためにも、この作業は不可欠である。

ゲイであること、それは生成過程にあるということであり、さらにご質問にお答えするため、同性愛者になるべきなのではなく、しかし懸命にゲイになるべきなのだと付け加えましょう。(Foucault 1982a ＝ 1987: 41)

ここでまず注目しなければならないのは、フーコーのいうところのゲイは同性愛とはまったくの別物である点である。(3) フーコーがさまざまな箇所で述べているように、それは単なるセクシュアリティの一形態ではなく、「生の様式」(Foucault 1984→1994b ＝ 2002: 256) なのである。

しかし、「生の様式」という言葉でなにを指し示しているのかに関して、日本語におけるゲイという言葉のニュアンスを読み込んでしまうとおそらくは間違いを引き起こす。日常的な日本語におけるゲイという言葉はほぼゲイ男性のことを指すが、フーコーにとってはそうではない。フーコーによると、ゲイたちとは「〈同性愛―異性愛〉というカテゴリー化から脱出することで重要で興味深い一歩をするした」人々であり、したがって、新しい関係様式や存在方法が生み出されることによって「ゲイ文化は単なる同性愛者のための同性愛者の選択ではなくな」り、「ある程度までも異性愛者にも置き換えることができるようなさまざまな関係が生み出される」ことをフーコーは期待している (Foucault 1982b →1994a ＝ 2001: 122)。誤解を恐れずにいえば、フーコーにとってのゲイとは、日常的な日本語における「ゲイ」の意味であるところのゲイ男性とは関係ない、あるいは少なくともゲイ男性の話題とはかなり遠ざかっている。

したがって、「懸命にゲイになる」ことは、フーコーの議論の表層においては本章冒頭で示したようなゲイ男性のセクシュアリティあるいはアイデンティティとライフスタイルの乖離をなぞる議論となっている。次項では早速フーコーのこの表現にまつわる「曲解」を「コミュニティ」という概念との関連から明らかにしていく(フーコーの議論自体の是非については本章注 (4) 参照)。

「コミュニティ」概念との接合

前項では、フーコーの「懸命にゲイになる」という表現におけるゲイという言葉が、ゲイ男性という意味ではなく、ある生の様式を指し示すことを確認した。しかし、フーコーを明示的ないし暗示的に用いつつ「ゲイになる」ことを述べる文章においては、しばしば日常語における「ゲイ男性」という意味が密輸入されてしまっている。

たとえば、題名に「懸命にゲイになること」という表現を掲げ、フーコーにかなり依拠しながら書かれた（とされている）河口（1997）には、次のような表現がある。

「同性愛」あるいは「ゲイ」「レズビアン」という位置から語るとき、いわゆる「クローゼット」から出る行為、つまり「カム・アウト」することが必須となる。私は、カミング・アウトという行為は、「ゲイである」ということに気づき、さらに「ゲイになる」ためのひとつの過程であると考える。（河口 1997: 190）

カミングアウトについては前章で考察したのでここではとりあげないが、上記の引用でいわれていることがフーコーの述べようとしたことと明らかに異なることを指摘できる。「懸命にゲイになること」をタイトルとしフーコーの議論に依拠するならば、同性愛とゲイという表現は「あるいは」という言葉で結ばれてはならないのである。また「ゲイである」ことに気付くことが「ゲイになること」だというのは、「生の様式」の創造というフーコーの主張の表層からすら遠く隔たっている。

しかし、本節で強く述べたいのは、フーコー読解の正確さについてではない。先の引用の後に、河口（1997: 191）は「フーコーの言う新しい生の様式は、この「コミュニティ」、つまりゲイやレズビアンのコミュニティのあり方、さらにそこで追求する自らの存在の様式」ではないか、と述べている。また、これも第四章でとりあげたが、カミングアウトに関して、「カミング・アウトは、個人個人が、レズビアンとゲイのコミュニティを構成する関係領域に入っていくという、生成、レズビアンあるいはゲイになることのプロセスと考えられる」（Blasius 1992＝1997: 219　強調原文）と述べる論者も存在する（ブレシアスはフーコーに師事している）。つまりここでは、フーコーのいう「懸命にゲイになる」ことが「コミュニティ」のあり方へと理論的に接続されているのである。

重要なのは、河口の記述において重視されているのが、ある男性が同性愛者「である」こと（河口の論理ではすなわち「ゲイである」こと）ではなく、そこに上乗せされている、「コミュニティ」内で発明される生の様式と個人のアイデンティティの一致だという点である。フーコーにおいては、男性同性愛者とゲイを概念上分離することによって、ある男性がゲイではないが男性同性愛者であるという事態は捕捉可能であった。(4) しかし河口においては、先の引用からわかるように同性愛とゲイ概念は事実上同義である。したがって、男性同性愛者は例外なく「コミュニティ」へと連結され、またそれが望ましいこととされるのである。

もちろん、河口のこの文章が書かれた一九九七年の時代状況に鑑みれば、個々のゲイ男性をゲイ男性の集合性に引き入れることが最優先課題であったゆえ、河口の論述には十分な政治的意義がある。しかし同じ論文の中で河口が「コミュニティのあり方」の「答えはまだない」（河口 1997: 191）と述べていることからわかるように（第三章の「未完成」語りを参照）、「コミュニティ」参入の推奨は、参入先の推奨が逆説的にも空位とされることによって、「郷に入れば郷に従え」という規範を発動させない、その意味で望ましいものとして成立可能だったのである。

しかし、第四章で述べたように、現在のゲイ男性は「生の様式」とは無関連な、つまりフーコーの用語法とは関係のない、単なるゲイ男性としてのアイデンティティをもつことができる時代に生きている。しかも、これも第四章で述べたように、ゲイ男性の「コミュニティ」は、もはや単独に「コミュニティ」として成立している。したがって、ここで河口がいう「追求」とは、フーコーのいう「発明」とは異なり、単なる順応になる危険性を抱えているのである。しかも、第三章で述べたコミュニティという表現の理想主義的傾向を想起すると、これは単にゲイ男性がゲイコミュニティの様式に染まっていくのではなく、染まっていくべきと読み込まれる可能性すら存在する。(5) フーコーの主張であったところの「懸命にゲイになること」が、現在においては解釈いかんによっては「同化圧力」になりうると指摘できる。「懸命にゲイになる」ことはゲイ男性特有のライフスタイルに順応することと等号で結ばれてしまう危険性があるのである。河口の発言の文脈とその意義を押さえた上で、しかしフーコーが同性愛とゲイを差異化することで確保しようとした断絶が極小化されてしまった点を看過してはならない。諸個人と集合性の間に走る亀裂を、一九九七年の河口に逆らって問題化しなければならない。

以上の議論から、フーコーの「懸命にゲイになるべき」との議論の「曲解」が、どのような理論的前提によるもので、それがいかなる危険性をもつかを次のようにまとめることができる。「懸命にゲイになる」とはゲイコミュニティへの参入（河口自身はクローゼットから出るという表現を用いるが）、さらにはそのコミュニティ特有のライフスタイルに順応することを実質的に指し示すゆえ、「懸命にゲイになる」こと＝「郷に入れば郷に従え」規範となるリスクを抱えるようになってしまう。いわば順応を強制するかのようになってしまうのである。

したがって「懸命にゲイになる」という表現の解釈は、本書が問題化している、共有性の規範化や同化圧力の発現の可能性を開く。本章の記述は、このような議論の方向性と逆向きの実践に着目していく必要があるだろう。以下検討するのはそのような言説実践である。

しかし、河口の議論を単に批判することはできない。なぜなら、河口はゲイ男性（にまだならない人物）がゲイコミュニティ、本書の言葉づかいでは（総体的な？）つながりへ「参入」するという要素に着目しているからである。この着想はゲイ男性とその共有しているとされるライフスタイルが独立して存在しているとの想定に接続し考察を深める可能性をも開いている。ゲイ男性がゲイ男性同士のつながりへと「参入」する点に着目することで、それが（「参入」以前のライフスタイルを捨てての）同化なのか、そうでないのかを論じることができる。

したがって以下の実際の分析においては、諸個人が総体的なつながりに「参入」すること、そこで特定のライフスタイルにしたがっていくこと、これら二つの事態がどのように記述されているかに着目することが重要である。

3　ゲイ雑誌『Badi』の分析

この節では、本章がとりあげるゲイ雑誌『Badi』と具体的な論述の仕方について述べ、実際に分析を行う。

『Badi』というメディア

ゲイ雑誌『Badi』についていくつかの点を指摘し、本章がなぜこのゲイ雑誌をとりあげるかの理由を述べる。

ゲイ雑誌『Badi』は一九九三年一一月に創刊され（『Badi』2007. 7: 53）二〇一二年現在まで刊行されている月刊誌である。インターネットのない時代には、「あのころ隠れて読んでいたバディだけがゲイの情報を得る手段でした」（『Badi』2007. 6: 566）というように、ゲイ男性にとってのライフラインとしての役割を果たし、インターネット上のゲイサイトの乱立などによってほかのゲイ雑誌が軒並み廃刊を余儀なくされる中刊行を続ける、現在もっとも「売れて」いるゲイ雑誌である。毎号約六五〇ページのかなりボリュームのある雑誌であり、グラビアおよびゲイＤＶＤの紹介などが約七〇ページ、毎号の特集および連載記事（これらは書き手の特定が可能な署名記事とも言えるものである）が約二四〇ページ、コミックおよび小説の連載が約七〇ページ、残りは企業などの広告が約二七〇ページ、という内訳になっている（本章で扱う範囲のもの。近年は付録ＤＶＤも存在し、二〇〇九年には判型を含めた誌面の大幅リニューアルが行われた）。文字資料およびビジュアル資料として残しうる紙メディアの中では現在のゲイ男性をめぐる状況についてもっとも多くの情報量をもつものといえる。

ただし、『Badi』が本書にとって重要なのは単にほかの雑誌などよりよく「売れて」いたり、内容が包括的であったり、もっともよく受容されていたりするからではない。もしそれが理由ならば、インターネット上のゲイサイトなどを取り上げる方が重要であるし、仮に『Badi』が多く読まれているとしてもそれはグラビアなどが目的であって、テキスト部分は読み飛ばしているのではないか、といった受容の様相に関する問いが当然問われなければならない。しかし本章にとって真に重要なのは受容の様相ではない。端的にいってしまえば、本章がこの雑誌をとりあげる理由はその「うたい文句」にある。

ゲイによるゲイのためのゲイ雑誌を作ろうと、12年前にスタートしたのがバディです。当初は「強い男のハイパーマガジン」という男臭のプンプンするうたい文句を引っ提げた野郎色の強い雑誌だったんですね。自分が入社したのはそれから4年後の九〇年代末、ゲイブーム終焉前で、「僕らのハッピーゲイライフ」という新たなキャッチに衣替えし、ゲイライフを積極的に楽しもうというポジティヴ思考を全面に出した時期。それはバディがゲイシーンと共に成長してきた大切な軌跡でもありました。ここ数年は、「GAY LIFE MAGAZINE」というニュートラルなスタンスに立ち、エンターテインメントに徹した記事を中心に誌面作りをしてきました。

（『Badi』2006. 5: 646）

この引用から明らかなように、『Badi』という雑誌が本章にとってもっとも重要なのは、それが本章の準拠点とするゲイ男性のライフスタイルという言葉とまさに重なる「ゲイライフ」といううたい文句を掲げているからである。さらに言うならば、このようなうたい文句を掲げる『Badi』が、「ゲイライフ」という視点を中心においた誌面作りをしていることこそ、本章における論述にとって重要な要素なのである。

ただし、ここで付け加えておかなければならないのは、『Badi』の中に現れる典型的なゲイのライフスタイル像を浮き彫りにすることが本書の目的ではない、ということである（繰り返すが、そのような目的のためならばほかに適した分析対象がいくらでも存在する）。もちろん、『Badi』の誌面はグラビアから海外のゲイをめぐる政治状況についてのレポート、ＨＩＶについての毎号の掲載など(6)まで含む、日本のゲイシーンを包括的に知る文字資料としては最適のものである（号によっては地方都市の特集もしている）。しかし本書にとって重要なのは、さまざまな記事の書き手が「ゲイライフ」をうたい文句にする雑誌の誌面に顔を出すことによって、彼らがゲイ男性に対して特定のライフスタイルを教示し伝達するさまを見ていくことである。言い換えるならば、伝達や教示の内容ではなく、伝達や教示のありように再帰的なエージェント（書き手）の文章をもっとも多く引き出せるという意味で、「ゲイライフ」をうたい文句にした「雑誌」こそが分析対象として最適なのである。

以上のような方針にもとづいて、本章においては、『Badi』という雑誌に掲載されている記事を分析していく。したがって、本章では雑誌全体の約四割弱を占める、特集や連載などのいわゆる署名記事の中からライフスタイルの教示や伝達にかかわると判断できる文章を筆者が抜き出して分析していく（目次によれば、これらの記事は「Life Tips」としてカテゴライズされている）。具体的で典型的な「ゲイライフ」の内容ではなくそれらを語る語り口に焦点を定めることが重要だからである。またそれゆえ、雑誌全体を代表させうる典型的な引用を積み重ねていくよりもむしろ、総体的なつながりに「参入」すること、そこで特定のライフスタイルにしたがっていくこと、これら二つの事態がどのように記述されているか、という前章で画定した着眼点にもとづいて引用をおこない、典型的な「ゲイライフ」の内容記述によっては到達できない思索を誌面から引き出すことを主眼とする。

なお、筆者の入手可能性により、本章では二〇〇五年九月号～二〇〇七年一〇月号までの二六号、約二年分の雑誌を分析する。この時期は、本書の言葉づかいにおける「現代」にあたる。通時的な変化を分析することが主眼ではないので、分析対象としては帰結の妥当性を十分確保しうるだけの分量だといえる。

「初心者」に教える役割

ぼくらには教科書がない。ぼくらのことを教えてくれる学校もない。ぼくらがどう生きているのか、ぼくらがどう年を取っていくのか、それを次代に伝える術を、黙っていたらぼくらは永遠に失ったままだ。（…）ぼくらはぼくらを教科書にする。みんながみんなの目撃者になる。（『Badi』2006. 10: 304）

この表現からもわかるように、『Badi』の誌面においては知るものが知らないものへ（あるいは互いに）教える、伝えるといった要素が強く（そして時に自覚的に）要請されている。新しい人々が「参入」してくることを前提として、その人々にライフスタイルを教示し、伝達することが自覚的に選択されているのである。

『Badi』が教示と伝達の役割を果たしていることを強く示しているのが、誌面に繰り返し現れる「初心者」に対するアドバイスのような記述である。たとえば、東京で行われるプライドパレードとの関連で、新宿二丁目を紹介する記事には次のような文章が繰り返し登場する。(7)

イベントは初めてだったり二丁目自体初めてというアナタでもOKな、東京のゲイスポットガイドをお届け！（『Badi』2005. 9: 31）

初めて二丁目に行く方にもオススメのゲイフレンドリーな飲食店を（…）ナビゲート！（『Badi』2005. 9: 36）

そのほかにも、「初の新宿二丁目を体験してきました」という投稿者に対してコメントする記事（『Badi』2006. 5: 316）や、クラブイベントの紹介記事に「初心者のキミに最適！」という紹介文が載るなど（『Badi』2005. 9: 45）、とにかく『Badi』には（性行為とは関係のない領域における）「初めての」系の記事が多い。「初心者」としての最初の一歩のハードルが高いことを自覚し、それをなるべく下げようとする文面が多く掲載されている、ともいえるだろう。「初めての」系の記事から見てとれるのは、ゲイ男性がゲイのライフスタイルに接続する際の「ジャンプ」を『Badi』が手助けしていることである。

しかし気をつけなければいけないのは、これらの「初めての」系の記事は、「初めて」なにかをしたりどこかに行ったりする人間が、すでに男性に性的関心があることを前提にしている、あるいは性的関心とここで「初めて」なされる行為を切り離している点である。つまり、ここで「初めて」のハードルが高いと認識されている行為は、セクシュアリティとは別のものであり、初めてか初めてでないかの切断線は、セクシュアリティにおいてではなくライフスタイルにおいて設定されている。ライフスタイルを本書の言葉づかいにしたがって総体的なつながりと置き換え裏側から表現すれば、ゲイ男性諸個人と総体的なつながりの間には乗り越えるべき切断線が存在すると信憑されているのである。

ブラックボックス化するライフスタイル

しかし、乗り越えるべき切断線があったとしても、『Badi』が乗り越えを手助けしているのであれば、個々のゲイ男性が総体的なつながりへと接続するための大きな障害にはならない。しかし、実際に『Badi』の誌面から明らかになるのは、この切断線がどこに設定されているのか自体が『Badi』の誌面において争点となってしまっていることである。すなわち、そもそもいったいなにを教えればよいのか、教えるべきなのかについての指針が存立していないのである。

まずは、『Badi』において、ゲイ男性のライフスタイルに関する特定のイメージがどのように伝えられているのかを捕捉しておく。まず、ゲイ男性にしか通じない独特の用語について解説している箇所は少なくない。投稿者からの「ゲイ用語を教えて！」という相談に対して、いくつかの語について解説している記事（『Badi』2005. 9: 348）などの明示的なものが存在する。他方、記事全体を読むとある用語の意味や含意がわかるようなものが存在する。本章の冒頭に引用したような表現も、このようなスタイルを踏襲したものと言えるだろう。したがって、ゲイ男性のライフスタイルは、明示的であったり暗示的であったりしながら、『Badi』の読者に対して伝達される。言い換えれば、『Badi』はゲイ男性のライフスタイルを知らぬ間に教える媒体となっている。

しかし、このような教示と伝達の中でも暗示的なものが肥大化すると、「典型的な格好」のゲイ男性（『Badi』2005. 10: 92）といった言葉が、その意味内容がわからないまま流通することになる。（『Badi』に限ったことではないという留保はつけつつも）ゲイ男性のライフスタイルに関する知識が、イメージとして形成される形で受け手の側に伝達されていく。

ただし筆者の主眼は、教示や伝達が明示的になされないこと、やや乱暴に言い換えれば「洗脳」の実践を否定することではない。明示的であれば「初心者」の側も自覚的に受け入れるか受け入れないかの選択ができ、また明示的である方がハードルは低くなるだろうから、ある種の同化圧力を減圧させるためにもなるべく教示と伝達は明示化されるべきだと筆者は考えている。しかしここで問題にしたいのは、教示と伝達の内容がブラックボックス化することで当のコミュニケーション自体が不全を起こしていると、教示し伝達する側の者（ここでは『Badi』の執筆者）が考えているのではないか、という点である。「参入」のサポート機能の失効がすでに問題視されているのである。具体的には以下の二点が挙げられる。

第一に、さまざまなガジェットは「一種のお約束」（『Badi』2005. 11: 362）にすぎない、というように、ブラックボックスに封じ込められる形で教示され伝達される内容の過剰さにゲイ男性が気づきだしている。しかし、このことを単純に同化圧力の軽減と考えることはできないだろう。多くの人が信憑していないにもかかわらず当の「お約束」が流通し続けていることは、「我々のいうとおりにする必要はないよ」という発言が時に脅迫的なニュアンスをもつことからもわかるように、受け手の自由をもっとも強制的で巧妙に奪う同化圧力のかけ方ともいえるからである。少なくとも、人々が信じていない「お約束」が教示され伝達されることに特有の危険性があることは指摘しておくべきだろう。

第二に、ブラックボックス化することによってそもそも教示や伝達が失敗している、というケースの発生が気づかれていることである。この問題がもっともわかりやすい形で噴出したのが、イカニモ系とはいったいどのようなゲイ男性のことを指すのか、に関する記事である。「イカニモなんてもう古い？」（『Badi』2005. 12: 43）との表現もあるこの号では、「ゲイ文化を身につけた人々」「ゲイっぽさを体現した存在」という意味のイカニモ系の人々が具体的にどのような人であるかが、細かく説明されている。裏返せばこの記事は、イカニモ系と呼ばれる人々がいかなる意味で「いかにも」なのかのイメージの伝達が決定的に失敗していることへの気づきを逆説的に示してしまっているのである。(8)

着地点としての「若ゲイ」

では、『Badi』においてはこの種のディスコミュニケーションの原因がどこに求められているのだろうか。端的に言ってしまえば、原因は「世代間の差」、より正確には「若ゲイ」と呼ばれる二〇〇五～二〇〇七年当時一〇代から二〇代のゲイのもつ新しい感覚に求められることになる。「今の若いゲイは感覚が違う」(『Badi』2005. 12: 43) のである。『Badi』には、この種の世代差を語る語りが溢れている。

　とある注目のゲイイベントを取材してきた若きスタッフが「なんかがんばってる人って30代なんですよね～」とひと言。積極的に企画を運営したり、ものを作ったり、新しいことにトライしようとするのは九〇年代のゲイブームを体験してきた連中で、それ以降のゲイは常に受け身の状態。ゲイカルチャーにゲイネスを求めないこうした世代に、バディもどうやってかかわっていくかが、今後の大きなテーマのようで…。(『Badi』2005. 11: 641)

　彼ら（引用者注：若いゲイ）にとっては、「ゲイ」であることは当たり前の条件でしかなく、その属性を通じて何かを表現したり、主張したりというきっかけにはならない（…）(『Badi』2005. 12: 92)

　「若ゲイは本当に悩んでいないのか？」「最近の若い子は、ゲイだからって悩んだりしなさそうよねェ」(『Badi』2005. 12: 418)

今、新旧の価値観の違いやライフスタイルの違いが大きくクローズアップされてます。(『Badi』2005. 12: 693)

「若ゲイ」のもつ新しい感覚とそれより年上の世代との感覚の違いがある種のディスコミュニケーションの原因とされている。(9)

しかし急いで付け加えておかねばならないのは、『Badi』はこの世代差に対して俯瞰的な視点から記述する立場をとるというよりは、上の世代(二〇〇五〜二〇〇七年において三〇代の世代)の側から発言しているように思われる点だろう。二〇〇七年にバブル期を回顧する特集を組むところなどは(『Badi』2007. 7: 51)、「ライフスタイルの開拓者」(『Badi』2007. 2: 299)(10) としての三〇代ゲイに視点をおく、当時の『Badi』自体の三〇代的メンタリティの発露と捉えることができる。

『Badi』の視点自体が世代的限定をもつものだとすると、『Badi』自体がある種のライフスタイルを提示することに一定の留保が必要となってくる。あるいは、その偏り自体にどこかで自己言及しなければならなくなるのである。

ゲイモノには直球でゲイなものと、感覚的にゲイ好きするものがあります。オタゲイ(引用者注:『Badi』内のコーナー名の略称)は後者をテーマにしてますが、そうした感覚傾向が生まれるのには、社会状況が大きく関わっているので、世代や地域などによってズレが生じやすいんですよね。だから「偏向型オカマアンテナ」だったりします。(『Badi』2006. 5: 649(11) 強調引用者)

ここでの主題はある種の感覚(嗜好)であるが、この記述をライフスタイルに関するものとして拡大して読み解くことは可能だろう。ここで行われているのは、ゲイ男性の人々にある種のライフスタイルを伝えながら、その一方でその伝達そのものを相対化することをも伝えてしまうような、あるいは伝えずにはいられない、ある種の「倒錯」したコミュニケーションなのである。

しかしこのことは、単なる失敗のフォロー、という形にはとどまらない。むしろ、教示し、伝達しなければならないことに自覚的でありつつも、同化の危険にも自覚的であるがゆえ、あえて世代差によるディスコミュニケーションを主題化することによって、「私たちの伝える通りにあなたたちがなる必要はない」との主張が可能になっている。それは「ライフスタイルの開拓者」であった三〇代的メンタリティの体現であるところの『Badi』が獲得した、「若ゲイ」たちに向けての誠実さである、といえる。「郷に入れば郷に従え」の息苦しさを誰よりよく知っているのも、また「ライフスタイルの開拓者」たちなのである。

4　接ぎ木の原理的困難

本節では、前節での分析結果をさらに考察していく。まず前章での分析の終着点であるところの「世代論」が当の『Badi』内の記述によって覆される点を指摘し、さらなる考察の必要性を述べる。その上で前節の議論と『Badi』を結ぶライフスタイルという問題系をめぐる、より原理的な問題の存在を指摘する。

世代論は結論となりえない

前節での分析では、ゲイ男性のセクシュアリティからライフスタイルへのジャンプを手助けするエージェントとしての役割に自覚的である『Badi』が、世代間の差に起因するある種のコミュニケーション不全を想定し、伝達しつつ伝達を相対化する、教示しつつ教示を相対化するようなコミュニケーションによってこの不全を処理しようとしていることを見てきた。しかし、世代論として回収されたこの不全には、実は総体的なつながりとゲイ男性個人の関係性に関する、より原理的な問題が潜んでいるのではないのだろうか。まずは世代論という解を覆すことから、考察をはじめていく。

実は、「若ゲイ」の特殊性をいう前節のような議論は、『Badi』の中の次のような記述によってむしろ疑義を付されている。

（…）若いゲイたちが、「ゲイコミュニティ」とか「ゲイとして」といったくくりで何か積極的に行動するかというと、そうはならない気がする。「ゲイ」というアイデンティティはなくならないだろうが、「ゲイ」であることに過剰にこだわる心性は社会状況の変化とともに今後薄まっていくと考えられる。（『Badi』2005. 12: 92）

つまり、「若ゲイ」にある種の不全の原因としてのなんらかの新しい特殊性を見てとるのではなく、むしろ特殊性を見てとるまなざしのあり方の方が特殊であり、むしろなんらかの「過剰」さを帯びていると考えられると指摘されているのである。もちろん、「ライフスタイルの開拓者」と「若ゲイ」のどちらが真の意味で「過剰」かをここまでの記述から確定することはできない。しかし、そのような世代論から身を引きはがすならば、むしろこの「過剰」さを『Badi』というメディアそれ自体のもつ指向の特殊性につなげて考えることが可能であり、有効であるだろう。「ゲイライフ」をうたい文句にし、ライフスタイルをテーマにすることを、ある種の偶有性をもった「過剰」さとして捉え返すことが可能になるのである。すなわち、前述のディスコミュニケーションは、実際にはコミュニケーションの問題ではなく、実はゲイ男性とゲイ男性のライフスタイルの接続についての問題なのではないか。『Badi』が、そしてより一般的には（三〇代）ゲイ（男性）がいかにコミュニケーションの効率と精度を上げたとしても、ゲイ男性は特定のライフスタイルに到達しようとはそもそも思っていないゆえ、コミュニケーションは成立しない可能性がある。「過剰」という言葉が、はからずもそのような心性を暴露してしまっている。

この「過剰」さを感得させる心性をさらに丁寧に記述する必要がある。第一章でも論じたとおり、特権的な他者とのつながりへの志向性は、現在においては総体的なつながりとは分離しているし、第四章の議論によれば、総体的なつながりは特権的な他者とのつながりへの通過点ではない。しかしこのこと自体は、総体的なつながりの中でライフスタイルが共有されないことの原因ではない。では、「若ゲイ」が「ライフスタイルの開拓者」の示すライフスタイルにしたがわないことを、世代によってライフスタイルが異なるという世代論には回収せず、むしろゲイ男性とそのつながりの間の乖離という現代的な特徴に引きつけて考えるとするならば、どのような条件のもとでゲイ男性の間に共通のライフスタイルが設定されえなくなっているのか。

特権的な他者とのつながりへの志向性の側から事態を捉えることもできる。ゲイ男性の集合性においては「人を性的にし続けている力が働いている」（『Badi』2006. 6: 327）。ゲイシーンにおいて、「人を性的にし続けている力」の働く範囲において性的であれば、ライフスタイルは多様なままで開かれている、というよりも新たに「社会化」される＝偏向させられるのは面倒だ、という考え方はむしろ当然である。したがって、特権的な他者とのつながりが総体的なつながりと乖離しているというリアリティにのっとって前者のみを志向する場合には、少なくとも直接的には総体的なつながりに「仁義を切る」必要はないのである。総体的なつながりが自らを特権的な他者とのつながりへの通過点としないにもかかわらずゲイ男性が特権的な他者とのつながりを志向するという端的な事実は、逆説的にも総体的なつながりの価値を引き下げる。それゆえ、総体的なつながりにおいてなにかを共有することに対するインセンティヴが急落しているのである。

切断線は縫合されない

特権的な他者とのつながりと総体的なつながりが乖離してしまっていることが、特権的な他者とのつながりへのアクセスだけでなく、ゲイ男性と総体的なつながりの順接性をも切り崩している。しかしそもそも、切り崩される以前にゲイ男性と総体的なつながりの間の順接性は存在していたのだろうか。もちろん切断線の縫合が眼に見える形で存在していたとは想定できないから、次のように考える必要がある。すなわち、切断線の縫合が「過剰」として発見されるのは、そもそもそれ以前のゲイ男性と総体的なつながりとの関係性がどのような言説上のリアリティによって支えられていたからなのか。

答えを与えてくれるのが、フーコーの「曲解」に関する議論である。フーコーの「懸命にゲイになる」ことをめぐる主張は、ゲイという生の様式と男性同性愛者の同性愛というセクシュアリティを別物として設定しようとする（と一応は解釈しうる）フーコー自身の記述を離れている。つまり人々がある特定のセクシュアリティを共有したコミュニティへ「参入」することによって特定のライフスタイルを身につける、といった主張へと「曲解」されている。特定のセクシュアリティを保持したゲイ男性個人とライフスタイルの間の関係性や接続の問題は、フーコーにおいては積極的に回避され（ようとし）ていたにもかかわらず、日本のゲイ・スタディーズの文脈において、フーコーの主張は、セクシュアリティとライフスタイルの接続をいう主張へと書き換えられてしまったのである。

ここには、ゲイというカタカナ言葉がゲイ男性と解釈されやすいという、日本における翻訳上の事情もあるだろう。しかし、ゲイというライフスタイル、あるいは『Badi』のうたい文句の「ゲイライフ」といった言葉は、ゲイ男性のセクシュアリティとの結びつきを当然のように想起させてしまうが、フーコーに倣ったものでは当然ない。したがって、ゲイ男性個人と総体的なつながりの無矛盾性がフーコーを持ち出すことによって「正当化」されたことを踏まえると、フーコーの「曲解」はある種の「時代精神の産物」と考えられるべきなのである。

そしてまた、フーコーの議論がコミュニティという言葉とセットで持ち出された点も考えておくべきである。コミュニティという語が総体的なつながりに特化した、その意味で特権的な他者とのつながりと総体的なつながりの乖離を前提としたものであったとすれば、すでに現代的なつながりの様相ゆえの問題、ゲイ男性個人と総体的なつながりの間の切断線は存在していた。したがって、切断線は最初から縫合されえないものとして存在していたのであり、それが縫合できるかのように思えていただけなのである。

ただ、縫合に目に見える実態が伴わない以上、縫合できるように思えること自体、縫合できていることと同義である。その意味で、「曲解」の担い手がほとんど論じていないライフスタイルをめぐる「参入」障壁が『Badi』という雑誌において問題化されたことには、単に以前からあった問題を「発見」した以上の意味がある。少なくとも『Badi』は、フーコーの「曲解」が認識できなかった問いを問い、それを解こうとしているからである。

しかし、あくまでも問いをライフスタイルに関するものとして捉えるならば、コミュニティへの「参入」障壁やディスコミュニケーションという概念で捉えられているところの問題は、新しい問題ではなく、もともとゲイ男性の集合性をめぐる構図に埋め込まれていた問題であるというべきである。考察されるべきは、セクシュアリティの上にライフスタイルを接ぎ木する具体的なやり方の機能不全ではなく、接ぎ木という方法論そのものの原理的困難なのである。

したがって、セクシュアリティの上にどのようなライフスタイルを乗せるべきかが一義的に決まっているように見えた世代（「ライフスタイルの開拓者」の世代）と実際にどのようなライフスタイルを乗せるべきかに関するオルタナティヴが示される世代（「若ゲイ」の世代）の差異に問いを還元する『Badi』の見立ては、どちらも「セクシュアリティの上に」という前提条件を不問に付しており、その接続の齟齬の可能性を捉えそこねている。むしろ、「初心者」である以前に人がゲイ男性でいられるという現代のゲイ男性をめぐる特徴を踏まえるならば、この「初心者」という言葉が排除してしまうそれまでのライフストーリーの重みが、接ぎ木の不全を引き起こすのは論理的必然である。それなりの数のゲイ男性がゲイのライフスタイルに「染まって」しまうことの方がよほど偶然のできごとなのである（あった）とすらいえるのだ。

5　はるか手前での挫折

ここまでの議論をまとめておく。『Badi』というゲイ雑誌に着目することでセクシュアリティとライフスタイルの関係について論じる（1節）とした本章では、まずはフーコーの議論とそれに依拠した論述に関してまとめ

（2節）、その上でのゲイのライフスタイルに関して『Badi』をとりあげて分析した。「初心者」の総体的なつながりへの「参入」を手助けする『Badi』においては、ライフスタイルに関するディスコミュニケーションがあることが問題として浮上しており、『Badi』においてはこの問題が三〇代ゲイと「若ゲイ」の世代差として捉えられていた（3節）。しかし問題の根幹は、ゲイ男性として存在することとゲイ男性同士のつながりに参入することが独立に存在する現代性に根ざすものであり、単なる世代差ではない（4節）。

以上の議論を「圏」のゼマンティクの問題に引きつければ、次のように結論づけることができる。つまり、ゲイ男性は総体的なつながりにおいて特権的な他者とのつながりのためのゼマンティク以外の、したがって社会集団ならどこにでもありうるような「文化」としてのなにかを共有することすらできなくなっている。ということは、特権的な他者とのつながりのためでないものとしての総体的なつながり（それを「ゲイコミュニティ」と呼ぶ人もいるかもしれない）すらも安定的には成立しえなくなっているのであり、その意味で「圏」のゼマンティクの成立可能性は非常に低い。

さらに詳しく述べることができる。第三章と第四章では、特権的な他者とのつながりは総体的なつながりに対して後景化されるか、あるいは切断され排除されていた。また第三章では、ゲイ男性個々人と総体的なつながりとの間に矛盾や齟齬は想定されていなかった。したがって、ゲイ男性個人は総体的なつながりに無矛盾な生を生きつつ、なんらかのジャンプ（より直感的な言葉づかいではどこかでの「暗躍」）でもって特権的な他者とのつながりを達成している、との「物語」が成立していた。しかし第五章で明らかになったのは、そもそも総体的なつながりからも個々のゲイ男性ははじき飛ばされている、という事態である。個々のゲイ男性はもはや、総体的なつながりを通過点として特権的な他者とのつながりへアクセスするどころか、通過点としての役割から独立した価値をもつものとしての総体的なつながりにすら安定的に至ることができないのである。言い換えれば、個々のゲイ男性は総体的なつながりと特権的な他者とのつながりの外部にスタートポイントをおかれ、そこからこれら二つの別種のつながりへ自力で到達するようしむけられている。そもそも言論の構図からして、現在のゲイ男性は集合性、つながりに到達できない位置に（可能的にではなく）現に立たされているのである。逆にいえば、個々人の「世渡り」の力や「コミュニケーション能力」に依拠してつながりが存続するという「ハイパーメリトクラシー」的状況がゲイ男性の集合性において発現していると考えられる。

したがって「圏」のゼマンティクは、成立よりもはるか以前に挫折している。そして二種類のそれぞれのつながりにゲイ男性が安定的にアクセスできない以上、個々のゲイ男性はつながりに対してなにを求めるかにかかわらず、求めていたはずのものに継続的にアクセスできないという困難にさらされることになる。「圏」のゼマンティクが成立しないことは、二種類のつながりのどちらかを求めると他方のつながりが抑圧的に感じられるという帰結をもたらすが、そもそも、どちらか一方に特化してつながりを求めることすら困難を帯びているのである。ゲイ男性個人にとって、二種類のつながりは、そこになにを求めるかということを自覚するとその得がたさが感得できてしまうようなものとして、存立する（あるいは存立しそこねる）ことになってしまっている。

第四章および第五章で指摘されたのは、個々のゲイ男性とゲイ男性同士の総体的なつながり、さらには特権的な他者とのつながりの乖離、そのことによる「ついていけなさ」の発生可能性の極端な増大という事態であった。しかし、本書が指摘し続けてきた乖離に対してまったく対処がなされていないのかどうかは、また別の問題である。確かに、ゲイ男性は総体的なつながりの中で共通のライフスタイルをもちえず、特権的な他者とのつながりは個々のゲイ男性の「魅力」や「コミュニケーション能力」に還元され「むき出し」の選別過程に放擲される（「ネオリベラリズム」が解となる）。ではゲイ男性と二種類のつながりの間に接続の技法はないのか、「圏」のゼマンティクに相当するものは成立していないのか。第Ⅲ部ではその問いに対して、ある種の肯定的な解を出しうる試みを検討していくことになる。

注

（1）　本書中では、『Badi』からの引用に関して括弧内に何年何月号の何ページかを示す形で引用箇所を示す（例：『Badi』2006. 10: 304）。すべての強調は引用者によるものである。また、個々の署名記事の執筆者の名前は挙げていない。執筆者の意見の差異に問いを解消してしまわず、全体として立ち上がってくる問題そのものをつかみたいとの意図からである。

（2）「になる」という表現はゲイ男性に限定されない。たとえばレズビアンに関してフェラン（Phelan 1993）などが述べている。

（3）　そもそもこの発言がフーコー自身の「われわれは懸命に同性愛者になろうとすべき」（Foucault 1981→1994＝2001: 372）という発言を自己批判する形でなされたことからすれば、日常語の用法における同性愛者／ゲイの連続性をかなり強く断ち切った形でフーコーがこの発言をしたことは明らかだろう。

（4）　ただし、フーコーの言うところの「懸命にゲイになる」という表現の文脈に忠実になり、ゲイと男性同性愛者とは別物だと考えればよい、とする考え方も問題を含んでいる。つまり、フーコーは（実際にはゲイ男性の行う営みに焦点化しているにもかかわらず）ゲイという言葉をセクシュアリティから切り離し生の様式に回収してしまうことによって、セクシュアリティとライフスタイルの接続という問題そのものをナンセンスであるとしてあまりにも早急に棄却してしまっているのではないだろうか。フーコーが発言した当時のフランスの状況が本当にそれほどゲイと男性同性愛者の差異に敏感なものであったか、あるいは、フーコーの議論自体の中にほころびがなかったのか（たとえば議論の中心に「新しい快楽」（Foucault 1984→1994b＝2002: 259）をおくことで本当に集合性の設定を回避しえるのかなど）は詳しく検討されるべきである。

（5）　一九五〇、一九六〇年代のゲイ男性向け小説の表紙に見られる「悲しげな若い男性」（a sad young man）像の分析を行ったダイアー（Dyer 2002: 116-36）の考察がここでは示唆的である。ダイアー（Dyer 2002: 116）は、ほかのゲイ男性のいる空間（ゲイバーなど）に参入するという事態をcoming out as going inと呼び、表紙に掲載された男性が「悲しげ」な表情をしていることの一因を、この参入にまつわる心理的なストレスだと分析している。

（6）　毎号にＨＩＶやそのほかの性病に関する情報を必ず掲載しているのは、場合によっては読者のエロティックな感情を損ねてしまうリスクを考慮した上での英断だといえるだろう。この姿勢はすでに評価されていること（『Badi』2007. 4: 598）を指摘しておくことができる。

（7）「初心者」や「初めて」という言葉を使わなくとも，プライドパレードの時期に合わせて新宿二丁目のガイドが掲載されている。（『Badi』2006. 9: 34）

（8）もっとも，この記事に書いてあるとおりの存在こそイカニモ系とするならば，ヘアスタイルや体型・服装から，聴く音楽，観る映画やテレビ番組，読む雑誌，するスポーツ，会話の仕方までを人為的にコントロールしなければならず，「古い」以前に「面倒」である。逆に言えば，それらのコストがコストと感じられない人（それが個人のメンタリティに帰着するのか，特定の世代に帰着するのかは定かではないが）こそ，「真のイカニモ系」なのかもしれないが。

（9）

僕たちの世代だとイベントならイベント単体にコミットしているけど二丁目でゲイとして何かをしていると いう感覚はないように思います。そういうふうにゲイの母体としてのコミュニティを意識できているのは30台より上の世代特有のものかもしれないですね。（伏見編 2005b: 128）

（10）この世代は「団塊ジュニアゲイ」あるいは「槇原敬之の世代」（伏見編 2005a: 38-85）と表現されることもある。また，この世代がそれより上の世代に与えた影響に関する記述も存在する。

彼ら（引用者注：「団塊ジュニアゲイ」より上の世代）は，僕ら世代と付き合うことによって「違う世界」を見た，という。ここで彼らの知っている世界というのは，ゲイ＝セックスのみの関係で，友達関係，パートナーシップ，コミュニティといった関係性を築くことが困難だった世界。（伏見編 2005a: 43　風間景一の文章）

この引用中における「関係」に関する対比は，第三章で取り上げたゲイシーン／コミュニティ，あるいはゲイ世界／コミュニティと重なっている。なお，この世代の特徴として「前の世代に比べて，カミングアウト率が飛躍的に高い」ことが指摘されている（伏見編 2005a: 56）。カミングアウトについては第四章を参照。

（11）ただし，本文中で挙げたコーナーに関しては次のような感覚もある。

「オタゲイ」のような、女優アイテムや「オカマの業」で盛り上がろうというノリも、まだ若い人からもけっこうな支持を集めている。いわゆるキャムプな感覚を共通項にして、ゲイの仲間内で盛り上がれるパターンは、しっかり受け継がれている。とすると、ゲイという箱がまったく面白さを失っているというわけでもない。（『Badi』2006. 5: 307）

第Ⅲ部　つながりの技法

第六章　立ち上がる〈わたしたち〉

1　呼称のポリティクスの裏面

第Ⅱ部では、現在のゲイ男性が総体的なつながりと特権的な他者とのつながりへとアクセスできない隘路のさまを記述した。したがって、「圏」のゼマンティクは安定的に成立せず、「ついていけなさ」は構図上つねに発生する。しかし、「ついていけなさ」が発生するということは、それでも個々のゲイ男性が集合性の側に誘引されているということでもある。この点を見落としてはならない。「個人と社会の対立」を解消しないという社会学の基本的視座は、社会のない世界に個人は存在しうるという視座を棄却する。本書の立場に引きつけて表現すれば、ゲイ男性は存在するがそのつながりは存在しないという認識は、この「個人と社会の対立」を保持する視座から錯誤として棄却される。逆説的であるが、「ついていけなさ」の存在こそ、むしろゲイ男性の集合性の存在を証明している。

したがって次におこなわれるべきは、「ついていけなさ」を発生させつつ危うくも成立しているゲイ男性の集合性が、なぜ危うくも成立できているかを「個人と社会の対立」という口上に逃げずに描き出すことである。もっとも端的にこういってもよい。隘路へと接続しつつもゲイ男性はつながっていくのならば、そのつながり方の中にある、隘路を（完全に解消するのではないにせよ）すり抜けるような実践を探し出すべきなのである。これこそ本書が次におこなうべき作業だろう。第Ⅲ部では、ゲイ男性のつながりの様態の中から、隘路をすり抜けていると思われる実践について論じる。

第Ⅲ部の道筋は次のようになる。まず第五章で困難な事態として描き出された、ゲイ男性個人を包含する総体的なつながりが、それでも最低限の共有すべき要素（＝自らの呼称）のみを保持することによって辛くも存続していることを第六章で明らかにする。その上で、特権的な他者とのつながりのためのあるゼマンティクが、それを「圏」のゼマンティクの成立／不成立という論点に対してある曖昧な答え方をする形で逆説的に可能となっていることを第七章で明らかにする。

本章では総体的なつながりが最低限の共有すべき要素のみを保持することで辛くもつながりとして存続しているそのさまを考察する。しかし、総体的なつながりを考察するためにゲイ男性のつながりの呼称を題材とする点についてあらかじめ述べておく。たとえば、ゲイ男性全員が共有しているとされるライフスタイルを考察することは、すでにそれが「世代差」という形でほころびを見せているため不可能である（第五章）し、ゲイ男性の総体的なつながりを表しているかに思えるゲイコミュニティという語も、実際には理想主義的な含意に満ちている（第三章）。ゲイ男性の総体的なつながりに関する実践であると同時に、つながりの中で共有されたりされなかったりするさまざまな要素よりも基底的な素材が、本章では考察の対象とされなければならない。また、本書の対象は、現時点で筆者が設定したところの、ゲイ男性という枠組に制限されている。この制限を可能なかぎり解除し、外在的な対象設定を覆すために性的指向といった「客観的」な指標ではない要素が考察の対象となるべきである。

そこで本章では、ゲイ男性がゲイ男性たちを呼ぶ、その呼称に着目して考察を行う。すべてのゲイ男性がすべての状況においてゲイ男性を集団として呼ばないで済ますことはありえないゆえ、考えうるかぎりもっとも基底的な要素として呼称をとりあげることには妥当性があるだろう。また、ある呼称を用いて集団を名指しすることは、単なる事実の記述ではなく、それ自体が一つの共有という行為である。この点から考察を始める。

マイノリティは、ある社会的カテゴリーに属する者として、そのカテゴリーを「根拠」に受ける扱いによって不利益を被る。多くの論者が指摘するように、差別とは社会的カテゴリーをめぐって生起する現象なのである（坂本 2005: 19; 佐藤 2005: 21-4）（好井 2005: 15）。さらに、社会的カテゴリーは考察上の抽象的な観念としてだけでなく、往々にして差別語と呼ばれるような具体的なカテゴリー語としても現れることを踏まえるべきである。ある集団を特定の否定的な名で呼ぶこと自体が差別の基本的な形態の一つである以上、カテゴリー語はすでに差別をめぐるポリティクスに巻き込まれている。「差別語を問題にしないで差別を論じる議論など、原理的に不可能」なのである（田中 2001: 31）。

それゆえ、当該マイノリティ集団をどのようなカテゴリー語で呼ぶかは、それ自体重要な問題である。しかし、これまでカテゴリー語の問題は、マジョリティ側（を含むすべての人）が「正しい呼び名」としてどのようなカテゴリー語を用いるべきかという問いとして考えられる傾向にあった（例として宮内 1999）。その例として二つの方法を挙げることができる。第一に、レズビアン、聴覚障害者、ハンセン病患者などといった「政治的に正しい」語彙を使用する、というものがある。主にマスメディアなどで行われるある基準に沿った全面的な言い換えを「言葉狩り」と批判する者も存在するが、しかしこのような論難も、マジョリティ側の立場からなされるのであれば、「望ましいマジョリティ性」を一つの争点としている点で論難の相手と同じ地平にある。

第二に、差別されている当事者が用いる呼び名を尊重する方法がある（塩見 2009: 131）。ある人が「在日コリアン」なのか「在日朝鮮人」なのか、「トランスジェンダー」なのか「性同一性障害の患者」なのかは、一般的に定義することができないし、すべきでもない。個々人の呼び名を尊重することはその人の自己認識を尊重することでもある。しかしこの立場もまた当事者でない＝マジョリティの側からなされている点で第一の方法と地平を同じくしている。もちろん近年では「ろう者」あるいは「クィア」といった、マイノリティ自身が積極的な意義をもたせて用いる、「自己命名権」（石川 1999: 38）の行使のための語彙も存在するが、これらの語もまた多分にマジョリティに向けて発せられる言葉としての側面を含んでいる。

しかし、カテゴリー語がある集団を名指す呼び名であるゆえにカテゴリー語なのだとすれば、マイノリティが、あるカテゴリー語を用いることが当該カテゴリーで表される集団自身の存立にどのように影響を与えるか鑑みてあるカテゴリー語を用いる、という事態がありうる。この点（最低限の共有という事態）こそ本書の問題意識および本章で論じられるべき主題に通じるものである。そこで本章では、当該カテゴリーの成員＝マイノリティ自身にとってのカテゴリー語の使用（あるいは不使用）の意味や効果を、ゲイ男性の言語実践をとりあげて検討する。

もちろん、このゲイ男性という言葉も、一九八〇年代前後からのゲイ・ムーヴメントの蓄積が一九九七年に出版された『ゲイ・スタディーズ』（ヴィンセントほか 1997）前後からアカデミズム内部へと流入してきて以降、運動と学問の双方において、多少なりともシリアスな内容を語る際に選択されてきたカテゴリー語である[1]。序章以降本書でも戦略的に「地の文」ではこの語を用いてきている。しかし、本章では記述の戦略的準拠点として、ゲイ（男性）ではなく「こっち」という言葉に着目する。もちろんゲイ男性やその集団の「同義語」にはほかにもさまざまなものがある（「オカマ」「ホモ」「組合（員）」など）。ではなぜカテゴリー語と呼ぶにはあまりにも無内容に思えるこの言葉を選ぶのか。次節でセクシュアルマイノリティと言語をめぐるいくつかの先行する議論を検討することで、その選択の意義を示す。

2　呼称における〈わたしたち〉の問題

言語とセクシュアリティに関する重要な基本文献である『ことばとセクシュアリティ』（Cameron & Kulick 2003＝2009: 151-6）では、「ゲイコミュニティ」が発達した一九七〇年代から一九九〇年代半ばまでと、「クィア」の視点が広まった一九九〇年代以降ではゲイ男性の集団と言語に関する議論のスタイルが変わったと指摘されている。すなわち、前者では同じ言語（語彙選択や口調の特徴を指す）を話すゲイ男性の集団（「ゲイコミュニティ」）が単純に想定されたが、後者ではその想定が疑義に付され、むしろそのような「規範的な慣習や期待をうちやぶっていく言葉づかい」としての「『クィア』な言語実践」（Cameron & Kulick 2003 = 2009: 188）が研究されるようになったのである。

次段落以降述べるが、ゲイ男性およびバイセクシュアル男性の言語実践は、カテゴリー語の使用一つとっても多様であり、したがって本書も一九九〇年代以降の言語とセクシュアリティをめぐる研究の特徴を自覚的に共有する。しかし「『クィア』な言語実践」の研究という視座は、上記のような流行の推移という点からのみ重要なわけではない。むしろ、現代日本の文脈に直接に関連する論点を提示していると筆者は考える。以下、一つのエピソードを取り上げ、この問題について詳述する。

二〇〇一年六月、雑誌『週刊金曜日』に「伝説のオカマ　愛欲と反逆に燃えたぎる」という東郷健をとりあげた長文記事が掲載された。この「オカマ」という語の使用にすこたん企画というゲイ男性の当事者団体が抗議をしたことに端を発する形で、差別語や被差別表現の判定をめぐる広範な論争が起こった。オカマという語はいかなる文脈においても差別なのか（現にオカマという語を屈託なく用いるゲイ男性やトランスジェンダーの人々も存在する）、またある表現が差別にあたるのかを判定するのは被差別者のみに許される行為なのか、など多様な論点をめぐって議論が活発化した。論争全体の見取り図は伏見ほか（2002）に詳しいが[2]、本書では自称をめぐる論点をとりあげることで、本書の考察への足がかりとしたい。

すこたん企画の抗議自体は、オカマという語の使用に必然性がない（ゆえにこの語の使用は単なる差別にすぎない）というものであり、それに対する反論も東郷健を語るのにオカマという用語は不可欠であるというものであった。しかし、東郷健自身が自らをオカマと語っていたのではないか、またオカマという語を自らに対して用いるゲイ男性にとっては、オカマという語の使用を封じられるように感じられるのではないか、といった意見の表明によって、差別をめぐる論点から派生する形で自称をめぐる問題が議論の中に出現したと筆者は考える。

　自称をめぐる問題とは、次のようなものである。第一に、個々のゲイ男性（およびトランスジェンダーの人々）にとって好ましい自称は、どのような呼称によって差別を受けてきたのかなどの個人史的背景や信条によって異なる。第二に、したがってゲイ男性（およびトランスジェンダーの人々）全体を指す好ましい呼称を設定するのは困難であり、そのような呼称を使用することを要求すべきでもない。

　ではこれらの問題をどのように解決すべきか。上記の論争の中で導き出されたひとまずの結論は、個々人が自らにとって好ましい自称を用いればよい、という前節でも言及した穏当なものである。しかし以下の引用は、この解決策が見落としている、自称がつねに私自身のみを語るというその役割を逸脱してしまう点に触れている。


　ぼくの関心事はもう一歩先にある。ゲイに敵対的でない記事を読んでさえ傷付いたとすれば、それはなぜかという問題である。その場から逃げることなく傷付いた心の内面を見つめ直したとき、いったい何が見えてくるのか。それこそを（ゲイ自身の）問題として立てたいのである。（伏見ほか 2002: 117　平野広朗の文章　強調は原文ゴシック）

　先のオカマという語をめぐる論争に際して書かれた上記の文章は、本章にとって重要である。すなわち、個々のゲイ男性が自分にとって好ましい語を選んで用いたとしても、それを聞いた別のゲイ男性が傷つくということはありうるのである。いわば、自称は自称にとどまることはできず、ほかのゲイ男性へと伝達され、そこで「傷」を生起させうる。

　この点についてもっとも粘り強く考察しているのがバトラー（Butler 1997＝2004）である。特定の言葉、とくに他者への呼びかけの言葉（本書で言うところの「ゲイ」「オカマ」など）が人を傷つけてしまうことに着目するバトラーは、オースティンの言語行為論を批判的に継承しつつ、呼称は慣習によって条件づけられているのであり、呼びかけは慣習に支えられた「儀礼」や「儀式」なのだと論じる。そしてこの論述にしたがえば、慣習が語る時に語っているのは「継承されて来た声の集合であり、「わたし」として語る他の人々のこだまなのである」(Butler 1997 = 2004: 39-41)。

この記述は重要である。「わたし」を語る言葉がすでに慣習という形で他者と共有されてしまっているから、「わたし」が「わたし」を語った言葉は「わたし」という限定を離れて他者のもとへ他者の呼称として届き、その人を傷つけるのである。上記の平野の疑問に対する答えが、すでにバトラーの論述によって明らかになっている。

そして、「『クィア』な言語実践」研究の視座が重要だと筆者が考える理由はここにある。『クィア』な言語実践」において争点となったのは、「誰が、誰を指すための」言語実践かに関する研究者の想定、すなわち「ゲイ男性が、ゲイ男性を指すために」用いられる言語、という単純な図式の錯誤や暴力性であった。むしろ、個々人の多様なコンテクストにおける言語実践と、言語が根本的にもつ集団性の間の錯綜が捉えられねばならないとされたのである。

およそすべての言語が傷を発生させうるというバトラーの指摘をここに重ねあわせることが可能である。「『クィア』な言語実践」においては、「慣習」が「傷」を発生させるという問題がどのように(部分的にであれ)解かれうるのか、別の言い方をすれば言語のもつ原理的な集団性ゆえの意味的な負荷の回避が、学問的にも実践的にも模索されたのである(したがって、バトラーは「傷」を与えるような言語実践を置き換えるのではなく、それを逆手にとるような実践、否定的とされる語のその否定的な含意を肯定的なものへと変容させていくような実践に活路を見出していくことになる)。そこで筆者が考えてみたいのは、この問題提起を引き受けるような実践である。すなわち、言語実践という意味的な負荷にもとづく実践すべてが帰結させうる「傷」を避ける=意味的な負荷そのものを切り下げるような実践について考えたい。この点について参考になるのが、レズビアンの用いる「ギョウカイ」という言葉に関するマリィ(2007: 86-9)の言及である。マリィは、それがなんの業界かに言及しないことが、「はばかりなく」レズビアンコミュニティを名指せる効果を生むと指摘している。

筆者はここから、なにを指すのかを明示しないことによって慣習が傷を与える可能性を極小化する言語実践のポテンシャルを読み解きたい。カテゴリー語の議論に引きつければ、言語の慣習性ゆえの意味的な負荷を引き下げつつ、〈わたしたち〉を上首尾に可能にしていく呼称の選択こそがマイノリティ集団自身に要請されているのであり、この事実から、本書にとっての戦略的準拠点としてゲイ男性が用いる「こっち」という言葉を選択する意義を明らかにすることができる。(3) 慣習としての意味的な負荷が「傷」を与える可能性を考えるならば、さまざまな「同義語」の中でもっとも無内容に思われる「こっち」という言葉こそ、「傷」を避けつつ〈わたしたち〉を立ち上げる効果をもっていると考えられるのである。

3　調査の概要

以上の仮説にもとづき、本章ではゲイ男性またはバイセクシュアル男性一三人（Aさん～Mさん）に二〇〇七年一二月から二〇〇九年八月までに行ったインタビューの内容を分析する。インタビューは半構造化面接の形をとり、「こっち（の世界）」という言葉の意味や用いられる状況に関して、六〇分から一八〇分ほどの時間で語っていただいた。インタビュイーの年齢はインタビュー当時で二〇～五三歳である。また、心理的負担を考慮して何人かのインタビュイーに関してはグループインタビューの形をとってインタビューをおこなったが、インタビュー形式によって個人が特定されるリスクを軽減するために、以下の引用では個人へのインタビューかグループインタビューかを明示していない。

4　婉曲の意味

「隠語」・「ソフト」さ

ごくごく単純に「こっち（の世界）」とはなんですかと問う筆者に、インタビュイーの方々は次のように答える。

Cさん：その意味としては、やはりその（…）同性愛またはその、男が男を好き、みたいな意味で、使う（…）。

Dさん：端的な意味っていうか、まあ、あの、ヘテロじゃない人、ヘテロじゃない、っていう。ヘテロじゃない世界。

ゲイ男性（とバイセクシュアル男性）(4)（のいる世界）という説明が述べられる。レズビアンやトランスジェンダーの人などを含む可能性に言及するインタビュイーも一人存在したが（Eさん）、その方を含めすべてのインタビュイーがゲイ男性またはバイセクシュアル男性（の集団）という意味で「こっち」という言葉を用いていると回答した。しかし、この事実から「こっち」という言葉をゲイコミュニティやゲイ男性（およびバイセクシュアル男性）の集団の単なる言い換えと解釈するのは、本章の問題関心からして不適切だろう。この「婉曲的」（Cさん）な呼び名が〈わたしたち〉を指すために用いられる理由を探らねばならない。

その理由として第一に、「こっち」という言葉のもつ「隠語」としての側面が挙げられる。

筆者：「こっち」の世界っていう言葉も、別に深い意味とかなくて？
Dさん：ただの隠語みたいな。(5)
Lさん：この「こっち」の世界っていう言葉自体、もともと、たとえば「ゲイ」っていう明確な言葉を隠すために、多分「こっち」の世界っていう言葉を使ったと思うんですけど。

ゲイ男性に客層が特化しない飲食店など、異性愛者と接する機会において「俺らゲイがさ、とか言ったら、なんかやっぱりちらちら見るじゃんみんな」とJさんは言う。Iさんは、同じようなシチュエーションでは周りの客が驚いた仕草をするだろうとポーズ付きで示してくれた。このような「周りの人に明示的にばれる」ことを「防いでいる」、「プロテクション」（Cさん）の意味を込めて「隠語的なもの」（Jさん）として「こっち」という言葉は用いられ、「自分がそう（ゲイ男性）であるということを悟られるリスクを回避している」（Kさん）のである。(6)

第二に、文字どおり「婉曲的」であることの利点が挙げられる。「ゲイって言葉はちょっと直接的すぎちゃう」（Mさん）ので、より「ソフト」（Iさん、Mさん）な語彙が選択される。

Kさん：直接的な言葉はあんまり自分自身使いたくないんですよ。ちょっと抵抗があって、で「こっち」というすごい曖昧な表現にすることによって、自分自身言葉をいいやすくしているところがある、と自分では思ってる。

「こっち」という言葉の「ソフト」さや「曖昧」さは、〈わたし〉の名乗りを容易にするものとして肯定的に捉えられている。

「仲間意識」

しかし、「こっち」という言葉を選択する理由が以上の二つだけであれば、「こっち」という言葉は、比較的多くのゲイ男性およびバイセクシュアル男性にとって使いやすい自称であるだけのことであり、〈わたし〉の名に関する知見は導けても〈わたしたち〉の呼び名に関する知見は導けない。

しかし、「こっち」という語彙選択の三つ目の理由は、まさに〈わたしたち〉の問題にかかわるものである。Hさん（韓国人）は次のように語る。

Hさん：今日、話を聞いて感じたのは、やっぱり同じ言葉でも、文化とか人によって捉え方が変わってくるんだなと。たとえば「こっち」だったら、俺の場合は、とくに韓国の場合だったら、（日本語の「こっち」に相当する言葉は）別にただ隠語として使ってるだけで、仲間意識は全くない。だから普通の人に対して、自分を隠すために使ってるだけの言葉。だから、こっち（日本）で話して聞いていると、ある程度仲間意識とかそういうのがあるんだなって思う。それが感じた点。

日本でゲイ男性およびバイセクシュアル男性が用いる「こっち（の世界）」という言葉のもつ「仲間意識」のニュアンスが驚きをもって語られている。そして、日本人であるほかのインタビュイーたちも、まさに「仲間意識」や「仲間」、「身内」といった言葉を用いながら、「こっち」という言葉のニュアンスを語るのである。

Eさん：こっち側にいるっていうのはもうとりあえず自分にとっては、一番ベースのところで、わかりあえてるだろうっていう前提で、身内という感じですかね。

Ｆさん：この言葉（＝「こっち」）自体を使うシチュエーションが、多分、あの、こっちの、ゲイ同士じゃないとまずないと思った。そうじゃないヘテロの人に（…）この言葉を使って話すことがないと思ったので、この言葉は、仲間意識を高めるための言葉。（…）すごくポジティヴなものだな、という風に思った。確かにあっちそっちこっちとかって距離を測る言葉ではあるんだけれども、この距離って（…）離れている人に対して使うんではなくて、一緒の側にいる人に対して使う言葉だと。あの、仲間意識だったりとか、あとはお互いの存在を認めるみたいな、そういった言葉として用いられている（…）。

このような「仲間意識」を、Ｅさんは「抱きしめてる感じ」「手をつないでいるという感覚」「いい知れない親しみ」という言葉で表現した。またＦさんは、「こっち（の世界）」を「内々で使う言葉」と説明した。本章注4におけるＩさんの発言にも「仲間意識」という語彙が現れている。このように、「こっち」という言葉は、〈わたしたち〉を「仲間」として名指す含意をもつ。

このことに関して、「こっち」という言葉のもつトートロジカルな性質が関連しているということができる。

Ｅさん：「こっち」という風に発言してる時点で、もう当事者じゃないですか。ね。だから、まあそれを発言した時点でもう仲間っていうか、ああこっちの人なんだな、みたいな。（…）

筆者：だからこそ、「ゲイの世界」みたいな、「ニュートラル」な言葉では、表せない信頼とか親近感みたいなのが、出てくるのかな。

Ｅさん：だって「ゲイ」ってのは誰だって使う言葉じゃないですか。（…）非常に客観的な、記号ですよね。でもこっちっていう表現は、明確に自分の立場を、明らかにしてるし。（…）つまりまあ「あっち」とは違う、ということですよね。僕らはこっちなんだから、あっちの人たちとは、違うよ、っていうことで、やはり自分たちとは違う、という突き放し方ですよね。別世界、別世界の人。

つまり、「こっち」という語を用いてコミュニケーションが成立すれば、自動的にこの言葉の発し手と聞き手はともに「こっち」側の人間になる。[7]「こっち」という言葉が用いられることで、「こっち」がなにを指すかをわざわざ言及せずとも、「こっちにいるからこっち」というトートロジー[8]によって発し手と聞き手が同じ「仲間」であるとみなされることになるのである。[9]このことを踏まえると、「こっち」という言葉は、そこに「仲間意識」という含意が込められるものであると同時に、語の使用によって発し手と聞き手が「仲間」であるという想定が再生産されていく装置でもあるとまとめることができる。

5　なにをもって「仲間」なのか

持ち出される性的指向

しかし、「こっち」がゲイ男性あるいはバイセクシュアル男性（の集団）と説明される以上、トートロジカルな性質の会話における発現だけにこの語の特徴を帰するのは不十分だろう。トートロジーという指示代名詞一般にあてはまる性質だけでなく、インタビュイーによる「こっち」という言葉の語義や使用状況に関する語りも検討すべきである。

「こっち」とはゲイ男性やバイセクシュアル男性（の集団）だと説明する、次の発言を検討する。

Eさん：そういう人たち（異性愛者）とは、やっぱり、越えられない溝があることはもう間違いないんで、だから、こっち側にいるっていうのはもうとりあえず自分にとっては、一番ベースのところで、わかり合えてるだろうっていう前提で、身内という感じですかね。どんな人でも、こっち側の人であれば、千差万別だけども、一番底の部分っていうのかな、その部分で、まあなにも隠し事がないという、やっぱりそれは強く感じますね。（…）本能的、肉感的、動物的。一番ベースのところです。だから（…）ノンケの方で（…）僕もたくさんその、なんていうのかな、（Eさんのセクシュアリティを知っている人が）いるんですよ。その人たちとは、もちろんさまざまな、セクシュアリティについての話はするんですよ、かなりあけすけに。それでも、やっぱり、まさに「こっち」側の人と話す時とは、全然違います。

Kさん：だから基本的には、どんなに親しかろうがどんなに知らない人であろうが、前提が一緒であればもう「こっち」という言葉で片付けてしまう。

筆者：その時の前提って？

Kさん：ゲイであるという前提がいっしょであれば。逆にいうとそれ以上の意味はもたない。僕にとっては。所属している場所が、セクシュアリティという場所では一緒ですねという意味しかない。

注目すべきは、ゲイ男性（と場合によってはバイセクシュアル男性）に共通する性的指向という要素が、そのほかの点では差異はいろいろあるけれどもこの点において共通である、というように、多様性を通過した上で共通性を設定するためにもち出されている点である。「ベース」「それ以上の意味はもたない」という言葉づかいは、性的指向という共通性に単に言及するためでなく、むしろゲイ男性に「結構ヴァリエーション」（Eさん）があることを肯定した上で〈わたしたち〉の共通性に言及できる効果をもっている。

それゆえ、「別世界の人」（Eさん）である異性愛者との性的指向の違いは、「こっち／あっち」の対比において、単なる事実の言及ではなく、むしろ、「わざと」する言及としても立ち現れる。

Dさん：冗談みたいな時に、わざと（…）「こっち」ですごく対比する。冗談の時もあるし、すごく、違いをパッて強調したい時に（…）、普通の人はそうだけどね、っていう前置きがあって「こっち」って言うけど。それが冗談で使う方。（…）。

したがって「こっち」という言葉は、単に性的指向に基礎づけられたものというよりも（あるいは少なくともそれだけではなく）、性的指向を持ち出すことで〈わたし〉たちの差異を折り込みながら〈わたしたち〉を立ち上げるようなものだとまとめられる。

相互行為

もう一つ、ある人が「こっち」の側の人間であるとは、その人がゲイ男性やバイセクシュアル男性「である」ことではないということを示す語りのパターンが存在する。

Gさん：ふと思ったんですけど、僕自分がゲイだとかっていう認識は、小さい頃からあるんですけどね、でもじゃあ「こっち」の世界にいつ足を踏み入れましたかっていう時に、そんな小ちゃい時からこっちの世界に足を踏み入れたとかいう意識、認識はないんですよ。「こっち」の世界っていった時は、ある程度こう、共同体ってさっきも言いましたけど、何人か、そのゲイの人たちと、交流を持ちはじめた、その交流をもっている共同体があって、「こっち」の世界って僕は使ってるような気がするので。

Iさん：たとえば○○ちゃんが、小学三年生だった時は、厳密にっていうか、言い方によっては、あなたは当時はゲイだったけれども、「こっち」の世界には足を踏み入れなかったっていうよね。（…）「こっち」の、っていう言葉の方が、（「ゲイ」という言葉に比べて）意義がある、言葉が広いっていうかさ。

筆者：（「こっち」の世界に足を踏み入れる境の行為って）なんだと思いますか？

Jさん：誰かとつきあった時とか僕は思ってる。

筆者：それ、ずいぶん先のハードルじゃないですか？

Jさん：え、なんで？　コミュニケーション、
筆者：あ、コミュニケーションっていう意味でつきあう。（…）
Jさん：だから交流をもって、さっき言った、仲間だよね、っていう仲間感を理解したとかいう。そういう時かなあ。なんか。「活動をいつ始めた」とかいう言葉と同じかもしれない。

誰かが「ゲイ男性である」ことだけでは、「こっちの人」ということはできる（Jさん）としても（しかしそれもあくまで回顧的にだが）、「こっちの世界」に足を踏み入れたことにはならない[10]。「こっち（の世界）」という言葉は、アイデンティティや属性よりもむしろ、ほかのゲイ男性との相互行為の経験に重きをおく表現なのである。裏を返せば、ほかのゲイ男性やバイセクシュアル男性とのミニマムな相互行為をその使用条件として「こっち」という言葉を用いることで、この相互行為が、ゲイ男性個人がゲイ男性全体の集合性、〈わたしたち〉と呼びうるような集合性へアクセスしたことへと読み替えられる。共通の要素が容易に想定できない状況で、単なる相互行為をゲイ男性全体の集合性へと接続する言語実践によって、ゲイ男性全体の集合性が遂行的に（再）生産されているのである。

そしてここでは、アイデンティティやセクシュアリティの固定性は、相互行為というより基底的な条件に置換されることで弱毒化されるのである。たとえば「こっち」という言葉がゲイ男性とバイセクシュアル男性の間の差異を、ないことにはしないにせよ一時的にキャンセルしていることも、この弱毒化の効果の現れと考えられるだろう。本節以降も「ゲイ男性の集合性」という表記は用いるが、言語実践のレベルでは、そもそもこの「ゲイ男性」という外在的（で時に暴力的）な枠組み設定自体が巧妙に回避されているのである。

6　立ち上がる〈わたしたち〉

投企

「こっち」という言葉の「婉曲的」なニュアンスは、隠語あるいは直接的な表現を避けるための代替物としてだけではなく、「仲間意識」を込められたものとして解釈すべきである。そしてこの「仲間意識」は、多様さを折り込みつつ、「ゲイである」個々人の集積を単に名指すだけではなく相互行為において立ち上がる〈わたしたち〉を指し示す、「こっち」という言葉の運用（規則）によって支えられている。

「こっち」という言葉は、運用上のこのような傾向をもつことで、相互行為を総体的なつながりへと読み替えこのつながりを（再）生産することを可能にする。ならば、この言葉は、〈わたしたち〉が「仲間」だというすでにある「事実」への言及のみでなく、その使用自体によって「仲間意識」を発生させることも意図して使われうる。現に次のような語りが存在する。

Cさん：婉曲的にいう（＝「こっち」という）言い方を共有することでお互いの仲間意識が高まる、っていうのはありますよね。

Fさん：「こっちの世界ってさ〜」（で始まる会話は）、（…）お互い今までを振り返って同じ境遇があるよねっていうのを確認するような、そういった意味で、より仲間意識を高めていくというか、通じていくものかな、っていう気がする。

Kさん：どうだろうね、多少の願望もあるのかもしれないけど、まあ帰属意識を強めるような意味あいでもないけれども。僕たち同じ土台にいるよね、っていう確認の意味を込めてる場合もあるかもしれないね。

一つ目の引用でははっきりと、「こっち」という言葉を用いることによって「仲間意識が高まる」と表現されている。それに対し、二つ目と三つ目の引用は、一見事実への言及にすぎないように思えるかもしれない。しかし、両者に登場する「確認」という言葉づかいが、単なる「事実」への言及ではなく、この「事実」を共有する営為を積極的に志向するものであることに着目すべきである。「同意を簡単に得やすい」（Fさん）「こっち」という言葉を用いたコミュニケーションで「確認」されることによって、「事実」は「仲間」であることの論拠として再定位されるのである。現に、この語彙の使用が「確認」の希求の発露であることを示す語りが存在する。

Fさん：「こっちの世界ってさー（…）○○じゃない？」ってくる。（…）で、その後に続くのって結構、同調してほしいというか、理解してほしいというか、わかるよね、っていうのが（…）。（…）ニュアンスとしては「わかってよ！」とか、「知ってると思うけど」とか。

また、次の語りに現れる「信頼」という言葉も、「仲間」としての他者への積極的な志向をもつものとして解釈できるだろう。

Eさん：当事者なので間違いない、といった信憑性。信憑性って言葉が間違いですね、それ、信頼、に近いですかね。（…）ある種の、親近感っていう感じですかね。やっぱり信頼してるからね。

「こっち」という言葉の使用は、「仲間」である「事実」を「確認」したいという希求に貫かれ、当の「確認」作業によって「仲間」である〈わたしたち〉を立ち上げていく投企の実践なのである。以下の引用は、インタビユイー自身が投企の実践に自覚的であることを示している。

Fさん：たとえば飲み屋で（誰かと）会ってる人とかさ。たとえばお互いに、距離を一生懸命縮めようと努力をしてるゲイって結構多いと思う。そういう人に、「こっちの世界ってさあ、こうじゃないですか」って探りを入れながら、同じ円の中にはいるんだけど、ちょっと探りを入れながら。ちょっと探ったりする時にもしかしたら使うかもね。

「探りを入れ」る営為は、すでに「確認」されるべき「事実」を共有していると想定しえないがゆえになされるのであり、したがって、やはり「こっち」という語彙の使用は、単なる「事実」への言及に回収されない投企としての意義をもっていると言えるだろう。

消去される「こっち」

それゆえ、「仲間意識」が共有されていると全員が想定できれば、投企のために「こっち」という語彙を使う必要は逆説的にも存在しなくなる。本書では「こっち」という語彙を使用することの意義を分析しているが、この語彙を（ある状況では）使用しないと語るインタビュイーも少なくない(11)。しかし、その使用しない理由こそ、まさに投企としてのこの語の使用の傍証となっている。

Dさん：あと、店（＝ゲイバー）で働いてるから、あっち（新宿二丁目）で。けど、あそこだったら隠語なんて誰も使わないし。

筆者：それは、「こっち」って言葉は全然みんな使わないってことですか？

Dさん：使ってないですね。あんまり使ってない記憶がある。

筆者：たとえば、ゲイバーとかで（…）その前の週の土日にやったゲイナイトとかについて話をしてるとするじゃないですか。（…）こういう時に、「こっち」の世界って言葉を（使う）？

Eさん：（…）その時には「こっち」なんていう言葉は必要ないですね。消えていいと思う。（…）閉じた環境でゲイしかいない、話題もそうですよね、そういう時には（…）もう「こっち」も「あっち」もなくて、「こっち」しかないんだから、もうその言葉自体の意味が、消えると。

筆者：素朴に、こっちの世界っていう言葉をよく使います？

Fさん：あんまり使わない、正直。

筆者：それはなぜですか？

Fさん：僕の周りの親しい人たちが、とても親しいからだと思う。（…）すごく親しくなってくると、そうだな、あんまり一般的な話をすることがなくって、「～ってさあ」の主語が、その人になったりとかするから。

「仲間」であることが確信できる状況や人間関係においては、そもそも「こっち（の世界）」という言葉は使われない。「こっち」という言葉による「仲間」であることの確認作業は、それほど頻繁にはおこなわれないと語られるのである。このことを踏まえれば、「こっち」という言葉は、「事実」の言及のためのものよりもむしろ、「仲間」性を立ち上げる投企としての効果を狙って用いられる（「探りを入れ」る）ものとして存在すると再度指摘できる。「仲間意識」は、「こっち」という言葉によって言及されるのではなく、パフォーマティヴに（再）生産されるのである。

7 〈わたしたち〉の困難

二重化

以上、ゲイ男性およびバイセクシュアル男性（の集団）を表す「こっち」という言葉のもつ「婉曲的」な性質は、「仲間意識」を立ち上げる投企の実践に接続していると論じてきた。ここまで引用してきたインタビューイーの発言も、基本的には投企の成功（の見込み）にもとづきなされたものといえる。以下の発言は、「こっち（の世界）」という言葉がほかの言葉に比べて、使用によって〈わたしたち〉を立ち上げやすいことを示唆している。

Gさん：その言葉（=「こっち」）自体が、ある特定なすごくマイナスのイメージをもっているとか、本来の言葉自体が、そういうわけじゃないから、だから、まあ相手がその言葉を聞いた時にどう反応するかをそこまで考えることなく使いやすい言葉じゃないかな、とは思うんですよね。なんかそれがもっと、最初からマイナスなイメージの、（…）女々しいオカマの世界で、とかいう言葉は、意味は伝わりやすいけど、え、女々しい、ゲイであることはいいけれども、女々しくはありたくない、っていう思っている相手だったとしたら、もうその言葉を吐いた瞬間に、受け入れてもらえないと思うんだけど、「こっちの世界」ってことは、やっぱりある意味ニュートラルな感じの、マイナスなイメージもそんなにないしプラスなイメージもそんなにないから、ゲイ同士であっても、別にそんなに意識することなく、使いやすいかなとは思う。

しかし、ほかの言葉よりは見込みがあるにせよ、それが投企の実践である以上、「仲間」としての〈わたしたち〉が必ず立ち上がるとはかぎらない。このことを考慮すると、「こっち」という言葉が〈わたし〉と〈わたしたち〉をつなぐ回路はより複雑化する。

Cさん：もしかしたら「こっち」は二種類あって、自分のいるその島と、さらにその後ろにさらになんか高くそびえている行ったら戻って来れない、崖みたいなのがあって、でそっち側はもう、完全にゲイの人でもうオープンな人たち。っていう感覚はあるのかなあ、っていう気はしますね。（…）いわゆるその、普通のノンケの人からすると、そういう人たちって目につきやすいので、「ああいう人たちがいわゆるゲイなんだ」みたいな、っていうと、やっぱりそれと一緒にされたくないなあ、っていうのはありますよね。ゲイバイの人の中でもすごい、たとえば新宿二丁目が嫌いとか、絶対行かない、っていう人も多分そういう思いはあるんじゃないかなとは、思いますけどね。

Cさんは「こっち」の世界をドーナツ状にイメージし、その穴の部分のコアメンバーの内実を述べた（この場合はアクティヴィズム）のちに、自らはその外側の「実」の部分にいる、と述べる。同じく同心円上の絵を描いて、Aさんもまた自らが「ゲイの人ももちやすいイメージ」である「コアなゲイワールド」の外にいると述べた。Dさんはアイデンティティに重きをおかないので、「ゲイリブ」の人のようには「こっちの世界」という言葉を使わないと語る。このように、インタビュイーは「こっち（の世界）」に所属していると同時に、その帰属に回収されない〈わたし〉の位置を、「こっち（の世界）」という言葉を二重化することによって与えようとするのである。Eさんの次のような発言は、まさに〈わたしたち〉に回収されない（されたくない）〈わたし〉のありようが「彼ら」という言葉によって現れたものと見ることができる。

Eさん：（…）独特の癖や性質、たとえばゲイの人たちに、イカホモっていう人たちがいるじゃないですか。ヒゲ生やしたり坊主にしたりとか。ああいうのも、僕は結構癖だと思うんですよね一種の。（…）堂々とやってて、それを自分たちのパーソナリティとして出してますよね。だから、ポジティヴな部分はすごい多くて、なにも全然ネガティヴに捉えてないと思います彼らは。でも、客観的に見た時にね、彼らはそれでいいかもしれないけれど、じゃあそのことが多くの人から賛同を受けるか、と言ったら、やっぱりね、それに対しては、「えー」っていう、「気持ち悪いな」っていう、やはりそういうのは根強いと思います。根強い。

筆者：今の話を聞いて、納得して、一つ違う疑問が出てきたんですけど、今、「彼ら」っておっしゃったじゃないですか。

Eさん：はい、彼ら。ま、イカホモ、だけじゃないか。

筆者：ご自身は入らないんですか？　っていうのを、ちょっと思って。(…)

Eさん：やっぱりすごく突き放して見ている瞬間があるんですよね。どうしても。

二重化戦略よりも徹底的に、この「コアなゲイワールド」のイメージを忌避すれば、当然「こっち」という言葉づかいそのものが避けられることになる。

Iさん：「こっち」の世界ってねえ、俺は使わないんだよね。もう別に普通に、なんか、「僕たち」とかね。要はそういう言葉をあえて使いたくないっていう意識があるから、使わないです。

ただし、Iさんの次の語りは、それでもなお〈わたしたち〉を肯定していることに着目するべきだろう。

Iさん：ゲイそのものに対しては、俺はネガティヴに思っているけど、コミュニティに対してはネガティヴに思っていない。

筆者：それはどういう意味ですか？

Ｉさん：要は、まずは同性愛者っていうものに対して、まあさっき恥ずかしいっていう言葉があったけど、僕はそもそもよく思ってないんですよ。そもそも、として。できればそうじゃない方がいいし、あの、だから、たとえば、そのゲイらしくふるまうことって、僕の中で要は嫌なんです。なぜ嫌なのかっていうと、そもそもゲイ自体、そのゲイっていう存在自体にネガティヴなイメージをもっているから、自分が当然そうふるまうことも、嫌だ、嫌悪感がある。だからそういうのを見るのも、たまに嫌になる時もあるけど、要はただ、ゲイっていう存在に対して自分はネガティヴに思っているけど、別にコミュニティは、会社の友人と、同じ。ただその、異性に対する、話があわないだけであって。

以上のように、「こっち」という語の使用が〈わたし〉を当然その内側に含む〈わたしたち〉「仲間」としてつねに立ち上がることを帰結するわけではない。しかし、それを「こっち」という言葉の二重化や、「僕たち」という言葉に置き換えることによって、なお〈わたしたち〉を語る言葉が模索されていることには着目すべきである。「こっち」という言葉が開くのは、時に失敗しながらも〈わたしたち〉を立ち上げる言語実践なのである。

通じない他者

〈わたしたち〉の立ち上げの失敗には、もう一つのパターンがある。それは、「こっち」という「婉曲的」な表現そのものを知らない、ほかのゲイ男性やバイセクシュアル男性とあまり接したことのないゲイ男性やバイセクシュアル男性にはこの言葉が通じない可能性があることである。いわば、カテゴリー語としての負荷が少ない語として選択されたはずの「こっち」が、特定の運用規則という内実を抱えることによってジャーゴン（門外漢にはわかりにくい「専門用語」）化したカテゴリー語になってしまうのである。本章が「こっち」という言葉を確固としたカテゴリー語として捉えるのも、このジャーゴン化したリアリティが存在すると考えるゆえである。

Gさん：おんなじゲイ同士でしゃべってても、あんまりゲイの人たちとふれあいがない人とかに対して、「あ、あなたこっちの世界なんですか」もしくは「あなた、こっちの世界に入ったんですか？」とか言ってもポカンとされると思う。

Gさん：中学校の時に、自分はゲイだろうと思ってたけれども、たとえばゲイの人だって、たとえば「こっちの人なんですか」って聞かれても、ポカンとしたかもしれないと思う。自分はゲイだと、もしくは男性が好きだっていう意識があっても「こっちの人だ」ってことをそのゲイの人にいわれた時に、こっちの人ってどこの人だろうって思ったかもしれない。多分ね。想像すると。でもなん（で）だっていうと、自分がその時には、ゲイの人たちの共同体に、所属しているとかそういう意識があんまりなかったからだと。

ただし、この通じなさをも繰り込んで〈わたしたち〉が立ち上がる可能性も指摘されている。「こっち」のトートロジカルな性質がそこには関与している。

Fさん：あのね、こっちの世界っていう言葉を、実は東京に来てから初めて耳にした。で、その言葉を（…）実は○○さんから初めて聞いて、「こっちの世界よね」っていわれた時に、僕全然ゲイ活動をしていなかったので、○○さんが「こっちの世界」っていうのは××（Fさんと○○さんが共通に所属するサークル）とイコール（に）してたの。つまり、ゲイの、まあ友達の、世界。っていう言葉にすごく僕の中では捉えていて、なんかそういう意味では、すごく親近感が湧く言葉で、○○さんが使っている言葉ですごく違和感がなくて。

この例のように誤解が即座に「親近感」へとつながることは稀だろうが、「こっち」という言葉はその内実をお互いが勝手に想定した上でもその語を用いたコミュニケーションが成り立ってしまうがゆえに、このようなねじれた形で〈わたしたち〉を立ち上げる効果もあることは例示できただろう。〈わたしたち〉を立ち上げるのが投企の実践である以上失敗の可能性はつねに存在するが、「こっち」という言葉は「ゲイ」や「ホモ」「オカマ」という言葉に比べて、失敗の可能性が相対的にかなり低い、その意味で「使いやすい」（Gさん）ものであるとは言える。

もちろん、バトラーのいうところの「傷」を与える可能性を、「こっち」という言葉も抱えている。いかに「良い」ものに置き換えられたとしても、言語が慣習にもとづく実践である以上これは不可避である。したがって、〈わたしたち〉を立ち上げる投企の実践は、つねに失敗の可能性から逃れられず、「こっち」という語彙が誰にとって相対的に使いやすいのかという問いは残り続ける。したがって、より「良い」語への置き換えと言語の意味的な負荷の切り下げの両者を可能にする実践として捉えてきた「こっち」も、後者に関して原理的に完全に達成するものではありえない。

しかし、だからこそ、「探りを入れ」ながら「仲間意識」を再生産しつつ、「こっち」という言葉はゲイ男性やバイセクシュアル男性によって用いられ続けるとも言える。最終的な解としての呼び名が存在しえないことは、「こっち」という言葉が徹頭徹尾投企の手段であり、〈わたし〉の呼び名でありつつ〈わたしたち〉の呼び名でもあることを積極的に志向する語彙として流通している事態を示しているのである。

8　立ち上がる「こっち」の世界の〈わたしたち〉

本章はゲイ男性やバイセクシュアル男性が自らを指すカテゴリー語の使用によって、当の集団が立ち上がるさまを記述することを目的とした（1節）。その際、東郷健に関する雑誌記事をめぐる議論を検討することによって、カテゴリー語の問題は〈わたし〉を含む形で〈わたしたち〉をどう名乗るかという問題であると論じた（2節）。この視座にもとづき、本章では「こっち」という言葉に関するインタビューをもとに分析をおこなった（3節）。この言葉の婉曲的な性質は、隠語としての、また直接的な表現を避ける効果と同時に、「仲間意識」という含意をもっている（4節）。この含意は、ゲイ男性の多様性を折り込みつつこの語を用いた相互行為の参加者を〈わたしたち〉としてまとめあげ総体的なつながりとみなしてしまうこの語彙の効果とつながっている（5節）。それゆえ、この語彙の使用は、単に「仲間意識」への言及ではなく、むしろパフォーマティヴに「仲間意識」を（再）生産する（6節）。ただし、そのような投企の実践はつねに成功するとはかぎらない（7節）。

「こっち」という言葉に着目し、インタビューを分析する中で明らかになったのは、この語はゲイ男性およびバイセクシュアル男性が〈わたしたち〉を立ち上げる実践の要となっている点であった。「ゲイ」や「ホモ」「オカマ」という言葉が特定のニュアンスやイメージを強く伝達してしまうのに対し、曖昧さをもったトートロジカルなこの語はより柔軟で繊細な形で〈わたし〉と〈わたしたち〉を同時に名乗るための言葉として存在している。

以上の知見を、本書が問うべきゲイ男性の総体的なつながりおよびそれへの「ついていけなさ」に関する議論へ折り返して考察することができる。その要点は二つある。第一に、「こっち」という言葉が、その内包を極端に削減することでゲイ男性とバイセクシュアル男性を包含するような曖昧なものであり、そのことによって、共有されるライフスタイルや嗜好、規範などの要素を排除している（少なくともほかのカテゴリー語よりは排除しえている）こと、第二に、にもかかわらず、同時にこの言葉の使用によって「仲間意識」が立ち上がり、単なる静的な集団の名指しを超えて、総体的なつながりが発生していることである。

ゲイ男性が「こっち」という言葉を使用することに「意図」を強く読み込むとすれば、ゲイ男性が総体的なつながりの「無内容」な抽象性を積極的に再演している、と言うこともできる。しかし、このように強く「意図」を持ち込む議論は極端にすぎるだろう。むしろ、相互行為におけるわずかな共感と拒絶の表情と仕草にさらされる中で、ゲイ男性が知らず知らずのうちに身につけた技法として「こっち」という語彙の使用は本章が検討したような形に練り上げられてきたと捉える方が実態に即している。諸要素の共有の不可能性が、総体的なつながりをまさに可能なかぎり総体的なものとして、すなわち誰をも締め出さない〈わたしたち〉として立ち上げようとする営為を帰結する。「こっち」というこの「小学生でも使える」（Eさん）曖昧な言葉の使用は、そのような「言葉の力」（Fさん）の発露なのである。

以上、総体的なつながりとそこでの共有の極小値（＝「ついていけなさ」を発生させうる共有の要素を最小化するあり方）とも言える実践を見てきた。しかし、それが極小値であるゆえ、つまりここでの総体的なつながりもまた特権的な他者とのつながりとは無関連なものであるため、ここに特権的な他者とのつながりに関するゼマンティクが上乗せされ、それゆえ特権的な他者とのつながりも可能となる、という単純な結論には至らない。第二章の議論を振り返るとこのことがさらに明らかになる。特権的な他者とのつながりに関するゼマンティクは、総体的なつながりの中で共有されるそのほかの要素との競合関係の中で（可能的に）存在する。しかし本章で述べられたのは、ここでいうところの「そのほかの要素」はもはや総体的なつながりを立ち上げるためには不要である（あるいは積極的にない方がよい）という点であった。種々のゼマンティクを上乗せするはずの「圏」のゼマンティクは、成立の遥か手前で挫折している。

したがって、もはや、総体的なつながりの中にゲイ男性特有の要素として特権的な他者とのつながりを可能にするゼマンティクが保持される可能性はきわめて低い。とすれば、特権的な他者とのつながりは、異性愛のそれを「流用」する形で可能になるしかないだろう。この解はゲイ男性の共同性を単なる属性の同じ人間の集合として捉える感覚と整合的であり、本章で論じた、極端にその意味的負荷を軽減した形での総体的なつながりのありようとかなり似通っているからである。しかし、本章で論じたように、「こっち」という言葉にもとづくつながりは、「同じ属性」をもつ諸個人の束に回収されない意義をもっていた。とすれば、「流用」のように見えるある種のゼマンティクが、その実「流用」に回収されない意義をもつ可能性も、まだ残されているだろう。このような形で成立しているゼマンティクは複数観察可能だろうが、次章では、第Ⅰ部、第Ⅱ部でとりあげたような困難を回避しつつ可能となるような、まさに自発的な服従というパラドックスを解いていると思われる特異なゼマンティクを一つとりあげ、論じることとする。

注

(1)「ゲイ」という言葉が男性同性愛者と女性同性愛者双方を指しうる事態に配慮し、男性による女性の声の収奪を避けるためにも、ゲイ男性という「政治的に正しい」語彙を使うことの意義は、強調しておく必要があるだろう。

(2) ただし、この書籍は差別の「判定を被差別者に限定するのはやめよう」(伏見ほか 2002: 3) という方針を積極的に採用して編集されたものである。

(3) 本章ではマイノリティ自身によるカテゴリー語使用を扱うため、ゲイ男性としての個人とその集団が彼ら自身の側から捉えられ把握されていることを示すために〈わたし〉〈わたしたち〉という表記を用い、筆者自身が地の文で用いるゲイ男性やその集団といった言葉づかいと区別する。山括弧による表記は、一九七〇年代後半から発行され始めた日本のレズビアンミニコミ誌を題材に「レズビアンである〈わたしたち〉のストーリー」を読み直した飯野 (2008) のものを踏襲している。また、本書では扱えないが、飯野 (2008: 144) は日本のゲイ男性が「HIV・エイズをめぐる問題を通して、ゲイである〈わたし〉とゲイである〈わたしたち〉とを完全に切り離して考えることなどできないということに気づいていった」と指摘している (同様の指摘として好井 (2006: 169))。ただし、〈わたし〉と〈わたしたち〉がずれる可能性を踏まえた上で〈わたし〉や〈わたしたち〉を名乗っていくその呼称に関しては、ゲイ男性自身の語りにもとづいた研究はなされていない。

(4)「こっち」にバイセクシュアル男性が含まれるかに関しては、次のような発言がインタビュー中にあった。

—さん：だから単純に男が好きか、女が好きかっていうような、区分けをするんだったら、(ベン図を書いて) バイセクシュアルはこういう輪っかで、ゲイはこういう輪っかじゃないの？　で、この、それこそそういう仲間意識とかいうところでだったら、たとえば「いや、バイセクシュアルは (…) 認めねえって人もいると思う。

ここでの「仲間意識」という言葉に関しては4節を参照。本章では、インタビュイー自身はバイセクシュアル男性を含めているとの回答が多かったため、「こっち」の範囲にバイセクシュアル男性も含める方針をとる。

（5）ただし、「こっち」の世界にはさまざまなイメージが付与されていることも指摘しておく必要があるだろう。実際にインタビューの中では、ゲイバーやゲイナイト、ハッテン場などからゲイアクティヴィズムまで、さまざまなトピックが現れている。

（6）ただし現在では、「こっち（の世界）」という言葉は「完全にゲイ用語」と認識されている（Iさん）、「広まっちゃった」ゲイ用語（Jさん）であり、パッシングの道具としては機能していない、という言及もなされる。したがって、このような認識にもかかわらず「こっち（の世界）」という言葉が使われているとすれば、それは隠語として以外の意義の重要性が存在するからと考えられる。

（7）当然、筆者自身が行ったインタビューにおける会話そのものもこのような事態に含まれる。

Fさん：たとえばね、ゲイコミュニティって書かれてるタイトルの本と、「こっち」の世界って書かれてる本が（…）あったら、多分「こっち」の世界って書いてある方に親近感が湧くんだと思う。

筆者：それはなぜですか？　それはすごい励みになるんだけど、なんでなんだろう？

Fさん：それって、わかってる人が、わかってる視点で書いてくれる、（…）ツーカーだよねっていう、なんだろう、期待させるような（…）力っていうかやっぱりあると思うんだけど。

筆者：どうだろう。僕の論文がそういうものになる可能性は限りなく低い気もしますが。あんまり親しみやすくない（笑い）。

Fさん：たとえば、実際に難しいかもしれない、書いてあることが。（…）けれども、手にとるかとらないかっていったら、全然違ってくると思う。たとえばこのインタビューも、（…）ゲイコミュニティのことを知りたい、っていうインタビューがきたらなにを聞かれるんだろうと思うんだけど、「こっち」の世界って（…）聞かれると、あ、日常のことを話せばいいんだ、っていう。

（8）「（「こっち」という言葉に）意味がない。具体的な絵が浮かばない」（Aさん）といった発言をこの語を用いることができるAさんがすること自体が、この語のトートロジカルな性質がその使用者に感得されていることの証左となるだろう。

（9）　マリィ（2007: 86-9）の「ギョウカイ」という言葉の分析に対し、遠藤（2008: 111-3）はそれが「トートロジーに陥ってい」て、「〈ギョウカイ〉の語彙的意味は示されない」と否定的な評価を下す。しかしここで問われるべきなのは、なぜ、あるいはいかにして〈ギョウカイ〉という言葉がトートロジカルに流通するのかであって、その意味で遠藤の批判は完全に的を外している。しかし、マリィ自身もこのトートロジーの意味について言及していないため、この語の分析としては不十分である。

（10）　ゲイ男性としての自覚をもった時点で「こっち」の世界の人だとするインタビュイーも存在する（Mさん）。ただし、Mさんは自覚までが「長かった」ゆえ、自覚とゲイ男性同士の相互行為への参入の時点がそうずれてはいない。

（11）　この特徴は「こっち」という言葉にかぎらないことも指摘しておく必要があるだろう。

Kさん：ゲイ同士であるところだけで「ゲイ」って単語ってあんまりいう必要がない気がする。そもそも前提として共有しているみたいな意識があるから、明確化する必要があまりない。

第七章　技法としての「性的差異」

1　ゼマンティクの困難

本章では、ゲイ男性の特権的な他者とのつながりに関する一つのゼマンティクをとりあげ、論じる。すでに述べたように、特権的な他者とのつながりは、ゲイ男性のつながりをめぐる言論の中で避けられる可能性がある。しかし、第一章および第二章で指摘したように、特権的な他者とのつながりを検討しないことは、ゲイ男性のつながりをめぐる議論を社会集団論一般に拙速に回収してしまうことになる。したがって、特権的な他者とのつながりが本書最後の題材として積極的に検討されるべきだろう。

ただし、前章の末尾で述べているように、特権的な他者とのつながりのためのゲイ男性独自のゼマンティクの存在を単純に信憑することはできない。第二章で検討したように、特権的な他者とのつながりは、総体的なつながりの中にそれを支えるゲイ男性独自のゼマンティクが（それ以外の共有されるべき諸要素と競合しつつ）存在することによって容易になるが、第Ⅱ部で述べたのは、そのようななにごとかを共有する総体的なつながりのありよう自体が機能不全に陥っているということであった。そして、第六章でとりあげた総体的なつながりの維持の仕方（＝「こっち」）は、共有する要素を極小化するような実践であった。したがって、おそらく単純に共有されるべきゼマンティクを導入することはできない。

とすれば、ここで導入されるゼマンティクは、そのような隘路自体を抜け出るようなものだろう。特権的な他者とのつながりを可能にするゲイ男性独自のゼマンティクの存立には、それを共有することの難しさがつきまとう。とすれば、この困難を避けるような、少なくとも避ける可能性を潜在させているようなゼマンティクが考察されなければならない。そしてまた、第二章の議論を正確になぞるならば、それは体験と行為が重なりあうという特権的な他者とのつながりの要件、自発的な服従というパラドックスを解くものでなければならない。しかも、日常語における「愛」と「性」といった、内実の異なる要素を（まとめてではないにせよ同時に）可能にしなければならない。

そこで本章では、現代日本のゲイ男性における「性的差異」の形態ともいえる、タチ／ネコという用語系のしくみを明らかにする[1]。先取り的に述べておけば、時に「男役／女役」とも説明されるタチ／ネコという用語系の、男／女の差異との類似と偏差の微妙な錯綜に、自発的な服従というパラドックスを解き、かつそれをゼマンティクとして共有することの困難そのものを回避する仕掛けが隠されている。

2　カテゴリ・ミステイク？

男／女とタチ／ネコをともに「性的差異」と説明したが、男／女とゲイ男性の内部の差異を同列に論じるのはカテゴリ・ミステイクではないか、との反論が当然予想される。ゲイ男性はその名のとおり男性であり、したがってゲイの「内部」の差異は、男／女という差異の一つ下の階層に存在する「あくまで同じ男同士の間の差異」だというわけである。男同士の間という言葉に仮にホモソーシャルな意味合いを込めないとしても、わざわざゲイ男性の間に大きな分割線を引く必要はないのではないか、という批判は当然ありうる。

実はそのような論自体が、ゲイ男性がタチ／ネコという用語系を共有することの困難が回避される条件と通底しているのだが、ここではまず「男役」「女役」をそれほど単純に否定するべきでないことを、一九七〇年代以降のアメリカのレズビアンにおけるブッチ／フェム役割（≠男役／女役）に関する議論を検討することで指摘しておく。(2)

ブッチ／フェム役割に関する古典的かつ基本的な論文である、ケイス（Sue-Ellen Case）の「ブッチ／フェムの美学にむけて」Toward a Butch-Femme Aesthetic（Case 1989→1993）においては、以下のような議論が展開されている。ケイスによると、一九七〇年代のレズビアンは「主流の」フェミニストたちから「ブッチ／フェムは男／女役割である、とくにブッチはなぜ女なのに（彼女たちの敵であるところの）男のような真似をするのか」との批判を受け、ブッチ／フェムというあり方をクローゼットに隠してしまった。このことに対してケイスは、ブッチ／フェムとはさまざまな「リアリズムの構造」を「性のおもちゃ（sex toys）」として楽しみ、軽やかに生物学的決定論やエリート主義的本質主義から逃れる、皮肉と機知に富んだキャンプ的実践だと主張するのである。

この後にケイスの主張をさらに洗練させたのが、バトラー（Butler 1990＝1999）である。バトラーは基本的にブッチ／フェムを肯定する視点をケイスと共有しつつ、レズビアンを（異性愛主義）イデオロギーの内部かつ外部に存在するものとして特権化するケイスとは異なり、（異性愛主義）規範に外在的であることはできないし、規範に内在しないことには攪乱は不可能である、と主張する。

ケイスとバトラーはともに、ブッチ／フェム役割は偽の「性的差異」でありカテゴリ・ミステイクだとする強固な二分法を攪乱する可能性を、当のブッチ／フェム役割の中に見てとった。ブッチ／フェム役割がカテゴリ・ミステイクであると考えられながらも行われうる（裏返せばつねに「失敗」し続ける）ことこそ、男／女間の「性的差異」がブッチ／フェム役割以前にすでに存在しているとする基盤主義的感性の虚構性を示していると主張したのである。

本章におけるタチ／ネコという用語系の意義は、先取りして述べればこの用語系と男女の差異のカテゴリー上の「混線」にその源泉を見出すことができる。それゆえ、「潔癖」にタチ／ネコを忌避するよりもむしろケイスやバトラーの考えにのっとるべきだと考える（なお、本書ではカテゴリ・ミスティクを単なる誤謬として退けていないことを示すため、男／女の差異とタチ／ネコの差異どちらにも鍵括弧つきの「性的差異」という表現を用いている）。

しかし、ケイスやバトラーの考えにも問題がないとはいえない。なぜならば、ケイスの主張においてはあからさまに、バトラーの主張においても半ば自覚的に、ブッチ／フェム役割の遂行が男／女間の性的差異を攪乱する「意図」をもった行為として描かれているからである。(3) 結果、「わざとやっているのであればともかく、無自覚に模倣するのは愚かだ」といった類の主張が帰結されることになる。そもそも当の役割遂行者がブッチ／フェム役割を男／女の模倣とは認識していない場合には、この結論は難癖以外のなにものでもないだろう。他方、模倣と認識している場合には攪乱できないという裏側の結論も、事態が「心持ち」の問題に回収されている点で明らかに誤っている。

バトラーは後にこの問題に気づくことになる。初期のバトラーは「パフォーマティヴ」という語に「演劇的」と「遂行的」という二重の意味をもたせていることを明確に述べている（Butler 1988 = 1995: 61）が、内野（2006: 92）が演劇論の分野に関して述べているように、この「演劇的」行為（＝意図をもった行為）を混在させたバトラーの議論は「意図性という問題」を引き起こす。したがってバトラーはパフォーマンスとパフォーマティヴの差異を次第に明確にしていくことで密輸入されていた「意図」を消去することとなる（この点に関してButler 1994 = 1996: 50; Salih 2002 = 2005: 114-5）。

以上の議論を本章の問題関心に即して次のように言い換えることができるだろう。タチ／ネコという「性的差異」が男／女という「性的差異」と重なってしまうことこそ、むしろ男／女の「性的差異」を前提にする感性へのオルタナティヴとなるが、しかしそれはゲイ男性が「わざと男／女を真似している」というような「意図性」ゆえのものではない。したがって、本章においては、二つの「性的差異」の異同について次のような方針をとるべきである。第一に、男／女に対してタチ／ネコという用語系はなにが等しくなにが異なるのかについてまずは正確に記述すべきである。第二に、その上で二つの「性的差異」が部分的にせよ重なってしまう、裏を返せば全面的には重ならない、という事態がゲイ男性にとってどのような効果をもつかを、ゲイ男性自身の意図に還元せずに分析するべきである。これらの作業をおこなうことによって、特権的な他者とのつながりを可能にするしくみの存在を、男／女の「性的差異」との類似性に根拠を置く拙速な批判を離れて検討することができる。

3　調査の概要

以上のような問題意識のもと、本章ではタチ／ネコという「性的差異」の効果について、ゲイ男性へ行ったインタビューの結果を用いて分析を行う。

本章においては、二〇〇五年一〇月から二〇〇六年六月までに二〇代前半から四〇代前半までの年齢のゲイ男性一二人（Aさん～Lさん、第六章と共通のインタビュイーは二人だが、両章での仮名表記はこの二人についてもプライバシー保護の観点から統一していない）におこなったインタビューの結果が用いられる。インタビュイーは機縁法によって募った。(4) ある程度の幅をもつ世代の方々にインタビューをすることによって、多様な現在のゲイ男性の人々のありようを十分に記述することが可能になっている。インタビューは半構造化面接の形をとり、一人のインタビュイーに対して一回あたり六〇分から一八〇分の時間で一回ないし二回行われた。

このインタビューにおいては、タチ／ネコといった用語系に関するインタビュイーの「定義」を単に聞き取ることを目標としていない。むしろ、インタビュー＝対話が成り立つ際にタチ／ネコという用語系が果たす言語的資源としての効果を見極めることを目標としている。インタビューという方法に関する議論においては、調査対象者は受動的な「回答の容器」（Holstein & Gubrium 1995＝2004: 17）であり、調査者はその「容器」の中身である情報を中立的な立場から単に引き出す者である、と考える「自然主義アプローチ」の認識論的誤謬がすでに指摘され、インタビューを回答者と調査者がともに意味構築を行う相互行為として捉える認識論が主張されている

(Holstein & Gubrium 1995＝2004；桜井 2002)。この認識にもとづき、インタビューが相互行為であるゆえに必要とされる、会話を駆動させる言語的資源としてのタチ／ネコという用語系の効果を測定した。くわえて、タチ／ネコという用語系を、個々のゲイの方々の具体的な生に寄り添うように改変され、ずらされていくものであるだけでなく、他方でまた個々の具体的な生を条件づけその生に輪郭を与えるものとしても把握しようと試みた。ゲイ男性の人々の生にもっとも近づきうるというインタビューの方法上の利点を活かすことによって、「異性愛制度の皮下注射」モデルに回収されない繊細な実践に接近することを試みた。

4　拡散と「余剰」

まずは、インタビュイーそれぞれのタチ／ネコに関する「定義」ないし特徴をまとめてみる。明らかになるのは、タチ／ネコの「定義」が拡散し、一義的に決定できないこと、またタチ／ネコという「性的差異」は、男／女の「性的差異」に還元しきれない「余剰」を抱えていることである。

「定義」

タチ／ネコに関する「定義」の説明としてもっとも頻繁にされる言及は、肛門への挿入を伴う性行為において挿入する側の人がタチ、される側の人がネコ、というものである。(5) インタビューにおける「タチ／ネコとは何か？」との筆者の質問に、挿入する／されるという意味の言葉をもって答えた方も決して少なくはない。また、第一義的な意味としてではないにせよ、すべてのインタビューがタチ／ネコという言葉について語る際には挿入する／されるという要素について言及している。インタビューに答えた方がみな挿入を伴う性行為を行うか、あるいは行いたいと望むかとは別に、タチ／ネコという言葉にはなによりも挿入を伴う性行為が結びつけられていることは間違いない。ただし、挿入を伴う性行為を行わない人にもタチ／ネコという分類が有効な場合もある。

このことと関連して、「定義」に関して、もう一つの定型的な語り口として存在するのが「肉体的／精神的」（Aさん）といった二重の意味がタチ／ネコという言葉にはある、という説明である（厳密にではないが、日常語の「性」と「愛」に対応している）。「精神的」な意味は「タチらしさ／ネコらしさ」という表現によって説明されることもあり、具体的には「支える／甘える」（Aさん）、「能動的／受動的」（Bさん、Fさん）、「抱きたい／抱かれたい」（Iさん）、両者が必ずしも対にならない場合でも、たとえばネコらしさとして「付きしたがう」（Dさん）、「甲斐甲斐しい」「しおらしい」（Kさん）、などの説明がある。

諸特徴

そのほか、タチ／ネコに時に重ねあわせられる要素をいくつか挙げることができる。

第一に、「外見」がある。「タチらしい見た目、ネコらしい見た目」「タチ顔／ネコ顔」（Fさん）という表現があり（その内実は定かではないが）、またそれが当たるか外れるかはともかく、一目見て相手がタチかネコか判断する、という行為をおこなっているゲイ男性もいる。

第二に、タチ／ネコに年上／年下が重ねられることもある（Jさんほか）。ただし、「年下タチ／年上ネコ」というカップリングそのものが成り立つ、さらにはこの表現自体がすでに「常識」的なものとして流通していることからして、この結びつきは絶対的なものとはいえない。

第三に、タチとネコの三つの「境界事例」として、①往々にして「タチ／ネコどちらもできる」人と説明される「リバ」という言葉の存在、②タチ→ネコ、ネコ→タチ、と途中で変化する経験の存在、とくに、ネコ→タチに変わる人の遍在（Eさん、Iさん）、③タチとタチのカップル（Cさん）、ネコとネコのカップルの存在、が挙げられる。これら三つの「境界事例」は、タチ／ネコという「性的差異」を（異性愛）男／女の「性的差異」の焼き直しと捉えるならば、そもそも現象として存在するはずのないものである。

第四に、タチとネコの数は同数ではなく、ネコの方が多い、という信憑の存在がある。

Cさん：うん、だから、誰かにね、誰か覚えていないんだけど、誰かに、タチ、だからいいよねみたいなこと言われて、需要が多いからねえ、って言われたんだよねえ。で、それじゃあ、需要が多いってことは、ネコが多いんだ、数的にって思った。

筆者：タチとネコって人数一緒じゃなくない？

Dさん：一緒じゃないよ当たり前じゃないそんなの。（…）これはもう需給バランス崩れてるもいいところよもう。需給のさ、不具合はどうにかしてほしいよね。もう政府に介入してほしいわ。

筆者：どうやって介入するの？

Dさん：知らないけど。だってあれはさ、確実にマーケットフェイリアだよね。

これらの「定義」と諸特徴は、それぞれの説明要素が互いに矛盾をはらんだものである。また、その細かな特徴それ自体は、男／女の「性的差異」と重なる部分もあり、また大きくずれる部分もあるだろう（とくに三つの「境界事例」はそうである）。捕捉したと思うとほかの意味へとずらされていく点において、タチ／ネコという用語系は一見使い勝手が大変悪い。しかし、ゲイ男性の人々はこれらの曖昧な用語系を、ある一つの特徴的な用い方をすることによって使いこなしているのである。次節では、「意味内容」の多様性に足をとられず、タチ／ネコという言葉そのものがどのように用いられているかを見ていくことによって、タチ／ネコという用語系の効果を正確に測定する。

5　行為の人への帰属の三つの様式

まず、「〜するのが好きじゃない／好き」という、インタビューにおいて頻出する語りの様式に注目する。

筆者：ご自身がタチだと自覚したのはいつですか、どのようなきっかけによってですか。最初からタチだったんですか？
Ｊさん：最初はだからやっぱわかんなくて、一回だけ、やったことはあるのね。ネコを。
筆者：どう、どうでしたか？　きっつーとか思った？
Ｊさん：気持ちいいとは思わなかったですね。でも、うーん、思わなくて、ただ、夜攻めてるほうが楽しい、
筆者：と思った？
Ｊさん：うん。掘る掘られるよりは。掘る掘られるっていうのはあんまり好きじゃないんですよ。
筆者：だからこう、別に掘るよりも、なんとなくこう攻めてるほうが好き？
Ｊさん：うん。相手の顔を見たりとか。

筆者：じゃあ、タチとかネコとかについて教えてもらっていいですか？
Ｆさん：はい。
筆者：その、定義っていうか、とか、イメージを、教えていただけると、ありがたいんですけど。
Ｆさん：うーん、セックスのやっぱり、セックスだけなのかなあ、っていうのはあるかな、っていうのは。基本は自分、ネコだけど、腕枕とかするの好きだし。相手にするの好きだし。

Jさんの発言においては、タチ／ネコという用語系が挿入を伴う性行為に関係するものであることは認められ、その上でJさん自身の欲求はそれとは異なるものとして位置づけられる。Fさんもまた、タチという言葉に対するイメージを前提に、自身の欲求をそのイメージとは違うものとして位置づける。この時、タチ／ネコという言葉は、個々人の欲求を示すものではないし、そのような欲求をもった人を表すものでもない。（男役／女役に限らず）「役割」「役」というレトリックからも同様のことが導ける。

Eさん：逆にその、ネコと思ってた子が、タチに入れたい、って言ったら、別にそれはそれでいいかな、と思う。
筆者：そうするとタチとネコは逆転するの？
Eさん：その、セックスの役割としてだけはね。それ以外は変わらない。だから俺はずっと、精神的にはタチな、つもりではいると。

Fさん：最近思うんだけど、ゲイって、男よりも男っぽいし、女よりも女っぽいところを両方とももってるって思うんだよね。だって下手すれば今の女の子よりも料理ができるし。男よりも男らしいところあるじゃん。なんかあったら、もう、ばしっていうし。
筆者：なるほどね、そうか。
Fさん：そういうところをもってるからこそ、やっぱ、タチネコっていうのに別れて、そういう役割をしてるのかもしれない。
Hさん：結局最初につきあった人が年下で後輩で、向こうはウケの人だったから、俺そういうの最初全然知識なかったから、でこう、役的に俺がそうするんだなあって。ので、もうずっとタチ、それからずっとタチだったなあ。今から考えると。って感じだよ。

以上の発言から、タチ／ネコが「役割」「役」と表現されることの効果が明らかになる。先のすべての引用において特徴的なのは、「役割」「役」という言葉を用いた語りでは個々のインタビュイーの欲求が表明されないということである。「役割」「役」というレトリックによって、タチ／ネコという用語系自体から欲求が脱色される効果がもたらされている。

したがって、「〜するのが好きじゃない／好き」「役割」「役」というレトリックが語りの場において頻出するということは、タチ／ネコという用語系が各インタビュイーの欲求の指し示しと否応なくずれていることを表している。では、そのずれはどのような論理にしたがって発生しているのか。タチ／ネコという用語系が会話の中に埋め込まれる規則を取り出すことで先の問いに答える。

Dさん：でもなんかこの前さ、会った友達はさ、ネコしかやってなかったけどタチるようになったら世界が広がったよ、とかいってた。ああいいなあ、とか思うわけよね。

Fさん：自分が、タチをする時は、ネコの時よりも、より男らしい人を求めるかもしれない。

筆者：自分がタチをする時が、

Fさん：（自分が）ウケで（相手に）求める男らしさより、もっと男らしい人を求めるかもしれない。

Hさん：そういうところはあると思うけどさ。だからそういうとこで、どういう人を好きになるかってやっぱ、最初に精神的なものがあって、その結果タチになるかウケになるか、だから。

筆者：最初は、この精神的なものがあって、でも、タチ／ネコってなると、それは単に、セックスのときの役割になる。

Hさん：だから、そういう気持ちがあるから、必ずウケになるわけじゃない。でウケやりたいなって思っても、なんだろう、そういう気持ちって、別にタチだからそういう気持ちになる、じゃなくて、そういう気持ちがあるからタチをやってる。かな。なんだろうわかんなくなってきたなあ。きっかけを考えると、タチ的な考え方っていうのがあるのかなあ、とも思った。なんだろうね。

Iさん：ネコだという自覚、というよりは、タチをやるとは想像もしなかったという。その当時、一九、二〇歳くらいでネットをはじめた時には。

Jさん：エッチはタチしてても、普段の生活では、「引っ張っていって！」ていう人もいるだろうからね。だから恋愛している中で、体と、その精神的な面、のタチネコは一概にはできない。

ここに挙げた引用（傍点筆者）においては、タチ／ネコとは（その内容にはずれがあるものの）単なる行為そのものを指し示す言葉である。さらにいえば、それは人々の性質に関するカテゴリーではなく、特定の行為に関するカテゴリーとして名指され、その上で人に帰属させられる。

行為が帰属先としての人にどのように接続されるかに関して、「中立的」な「行為→それをする人」という様式のほかに、二つの様式をインタビューの中から見出すことができる。

まず、「行為→それをしたい人」という帰属の様式がある。前掲のHさんのインタビューの中に、「ウケやりたい」という言葉がすでに見られる。ほかにも次のような語りが存在する。

Gさん：たまにはタチしたいってあるじゃないですか、で、相手も、タチ寄りのリバだったら、普段はタチだけど、たまになんかこう、掘られたい時ってありますよねえ。

行為がそれへの欲求をとおして語り手本人に接続されている。先に挙げた「～するのが好きじゃない／好き」というレトリックの効果とは逆に、ここでは各人の欲求そのものを表すにふさわしい言葉としてタチ／ネコは現れている。たとえば「ゲイはアナルセックスをしたがる人」だという偏見（それが事実と異なるからではなく、そこにあらかじめ否定的な意味合いが込められているからこれは偏見である。したがって、多くのゲイ男性が現に挿入を伴う性行為をしていても、なおこの言明は偏見でありうる）のように、欲求を媒介に特定の行為を人へ帰属させるのは「同性愛」をめぐる議論としては珍しくない[6]。

ただし、これだけが帰属のさせ方ではない。もう一つの様式として、能力を媒介に行為を人へと帰属させるものが挙げられる。

筆者：じゃあネコだと自覚したのはいつ？（…）そもそも自覚してないって話？
Eさん：確かに。そうかも。
筆者：自覚というよりも、需要に応えて？
Eさん：需要に応えて。だからネコもできる、っていう風に（メモに）書いといて。
筆者：できるけど、どっちもできる（…）。
Eさん：そして需要がなくなれば使うこともなくなる。

ここでもまた、語り手は能力を媒介に行為を人に接続することによって、「それを望んでいるわけではないが」という留保を挿むことが可能になっている。

タチ／ネコという言葉は、特定の行為を「中立的に」／欲求を媒介に／能力を媒介に人に結びつける。そしてまた、タチ／ネコという言葉の使用の場においては、この三つの接続の様式が混在しているのである。前述のタチ／ネコの「定義」においても、特定の行為を単にする／欲求する／行う能力がある、という三つの様式が混在した説明がなされていることが確認できるだろう。

6 選別・関係性構築

以上の記述によって、多様で揺らぎをもつタチ／ネコという用語系が、特定の行為を人に帰属させる三つの様式の混在、という観点から整理できることがわかった。しかし、そもそもなぜタチ／ネコという用語系は（男／女という「性的差異」とは異なって）このように編成されることになったのだろうか。あるいは、このようにタチ／ネコという用語系が編成されることの効果とはなんだろうか。

まず、行為を欲求を媒介として人に帰属させるだけではなく、行為の「中立的な」ないし能力を媒介とした人への接続が発生することによって、タチ／ネコという用語系の中に「したくないけどする／できる」という可能性が発生していることが確認できる。このことによって、相手に合わせながら欲求を制御していくことをもタチ／ネコという言葉の圏域の中で行うことが可能になり、またそのような状態を人に帰属させることが可能となる。

しかし、相手に合わせることそれ自体は珍しいことではない。むしろ重要なのは、以上のような「相手に合わせる」ことが、タチ／ネコという言葉に託されることによって「そのようにしたい」こととして受け取られることを可能にすることである。「〜したくないができるから相手が望めばする」ということを「タチ／ネコ」という言葉で表すことによって、〜されたい相手側が「この人はタチ／ネコなんだから〜したいんだ、自分と相性がよいな」と思えてしまうことをタチ／ネコという用語は可能にしている。したがって、そこでは欲求を制御していることがタチ／ネコという用語によって隠蔽され、むしろそれが単なる欲求の発露とその成就であるかのように解釈できるようになっているのである。

以上の論理は、ネコからタチへの変化や「リバ」という事象において十全に展開されている。その展開を以下見ていく。

まず、ネコからタチへの変化について。タチ／ネコが自身の欲求に関する言葉であるとするならば、なぜ欲求の中身を変える必要があるのか、そもそもそれほど容易に人の欲求は変化するものなのか、という疑問を引き起こす。しかし、タチ／ネコという言葉が先に見た行為の人への帰属させ方の三つの様式の間の揺らぎを反映しているとすれば、ネコからタチへと変化する実践それ自体を、タチ／ネコという言葉のもつ可能性が個々の生において展開されたものとして捉えることが可能になる。

まずマクロな視点からの説明として、タチの数がネコの数に比べて少ないゆえ、この変化は「需給バランス」を見越した「戦略」であるとはいえる。個々のゲイが年を重ねていく（ことで「選り好みできなくなる」）という経験もまた「戦略」の誘因となっているだろう。しかし、選別の基準がそう容易に変更しないとするならば、ネコからタチに変わった人は、端的に「嘘をついて」いるのだろうか。そうではない。「嘘をついて」いるという想定は、そもそもタチ／ネコという言葉が欲求のみを媒介して行為を人に帰属させるという前提にもとづいている。しかし先に見たように、タチ／ネコという言葉に行為や能力の次元が含まれているのならば、ネコからタチへの変化、というストーリーはむしろ無矛盾なものとして流通可能なのである。

ここではとくに年齢という変数が強く働いている。「年上ならば当然いくばくかの経験があるはずであり、いろいろなことができて（＝能力）しかるべきだ」という信憑のみがあるとすれば、このタチとしての努力は少しも快楽ではなく、単なる妥協・我慢である。しかし、「できるからやってみる、とそれが快い」という、まさにタチ／ネコという言葉の圏域における能力→「中立的な」行為→欲求という揺らぎをなぞりながら、パートナーとの関係性において自身がネコからタチに変わったことが一連の「物語」として語られる（Nさん）。能力という次元をクッションとして用いることによって、タチである人が、単に我慢したり欲求を断念したりするだけの存在ではなく、むしろまさにタチとしての方法で、関係性の中における欲求の成就を実現させていることを矛盾なく語り、またその「物語」を生きることができるのである。もちろん、Iさんが、そしてほかの各インタビュイーがネコからタチに変化した経験の「本当の原因」は単純なものではない。しかし、タチ／ネコという言葉を使って自身の経験にこのような説明がなされ、またタチ／ネコという言葉を用いてネコからタチへの経験をなんらかの意味づけをもったものとして理解できるということ自体が、タチ／ネコという言葉が一定の形態でもってゲイ男性の経験をその中に位置づける枠組みを形成していることの証左である。

続いてリバ、という言葉を取り上げる。リバとは「タチもネコもどちらもできる人」と説明される時点で、能力を媒介にした行為の人への帰属がなされていると確認できる。しかし、リバという言葉は能力のみを媒介にして行為を人へ帰属しているわけではない。

Cさん：つまりリバっていうのは、両方やって気持ちいい、両方が可能なわけだから。

二箇所の傍点部において、前者では快楽や欲求の充足について述べられていると同時に、後者では能力について述べられている。この二つの要素が隣接して言及されうることこそが、リバという言葉の中に具体的に現れるタチ／ネコという用語系の揺らぎなのである。この揺らぎにより、同じリバという言葉（ないしそれで指し示される人）に対して、「リバっていうのは、本当に同じくらい両方楽しんでる」（Eさん）という語りがある一方、「我慢するか、っていう、だから妥協のもの」（Iさん）、という説明がされるのである。

さらに、能力や欲求を媒介に行為が人に帰属させられ、人がタチ／ネコという用語系の中で指し示されることによって、能力はあるけれども欲求はないという事態が、欲求があるという事態として「好意的に」受け取られる可能性が生まれる。以下の引用は、そのような可能性を積極的に活用しようとする場合があることを明らかにしている。

Gさん：そうそうそう。で、リバのほうだと、結局は、まあネコだけどタチに目覚めるっていう場合もある人もいるから、じゃリバ、リバっていう風、自分もリバだから、じゃあタチもできる人なんだな、って思って、こう、いってくれる人もいるかな、っていう。うん。ガッツリネコじゃない、っていう。ネコじゃないから誰か来てみたいな。

Iさん：リバだよっていうのはさっきもいったように自分の中ではないですけど、リバだよっていってる人は出会いを広げたいのかな、っていう。（…）まあタチだっていっちゃうと、ああタチじゃだめなんだって思われちゃうと（…）。まあ期待をもつしね、自分のタイプの人がリバですっていうと。ああ、タチ気あるかも、みたいな。

ここまでの議論を次のようにまとめることができる。行為の人への帰属の三つの様式が揺らぐことによって、ゲイ男性が自らの欲求と相手の欲求を折り合わせながら、自らにとっての特権的な他者を上首尾に選別し関係を築いていくことが可能になっている。ネコからタチへの変化や、リバといった事象も、単に男／女の「性的差異」には回収されない実践、というだけでなく、行為の人への帰属の三つの様式の揺らぎと共鳴しながら起こる、選別と関係性構築の実践として捉えられるべきである。行為の人への帰属の三つの様式によって特徴づけられるタチ／ネコという「性的差異」は、選別と関係性構築を行うための技法として理解されるべきなのである。

確かにタチ／ネコという言葉が指す行為の内実は、個々人によって差異はあっても、それぞれの当人にとって強い固定性をもって感得されているだろう。しかしタチ／ネコという用語系は、そもそもそれらの語で表されるのが欲望の内実であるという可能性を、否定するのではなく宙吊りにしてしまう。そして、行為とそれをおこなう個人の結びつきの絶対性を解除し、結果としてアイデンティティの、そしてその一部としての欲望の流動性が確保されるのである。

7　技法としての「性的差異」

以上の議論から次のことが導かれる。タチ／ネコという「性的差異」は、その「中間」ないし「両方」を指し示す項をもち、またそれらの間を行き来することが可能であるゆえ、男／女のように人々を二つに分類する強固な二分法ではない。また、つねに（単なる）行為として人から切り離すことができるゆえ、ゲイ男性のアイデンティティをつねに強く規定するような言葉でもない。むしろそれは、個々のゲイにとって譲れないことであったりそうでなかったりしながら、特権的な他者を選別し関係性を構築していくための技法なのである。

では、この技法は本書の問題意識に照らしてどのように捉えることができるか。特権的な他者とのつながりのゼマンティクとしての巧妙さについて述べ、その次にそれがゲイ男性独自のゼマンティクであるかについて述べる。まず、特権的な他者とのつながりのゼマンティクとしての巧妙さについて述べる。すなわち、特権的な他者とのつながりがもつ排他性という特徴を、タチ／ネコという用語系は幾分回避（あるいは少なくとも隠蔽）している。この事態は、タチ／ネコという「性的差異」が、単なる人の性質や属性でなく、一旦行為として切り離された上でその都度人に帰属されていく過程ないし運動であることに由来している。すでに述べたとおり、この帰属は、欲求だけでなく、単なる行為、あるいは行為の能力という形でも行われる。この時、「ほかの人でなくその人を選びたい」という欲求の（対外的な）重要度が格下げされることで、排他性の発動が抑えられている。

しかし、発し手が排他性の発動を抑えたとしても、受け手にとっては排他性に映らざるをえないことこそ特権的な他者とのつながりの要点だと第二章で述べた。したがって、タチ／ネコという用語系の巧妙さは、発し手が能力や単なる行為といったニュアンスをこれらの語に込めることには回収されない。むしろ、発し手が排他性を避けつつ語ったこれらの言葉を、受け手の側が自分が排他的に選ばれたと「誤解」して受けとることが可能になっているという事態こそ、もっとも巧妙なこの用語系の利点なのである。排他性が避けられないのであれば、語の発し手が排他性を作動させず、一方受け手の側のなるべく多くの人が「自分が排他的に選ばれた」と思えるしくみにすることが最善の解である。タチ／ネコという用語系は、人の性質と行為の間に「誤解」の余地を埋め込むことで、なるべく多くのカップリングを「平和的」に成立させ、排他性が総体的なつながりを脅かす事態を回避しているのである。

しかもこのようなメカニズムは、シンボルによって一般化されたコミュニケーション・メディアとしての愛に課せられている要件、「自我は他我の体験を行為する」、つまり「自我が他我の愛されているという体験を行為する事態と完全に一致する（村中 1996: 181）。もちろんこれは、本書が自発的な服従というパラドックス、という言葉で示してきたものである。タチ／ネコという用語によって示された行為について、この言葉を発してコミュニケーションする側がその内実の不透明性（単なる行為／能力／欲求）を利用して発言をコントロールする＝自覚的に行為することによって、その受け手の側は自らと相性のよい特権的な他者からの言葉としてその発言を体験する。しかもこの不透明性は、発言の表面上は、発し手にとっての特権的な他者とのつながりへ連なる体験として処理される。したがって、高度に能動的な行為でありつつ同時に受身的な体験である愛、というルーマンの愛の定式化を完全になぞりつつ、ルーマンの提示した自発的な服従というパラドックスを解いているのである。したがってタチ／ネコという用語系はゲイ男性の特権的な他者とのつながりへのゼマンティクの中でも、シンボルによって一般化されたコミュニケーション・メディアとしての働きに非常に密接にかかわっている点において、ほかのゼマンティクに比べて非常に重要な意義をもっていると考えられる。

ただし、このように巧妙かつ重要なゼマンティクであったとしても、それがゲイ男性独自のゼマンティクであるとすれば、共有することに伴う困難、すなわち共有しなければならないことに対する個々のゲイ男性の心理的抵抗は存在しうる。タチ／ネコという用語系のさらなる巧妙さは、この困難を回避するその仕方にある。

タチ／ネコという「性的差異」は選別と関係性構築の技法として純化されているがゆえ、それを必要としない（もっと別の基準で選別したい）人にとってはまったく「どうでもよい」ものでありうる（Cさん、Kさん）。タチ／ネコという「性的差異」は、ゲイ男性においてはすでにあまたある差異の一つとして相対化されていると結論づけることもでき、それはおそらく間違ってはいない。しかしここで着目したいのは、その相対化の根拠である。タチ／ネコに従わなくてよいその理由は、ゲイ男性はそもそも男／女の組み合わせを生きるのではないのだから、男／女の（あるいは「という」）様式にしたがう必要はないというものである。

Gさん：男役女役、っていう風なものが決まってると思ってたんですよ、昔は。
筆者：（…）ゲイのエッチには、男役と女役ってものがあるものだ、ってことですか？
Gさん：うん。誰が責めて、誰が受けて、っていう。でも、年を経てくるごとに、ゲイにはゲイの、男女間のセックスっていうものがあるのとおんなじように、ゲイの愛し方もあるんだ、っていう。
筆者：ああ、ゲイ固有の、みたいな？
Gさん：うん、そう。男と女の愛し方ではなくて、ゲイにしかできない愛し方、っていうのもあるんだな、って思ったんですよ。（…）ノンケの子に、カミングアウトしてる状態で、「え、Gちゃんはあの、どっちなの、男役なの女役なの？」、っていった（いわれた）ら、昔は「うん女」っていってたんだけど、「いや違うんだよ」、最近はね、「ゲイにはゲイにしかできない愛し方もあるんだよ」、っていって。説明は（が）変わったんですけど。

本章における検討を経由した今、この引用の意味するところは、タチ／ネコ批判とはまったく異なる。(7) すなわち、タチ／ネコは人の性質や属性を単に表す用語ではないといいうるにもかかわらず、男／女を指し示す用語として捉えて棄却することが可能だとすれば、この時起こっているのは、タチ／ネコという用語系が抱えてしまう共有の困難を減ずるために、男／女という様式が呼び出されているという事態である。いつでも「それは男／女のカップリングの様式だから私には関係ない」といいうることによって、逆説的にもタチ／ネコという用語系は「安全に」用いられうるのである（現にGさんは、この発言の後に「ゲイにしかできない愛し方」としてリバというタチ／ネコの用語系内部の要素を挙げている）。ゲイ男性に特有の、ゲイ男性なら当然慣れ親しんでいるべきカップリングシステムという息苦しさを、ある面で解除することが可能になっている。

この呼び出しによる息苦しさの解除は重要である。特権的な他者とのつながりに関するゼマンティクをゲイ男性が必要とするとしても、ゲイ男性独自のそれの共有に困難が存在するならば、「異性愛」のゼマンティクを流用するという解がありうる。この時、困難の原因であるゲイ男性独自のゼマンティクは放擲される。しかしタチ／ネコという用語系の場合、その放擲の方向性が真逆なのである。すなわち、「ついていけなさ」の原因がタチ／ネコという用語系にある場合、それがゲイ男性独自のゼマンティクだからではなく、それが「異性愛」の流用だから、という形で放擲がなされる。そしてそのような放擲の様式がコード化されることによって、ゲイ男性はタチ／ネコという用語系を用いるか否かに関するコミュニケーションを通じて特権的な他者とのつながりの成立可能性を高めることができるのである（タチ／ネコという用語系がまったく存在しないよりも、存在した上でその否定に正当性が付与されパターン化している方が、この用語系に心理的抵抗を感じる人の間の共感を呼び起こすゆえにそれらの人々の間に特権的な他者とのつながりが発生しやすい）。いわばタチ／ネコという用語系は、特権的な他者とのつながりのゼマンティクをどう調達するかという問いに対し、異性愛の流用と独自のゼマンティクの創出という別の解を独自の仕方で巧妙に組みあわせることによって答えているのである。ゲイ男性独自のゼマンティクがもつ利点と共有の困難という、現代のゲイ男性の集合性においてならどのようなゼマンティクにも発生しうる矛盾の調停をあらかじめ内在している点で、タチ／ネコという用語系にはほかのゼマンティク以上の重要性があると考えられるだろう。

もちろん、タチ／ネコという「性的差異」がすでに上記のように相対化されているからといって、タチ／ネコという「性的差異」に準拠することへの困難がまったく存在しないということにはならない。タチ／ネコという用語系を使用すること自体への筆者の評価が肯定的にすぎる可能性は存在するだろう。また本節での考察からも、タチ／ネコという用語系を用いれば特権的な他者とのつながりに関するかぎり困難を感じることはない、と結論づけているわけではまったくない。しかしそれでもなお、タチ／ネコという用語系とそれが現在のような形になった経緯には、担い手の「意図」を超えて、「よりよい」つながりを求めるゲイ男性の実践の結果として汲みとられるべき点があると思われる。

　終章に移る前に、第Ⅲ部の二つの章が論じてきたことの本書全体に対する意義をまとめておく。第Ⅱ部までで明らかになったのは、特権的な他者とのつながりと総体的なつながりという、一九二〇年代には緊密に絡まりあっていた二種類のつながりが完全に別個のものになってしまうと同時に、両者から個々のゲイ男性が排除される構図が成り立つことであった。この時ゲイ男性に「圏」のゼマンティクが成立せず、「ついていけなさ」が構造上の問題によって飛躍的に増加してしまっている。したがって第Ⅲ部では、この困難を乗り越えて二種類のつながりがどのように存立されようとしているか、存立されえているかについて、事例をとりあげて検討した。

　第六章では、総体的なつながり、それもその範囲を最大限にとった場合の総体的なつながりが可能になるしくみとして、ゲイ男性が用いる「こっち」という言葉をとりあげて考察した。この言葉が総体的なつながりの実現に対して有効なのは、以下の三点による。第一に、この語の指し示す対象に含まれるためにゲイ男性に課される要件が可能な限り縮小され、かつほかのゲイ男性との相互行為性をあらかじめ担保しておくことによって、すべてのゲイ男性をほかのゲイ男性とすでにつながっている状態においてこの語の対象に含むことができる。第二に、この語がもっている「仲間意識」というニュアンスによって、単に条件に当てはまる人間がまとめて集合として呼ばれるだけでなく、一つの社会集団、それも成員が互いに対して肯定的でありうるような集団として名指されることが可能になっている。第三に、この語を使うことによって、第一と第二の利点を積極的に発生させることが可能になっている。以上のような利点が発生するかぎりにおいて、「こっち」という言葉はゲイ男性に特定の諸要素を共有することの困難（すなわち「ついていけなさ」の基底条件）を抱えさせずに総体的なつながりを発生させているとまとめられる。一方、この方針は、「圏」のゼマンティクを維持することの放棄をも帰結している。

そこで第七章では、「圏」のゼマンティクの上にほかのゼマンティクを上乗せすることなしに、ゲイ男性が特権的な他者とのつながりをどのように達成しているかについて、タチ／ネコという用語系を題材に考察した。第二章で述べたように、特権的な他者とのつながりを可能にするゼマンティクは、自発的な服従というパラドックスを解かねばならないが、このためのゼマンティクを総体的なつながりの中で共有することは、上記の理由により困難である。これらの点に関して、タチ／ネコという用語系は、二つの点で巧妙な装置であるといえる。第一に、人格と行為の間を用語の意味が行き来する特異な性質によって自発的な服従というパラドックスを解くことができ、同時に個々人の欲望やアイデンティティを損なわずにカップリングの形成可能性を高めることができる。それゆえ、個々人への、特権的な他者とのつながりへの欲望を「人質」にとった「同化圧力」の行使が回避されている（少なくとも、緩衝剤の役割を果たしている）。第二に、それでも感得される「同化圧力」に対して、「それはゲイ男性のつながりの中にあるしくみではそもそもない」という形で用語系全体をつながりの外部へ放擲するレトリックがすでに用語系自体に埋め込まれていることで、「同化」すべき内容そのものを棄却できるようになっている。いわば、ゼマンティクがゲイ男性独自のものであるか否かが宙吊りにされているのである。以上の二点ゆえ、タチ／ネコという用語系は、ゲイ男性の特権的な他者とのつながりの成就にとって重要なしくみであるといえる。

以上、第六章と第七章で、「ついていけなさ」を回避しつつつながりを可能にするしくみを検討した。正確には、「圏」のゼマンティクの成立を「断念」し、「ついていけなさ」を感じさせるほどの「強い」集合性の維持を避けつつ、その回避の弊害を極小化することで、「ついていけなさ」をなるべく発生させずにつながりを維持する技法を検討した。その際に鍵となるのは、「ゲイ男性」といった言葉で行われるような、集合体の成員のあり方の枠組み設定自体が実際の言語実践では回避されていること（第六章）、くわえて成員の欲望が宙吊りにされる（第七章）ことで二種類のつながりが辛くも可能になっている、という点である。第Ⅲ部の記述をくぐり抜けることで、特定の特徴（セクシュアリティ、あるいは欲望）をもった特定の集団を設定し（てしまった上で）その集団を記述するという、筆者が序章から採用してきた方法は放擲される。第Ⅲ部で明らかにしたような集合体の成員のつながりのありよう自体が、すでにそのような外在的な定義を乗り越えているからである。

もちろん、各章で述べたように、だからといって「ついていけなさ」がまったくない状態が可能になっているわけではなく、あくまでこれらの題材が、ほかの要素に対して相対的に大きなアドヴァンテージをもっている、ということまでしか、これまでの記述では論証できない。ただし、ほかよりもうまくいっている題材の含意を解釈していくことは、本書が一貫して追い続けている「ついていけなさ」を回避するための、あるいはより適切に今後も考えていくための指針を得る作業となる。終章では初発の問題意識に戻って、より抽象度の高い考察を試みる。

注

（1）タチ／ネコという言葉は、現代日本のレズビアンの人々も用いるものであるが、本書ではレズビアンの方のタチ／ネコという用語系についてとりあげることができなかった。また、インタビューでは「ネコ」という言葉ではなく「ウケ」という言葉が用いられることもあるが、本書のテーマにとってはこの相違は重要ではないので、分析においては「ネコ」という言葉で統一している。

（2）ブッチ／フェム役割に関してはムント（Munt 1998）、ギブソン＆ミーム（Gibson & Meem 2002）が詳しい。

（3）このことは、パロディとは異なるものとしてのパスティーシュという概念をめぐるバトラー（Butler 1990＝1999: 268-9）の議論において端的に示されている。バトラーは、パロディには「共感」があるがパスティーシュは「異を唱え」るものであると主張するが、これはその引用元であるジェイムスンの端的な誤読である。ジェイムスン（Jameson 1983=1987: 204-5）によれば、パロディには「共感」や「敵意」があるのに対し、パスティーシュはそのような「秘められた動機」のない、「中立的な立場で」の実践なのである。ジェイムスンが明確にパロディと異なるものとして提出したパスティーシュという概念を「意図的」に「異を唱え」るものとして捉え、「ゲイのアイデンティティ」と結びつけるバトラーの記述は、バトラーが『ジェンダー・トラブル』時点では自らの理論図式に「意図的」な撹乱行為という要素を密輸入していたことを明らかにしている。

（4）インタビュイーに別のインタビュイーを紹介してもらうという機縁法の特性ゆえ、インタビュイーの方はみな東京ないし東京近郊に住んでいる（いた）。このことによって本章の分析に地理的なバイアスがかかっている可能性は存在する。

（5）そもそも、タチ／ネコというこの言葉自体は字面からその意味が素直に想像できるようなものではないゆえ、その「語源」自体が一つの問題である。しかし裏返せば、その想像しにくさゆえに、「語源」に関する説明はそれぞれのゲイの人々がタチ／ネコという言葉にどのようなイメージをもっているかに関する指標としての民間語源（folk etymology）だと考えられる。実際には次のようなものがインタビュイーによって「語源」として言及されている。必ずしもタチ／ネコが一対として言及されているわけではないが、その説明を列挙する。

【ネコは「にゃんにゃんする」からネコと呼ばれる】
【剣道の訓練において、竹刀を振る方をタチと呼ぶ】
【念者と稚児の関係において、稚児の側を「寝る子」＝ネコと呼んだ】
【左官屋の使う運搬用の大八車をネコと呼ぶが、性行為の際にネコの人々の取る体勢がその形に似ているから】
【性器が屹立している＝立っている方をタチと、横たわっている＝寝ている方をネコと呼ぶ】

（6）ある行為がその行為をしたい人に接続されるという展開は、「同性愛者」の析出に関する議論において練り上げられたものである。フーコー（Foucault 1976＝1986: 56-7）が指摘するように、「無数の性的欲望を、分散させつつ、現実の中に撒き散らし、個人の内部に組み込む」（傍点引用者）ような歴史上の転換が起こり、「今や同性愛者は一つの種族」となったのである。同性愛行為と同性愛者の相違についてのイギリスにおける歴史研究としてはウィークス（Weeks 1989）のとくに第六章およびウィークス（Weeks 1990）の第一章、日本における歴史研究としては前川（2011b）。

（7）特権的な他者とのつながりにおいて排他性が無化できないとすれば、タチ／ネコという「性的差異」がなくなったとしても人を選ぶことに関する居心地の悪さは残りうる。さらに、タチ／ネコという「性的差異」がゲイ男性に幾分居心地の悪いものとしても享受されているとしたら、それは翻って男／女という「性的差異」が居心地の悪いものとしては感じられていないことの奇妙さを照射することになるだろう。つまり、「性的差異」が選別のアリーナの上で用いられる技法でなく、選別の前提条件として扱われ、そのことによってゲイやレズビアン、トランスジェンダー、インターセックスなどのセクシュアルマイノリティを「異性愛主義的」な選別のアリーナから排除していることを、「性的差異」の居心地の悪さに関する非対称性は示しているのである。

終　章　〈わたしたち〉でいることの困難と技法

1　「ついていけなさ」と二種類のつながり――本書全体の要約

　本章では本書全体のまとめをおこない、そののちに社会学および社会集団論へのインプリケーションを述べる。まず「ついていけなさ」と二種類のつながりに着目する形で全体の議論を要約し、現代のゲイ男性のつながりの様相に〈わたしたち〉でいることの技法を読み解く。その上で、それでもなお残ってしまう「個人と社会の対立」について述べる。後半では本書の議論を社会学および社会集団論に開く。ある集団の「外部」をどう捉えるかという視点から、およびある社会に当該社会特有の特徴を見て取る社会学のまなざしを批判的に捉え返す視点から、それぞれ議論をおこなう。

　まずは本書全体の議論を「ついていけなさ」に着目して要約する。本書は現代日本におけるゲイ男性の集団性を、さまざまなレベルにおけるゲイ男性同士のつながりのありようとして捉え、社会学的に記述するものであった。まず序章ではこのつながりの中における「共有されるなにごとか」へのゲイ男性個々人の「ついていけなさ」を社会的事実の水準に存在するものとして捉え、現在のゲイ男性の集合性に固有の事態として、ゲイ男性の語りを分析しながら考察すると述べた。

第Ⅰ部では、ゲイ男性のつながりの現在の様相をあとづけていく作業をおこなった。まず第一章では、ゲイ男性同士のつながり方の歴史を追った。男性同性愛者の誕生時には、「悩み」という形でまとめあげられていた特権的な他者とのつながりと総体的なつながりの二者は、現在では特権的な他者とのつながりと、それとは無関連な総体的なつながりに分化している。したがって現在のゲイ男性のつながり方を論じる際には、この二者の関係性に着目しなければならないことを明らかにした。

第二章ではこの特権的な他者とのつながりについて考察した。特権的な他者とのつながりはその自己正当化によって全体社会にその位置を確保するが、これだけでは個々の特権的な他者とのつながりの実現可能性を高めることができない。そこで特権的な他者とのつながりを成立させるためにさまざまなゼマンティクが要求される。しかしゲイ男性独自のゼマンティクを総体的なつながりの中に保持する場合でも、「総体的なつながりは特権的な他者とのつながりだけに資するものではない」という観念をもが成立していなければならない。これを「圏」のゼマンティクの成立と呼ぶが、個々のゲイ男性は、この「圏」のゼマンティクが成り立たないがゆえに、二種類のつながりのうち自らが志向するのと異なるつながりで共有されるべき要素に対して「ついていけなさ」を感じる。したがって、特権的な他者とのつながり、総体的なつながり、「ついていけなさ」は、原理的に強く関連している。

第三章ではゲイ男性一般に膾炙している「ゲイコミュニティ」という語を題材に、ゲイ男性のつながりの現代的な特徴についてさらに考察した。この語は、なにをもってゲイコミュニティなのか、あるいはいつをもってゲイコミュニティが成立するかに関し差異をもちながらも、理想主義的傾向をもち、「ついていけなさ」そのものを考察の埒外においている。また基本的に総体的なつながりに意味を限定されて用いられており、このこと自体が現在のゲイ男性のつながりの傾向を示している。以上の点で、本書が考察しようとしている「ついていけなさ」と二種類のつながりの全体像を捉えるにはふさわしくない言葉であり、むしろ以上のような含意をもった記述概念としてとり扱うべきと論じた。

第Ⅱ部では、ゲイ男性のつながりにおける「ついていけなさ」の隘路に関する二つの問いを考察した。第一に、「圏」のゼマンティクが安定的に成立することで、総体的なつながりが特権的な他者とのつながりへのアクセスを保証しているかを、第二に、それ以前にそもそも総体的なつながりへ個々のゲイ男性が安定的にアクセスできているのかを考察した。

第四章では、前者の問いについてカミングアウトに関する語りを題材に論じた。カミングアウトの「政治性」や「コミュニティ」という語との順接性から明らかになるのは、今やゲイ男性のつながりのうち、総体的なつながりが特権的な他者とのつながりへのアクセスポイントではないものとしてのみ志向されていること、したがってゲイ男性個人と特権的な他者とのつながりの間の順接性は現在では想定しえず、ゲイ男性は特権的な他者とのつながりから「疎外」されているという言論上の構図が明らかになった。

第五章では、雑誌『Badi』の署名記事におけるライフスタイルの差異をめぐるコミュニケーションを分析した。現代のゲイ男性は、総体的なつながりとの間に安定的な順接性を確保することからも「疎外」されており、二種類のつながり双方との接続に困難を抱えている。それゆえ、「ついていけなさ」の発生可能性は飛躍的に増大している。よって、第四章と第五章を通じて、第Ⅱ部で答えられるべき二つの問いの両方に対して否という回答が示された。現在のゲイ男性は、特権的な他者とのつながりと総体的なつながりの双方に対して「ついていけなさ」をもつ、構造的な諸条件のもとに生を営んでいるのである。

では、現在のゲイ男性は、二種類のつながりから「疎外」され、それらに「ついていけない」生を生きるしかないのか。この問いに否と答えるために、第Ⅲ部では、第Ⅱ部で提示されたこの隘路を個々のゲイ男性の実践がどのようにすり抜けているかを論じた。第六章では、「こっち」という言葉に着目したインタビューの結果を分析した。この言葉の曖昧さは、ゲイ男性が互いの差異を折り込み、「ついていけなさ」の原因となりうる共有すべき要素の積み増しを回避しながら〈わたしたち〉の「仲間意識」を立ち上げることに資していることが明らかになった。ゲイ男性は、なにごとかを共有することを経由せずに、あるいは積極的に避けつつ総体的なつながりを立ち上げているのである。

このように、共有すべき要素を積み増さずに総体的なつながりを立ち上げるゲイ男性の集団において、したがって特権的な他者とのつながりを成立させるためにゲイ男性独自のゼマンティクが創出された、という単純な事態はありえない。ではどのような事態が起きているのかについて、第七章ではタチ／ネコという用語系をとりあげ考察した。この用語系は行為を人に帰属させるゲイ男性独自の様式をもっており、自我の行為と他我の体験のずれをうまく利用することによって、自発的な服従というパラドックスを解くことのできる、特権的な他者とのつながりの発生可能性を高めるゼマンティクとなっている。また同時に、このゼマンティクは「参照元」の男／女という「外部」をつねに呼び出すことによって、規範の強要を解除しようとするテクノロジーをも抱え込んでいる。ゲイ男性独自のゼマンティクが「ついていけなさ」を発生させるならば異性愛のゼマンティクを流用するしかない、という状況において、「ついていけなさ」が存在するならばそれは異性愛のゼマンティクの流用だからだ、という形に論理が反転することによって、「ついていけなさ」が回避されつつ特権的な他者とのつながりが生起可能になっていると明らかになった。

以上の道筋によって、総体的なつながりと特権的な他者とのつながりの分離の中で両者から「疎外」され「ついていけなさ」を感じる個々のゲイ男性の困難と、その困難を回避しつつ〈わたしたち〉を成り立たせるための技法の提示が行われた。

二種類のつながりに関する考察と「ついていけなさ」に関する考察は、原理的に関連しながら本書を貫く問いであった。ゲイ男性のつながりという対象そのものがもつこれらの要素の重なりあいそのものに、本書の道筋のありようの特徴を帰することも可能だろう。

以上が本書の要約である。現代のゲイ男性は、つながりが発生させる「ついていけなさ」という問題を生きなければならない。しかしそのことは、すでにあるつながりの中にこの「ついていけなさ」を回避する実践が存在しないことを意味しない。むしろ、その困難を生きなければならないからこそ、困難を回避する技法がすでに編み出されているはずである。本書は「ついていけなさ」の問題に繰り返し言及したが、しかし未来にはその問題が全面的に解決するだろうという結論には至らない。理想主義そのものが問題なわけではないが、現在の営為から意義を読み取らない記述は、逆説的にも現在において生を営むゲイ男性を軽視していることになってしまうだろう。本書は、現在の困難を食い破る技法を現在の中に見てとろうとした。今ある事象の中に肯定的な要素を見つけ出す、たとえば本書第Ⅲ部のような記述を行うこともまた重要であると、筆者には思われる。

本節の最後に、本書が用いてきた「ゲイ男性」という語について述べる。本書は、その対象とするつながりの成員を、その特徴に鑑みて「ゲイ男性」という呼び名で名指したが、この方針は成員の要件をあらかじめ記述者が設定するものであり、ほかの語に比べてその要件が暴力的ではないかもしれない、という程度の次善の策でしかなかった。しかし第Ⅲ部の記述から、ある種の様式を採用することによって、成員の要件を極小化して集合性を立ち上げる実践が明らかになった。したがって、筆者の次善の策は実践によって覆されている。登りきったはしごは正しく捨て去られねばならないことが、本書が対象とした集団の成員においてすでに生きられている経験ゆえに導かれたといえる。

2　「ついていけなさ」から「傷」へ

しかし、(ここでもこの表現を次善の策として用いるが) ゲイ男性がつながりを達成している、という肯定的な結論への全面的な展開が、第Ⅲ部で示したインタビューのデータによって否定されている側面も忘れてはならない。第七章で検討したタチ／ネコという用語系がゲイ男性にとって「ついていけなさ」を感じるジャーゴンとなることはありうるし、第六章で検討した「こっち」という言葉によって排除されていると感じるゲイ男性も存在するはずである。

序章で述べたとおり、本書の問題意識は、ゲイ男性が時に感じる「ついていけなさ」にある。しかし本書の終盤、第六章においてこの「ついていけなさ」は「傷」というより直接的で痛切な言葉に、こういってよければ「転移」されている。「個人と社会の対立」を安易に解消してしまわない本書にとって、この「傷」は最後まで消えることがない要素であるし、また消すべきでない要素でもある。また、この「傷」は、ゲイ男性が差別によって受ける「傷」に比べれば微々たるものである、といって捨象してもならないだろう。「ここでは苦しまずに済むと思っていたのに苦しい」という感覚は、一度は希望を感じたがゆえに、それから逃れてきたところの差別されることの苦しみに匹敵することがありうるからである。

したがって、問題はこの「傷」をどのように捉えるかである。たとえば、それが消えないなら仕方がないと割りきって、各自適当に他人に「傷」を与えながら生きるという解もあるだろう。ゲイ男性は聖人君子ではないしある必要もないので、「傷」が絶えず生起するのは事実である。しかし、そのことと他人に「傷」を与えるのは仕方がないと思うことは異なる。

筆者は倫理的な指針の表明や説教をおこないたいわけではない。むしろ事実として、ゲイ男性が「傷」を避けつつつながっていこうとしていることが指摘されるべきである。第Ⅲ部で考察した実践が他者とつながっていく志向性をもつことを踏まえれば、ゲイ男性が容易に他者へ「傷」を与える可能性に開き直ったりせず、なおつながりを求めようとしている事態を看過してはならない。こう言い換えることもできる。「傷」の消えなさは、つながりの消えなさの裏面なのである（バトラーの議論における「傷」が言語と不可避的に結びつくとの指摘とも重なる）。「傷」が消えないことは、またゲイ男性のつながりが消えないことの傍証でもあり、必ずしも絶望に値するものではない。「ついていけなさ」も「傷」もないゲイ男性のつながりがいつか達成されるという想定に無理があること、にもかかわらずつながりが存在しうることを指摘し、本書の問題意識に対する解答とする。

そしてまたこの点こそ、本書が社会学、そしてその根本の視座である個人に外在し個人を拘束する社会的事実の水準を重要視してきたことの帰結でもある。たとえば「社会的事実」という言葉が、社会と個人がわかちがたく結びつきつつも決して重ならないということをきわめて鋭利にえぐり出す概念であるように、本書全体もまた個人と社会のずれをつねに念頭においており、また本書で分析の末導き出された知見も、そのずれの消えなさを裏書きしているといえる。「ついていけなさ」、究極的には「傷」が消えないという事態を悲観的にでなくかつ理想を語るのでもなく描くという作業もまた、本書が自らに課したものであった。

3　「外部」をめぐる問い

しかし、本書において明らかにされた事象は、本書の問題意識に対してのみ資するものではない。とくに第Ⅲ部において明らかにされたゲイ男性の実践からは、ゲイ男性に関してこれまでおこなわれてきた議論では掬いとれなかった、重要な知見が含まれている。それは、ゲイ男性のつながりの「外部」をめぐるものである。

これまで、ゲイ男性にとってゲイ男性のつながりに対する「外部」は、異性愛主義あるいはヘテロセクシズムという言葉で形容され、ゲイ男性にとって抑圧的なものとして描かれてきた。しかし、本章の第Ⅲ部でとりあげた事例は、ゲイ男性のつながりが「外部」を資源として利用しているものと解釈することができる。「外部」が言説的資源として呼び出されている点を改めて検討してみたい。

第七章で検討したタチ／ネコという用語系は、一見男／女（の異性愛）という制度を模倣した単なる劣化コピーにすぎない。しかし、「そもそもゲイ男性は異性愛者の男女ではないのだから、タチ／ネコというシステムにしたがう必要はない」という形の語りは、異性愛が否応なくゲイ男性のカップリングにタチ／ネコという用語系を通じて影響を与える、という図式を逆説的にも裏切っている。タチ／ネコという用語系がゲイ男性に採用されない場合があるからだけではない。むしろ、その不採用の理由として「わたしたちは男／女のカップリングを生きる必要はないから」という形で否定的に「外部」が呼び出されているからである。この時、「外部」はゲイ男性のつながりを自由なものにするため当て馬として呼び出されている。

第六章で検討した、「こっち」に関する議論においても同様の事態が観察できる。「こっち」は、性的指向を持ち出すことで〈わたし〉たちの差異を折り込みながら〈わたしたち〉を立ち上げる効果をもっている。この時、「外部」の言及は、「外部」が基底的だからではなく、「こっち」の側の存立のために必要であるゆえになされる。ここでも「外部」は当て馬として呼び出されている。

以上のように、ゲイ男性の実践においては「外部」の基底性が時に「反転」させられる。ここでは「外部」が「一般的」であり、ゲイ男性のつながりの側がそれに対する「例外」であるというリアリティは「逆転」している。この「逆転」は、ゲイ男性を被差別者としてのみ捉える議論では掬い上げられないリアリティを示している。すなわち、ゲイ男性にとってのゲイ男性「外」の「社会」とは、単に差別をおこなってくる悪ではなく、単なる「外部」でもなく、むしろそこから積極的に利益を引き出してくることのできる資源でもある。

したがって、ゲイ男性を描くこれまでの議論が、「外部」との関係ではゲイ男性を弱者として描きがちであったことに反省を促す必要があるだろう。単にゲイ男性を被害者の像に還元するのが誤謬であるからではない。そこにある逆向きの利用／被利用のベクトルが、ゲイ男性のつながりとその「外部」の相互行為の複雑性と新たな豊穣さを導き出す可能性をもっているからである。

この点は、序章で述べた差別論の視座と本書の関係という問いに関連している。本書は差別論とは別の問題を取り扱ってきたが、上記の知見を踏まえると、むしろ差別論が依存していた理論的な前提に対してデータをもって反論する形で、ゲイ男性の集団とその外部の関連を新たに問い直す作業としても本書全体を読み直すことができるだろう。すなわち、ゲイ男性の集団について理解するにあたっては「外部の差別性」を看過してはならない、という一見「善意」に満ちた前提が、その実一定の枠組の中にゲイ男性の集団や相互行為の意味や意義を閉じ込めてしまう点が、本書の考察によって批判されているのである。

本書の問いかけをより広い文脈に適用するために、一つの例をとりあげて論じる。日本に住むエスニックマイノリティの集団では、たとえば民族衣装や独自の音楽や生活習慣、総じていえば文化といったものが共有されており、時にそれらは「日本人」に対して積極的に演じられ、示される。しかしこの時、この文化は差別的な日本社会の中で生きていく彼女ら彼らの民族的アイデンティティのよすがである、といった分析が、ナイーブにも外挿されることがないだろうか。もちろん、「ただ好きでやっているのだ」という彼女ら彼らの意見を字義どおりに受け取る必要はない。しかし、背後にある差別を文脈情報として安易に持ち出して「分析」や「考察」と称することの問題性には気づくべきである。それは、場合によってはエスニックマイノリティの能動性を低く見積もる二次的な暴力ですらある。

もちろん、差別の存在ゆえに現れる社会集団の特徴というものも存在するゆえ、分析や考察は安易にできるものではない。しかしだからこそ、ゲイ男性のつながりについて実際に調べ、分析し、考察する本書のような作業が必要となるのである。マイノリティ集団を語ることに付随する二次的な暴力性と、それをひらりと飛び越えるような当該マイノリティの実践が差別論と手を携えて探られるべき新たな問いとしてあることは、強調しておく必要がある。本書ではこの点について中心的に記述はしなかったが、新たな問いを開く論点として指摘しておく。

4　薄められた社会

他方、本書の考察を、社会学およびその重要なテーマである社会集団論一般に対する貢献をなすものとして捉え返すこともできるだろう。終章の最後に、この点について考察し、序章で論じた「当事者」概念との関連性についても記述する。

第一に、ゲイ男性のつながりを社会集団一般から差異化するものとして、本書では特権的な他者とのつながりと総体的なつながりの二種類のつながりの同居を論じた（第二章）。このことは言い換えれば、特定の他者を排他的に選ぶという営為によってその同質性がつねに脅かされるものとして、ゲイ男性の集団が存在せざるをえないということを示している。したがってゲイ男性のつながりを論じた本書は、集団の同質性を担保にせず集団を記述するという試みをおこなった[1]。しかし、このような手法はゲイ男性をめぐる議論のみにしか適用できないわけではない。とくに、「ついていけなさ」をつねに焦点とすることで、同質性を積極的に避けながら記述をする本書のスタイルは、ともすると社会集団の記述を当該集団の特徴や性質の記述に還元してしまう議論の裏面をなすものであり、社会集団の社会学的記述の方法としての意義をもつと同時に、社会集団の記述に関する問いを開くものである。

第二に、第一点目と関連する事象としてこの二種類のつながりの連関に関して述べることができる。親密性／圏について検討した際に述べたように、二種類のつながりを異性愛者において接続させるための擬制が婚姻制度と結びついた近代家族であった。裏を返せば、本書が捕捉してきた特権的な他者とのつながり／総体的なつながりの間の齟齬や矛盾は、ゲイ男性が近代家族という擬制をもたない中でいかに自前の別様の仕掛けを考案したか／できなかったかを指し示すものでもある。したがって本書のたどった道筋は、それが近代家族という制度によって不可視化されていた、特権的な他者とのつながりという発生しにくい現象を、いかに制度のバックアップなしで成立させようとしたかを追ったという点において、（性別役割分業や子供中心主義の検討といった、一般的な近代家族論とその外見はずいぶん異なるが）そのまま裏返しの近代家族論になっていると考えられる。異性愛者にとっては自明な「公共圏」の中に特権的な他者とのつながりの「場」をどのように設定するかが問題であった点と比すると、ゲイ男性の場合は特権的な他者とのつながりという基本要素を可能にするために、いかに自明でない総体的なつながりを設定し「圏」のゼマンティクを存立させるかという点が問題であった。そして、その解において二種類のつながりの実態上の成立関係（順序）が転倒していることが重要であり、このような意味で本書は近代家族論の文字どおり裏返しの記述になっているのである。近代家族という擬制をもたないゲイ男性以外のセクシュアルマイノリティの研究へと本研究が接続することで、異性愛者にとってもすでに耐用年数を越えているだろうこの擬制のオルタナティヴが開けていく可能性が生まれる。第二章で論じたように、特権的な他者とのつながりはそのままでは（シンボルによって一般化されたコミュニケーション・メディアとしての愛のはたらきのみによっては）実現可能性があまり高まらない。したがって、近代家族に問題があるからといって、この制度そのものを放擲するだけでは、単に特権的な他者とのつながりがよりいっそう不可能になるだけである。近代家族を親密な関係性というスローガンに置き換えるだけのような発想は、理想論としては成立しても、細かい点ではあまりに杜撰にすぎるのである。ゲイ男性の集合性において「圏」のゼマンティクが成立せずとも特権的な他者とのつながりが可能になっていることを鑑み、むしろ「圏」のゼマンティクの成立不可能性を補完するどのようなしくみを構想し、いかに親密「圏」と調停させるかを考察すべきだ、という課題が本書の議論によって明らかになっている。

　第二章で述べたとおり、いわゆる異性愛主義社会とゲイ男性の集合性は、基本的に「圏」のゼマンティクに関して同じ課題を解かねばならない。ゲイ男性の場合にはそこに「全体社会」の存立の不確定性にもとづく条件が上積みされることによってその問いの難度が上がっているのだが、これに対して第Ⅲ部でとりあげた解は、この上積みされた条件を回避しつつ、「圏」のゼマンティクをもまたすり抜けてしまうものであった。したがって、ゲイ男性の集合性の見出した解は、その見た目上の「特異性」にもかかわらず、形式的には十分異性愛主義社会にも適用できるものなのである（そしておそらく、それが本当に適用されたならば、もはやその社会は異性愛主義社会としては存立しえないはずである）。制度による外在的な誘引なしで特権的な他者とのつながりを成立させようとするゲイ男性の集合性を考察することで、制度の解体の逆機能を避けつつ特権的な他者とのつながりを維持させうるような「一般解」の発見や創出が可能になるだろう。本書はそのような可能性を開くものである。

　同時に、本書が対象としたゲイ男性の集団において、パートナーシップではなく総体的なつながりの方を「家族」とゲイ男性が表現することがある。この時ゲイ男性自身は特権的な他者とのつながりを拡大する形で総体的なつながりへと到達しようとしているのか。このように、二種類のつながりの連関に関して、本書ではとりあげられなかったいくつもの問いが存在する。これらの検討については筆者自身の今後の課題としたい。

第三に、ゲイ男性のつながりがどのように立ち上がるかに照準すると、別の社会学的含意が浮かび上がる。第六章でとりあげた「こっち（の世界）」という言葉は、その曖昧さや無内容さが積極的に引き受けられることによって、総体的なつながりを立ち上げることを検討した。第七章では、ゲイ男性独自のカップリングのしくみが、男／女という「外部」に託されることでゲイ男性のつながりの中から放擲される可能性もあることを指摘した。いわば、集団の同質性の内実を減じていくことで、集団を集団として存立することが可能になっているのである。ゲイ男性の集団あるいはつながりを一つの部分社会と捉えれば、以上のような事態は次のように言い換えることができる。すなわち、ゲイ男性に起こっているのは、社会の濃度を下げる、いわば社会を薄めることで当の社会を成立させるような事態なのである。「ついていけなさ」や「傷」の中でつながっていかざるをえないゲイ男性のありようが導き出したこのような事態は、部分社会を記述する社会学・社会集団論一般に対してインプリケーションを与える。すなわち、社会が社会として存立せねばならない必然性が、社会になんらかの「文化」を成立させる方向にはたらくわけではないのである。この点は、ある社会には「文化」が生まれ、別の社会からは「文化」がとり去られる、といった一段上の特徴に帰せられてはならない。むしろ記述者が当該社会集団の「文化」を探し出すまなざしが、批判的に捉え返されるべきである。本書の論述の道筋は、そのような問いへとも続くものであった。

この点は、裏を返せば当事者概念を本書が用いなかった方針ともつながっている。「文化」を探し出すまなざしを筆者が批判するのは、ゲイ男性「当事者」が一枚岩ではない、などということを述べたいからではない。

集合としての見解と個としての見解が対立することは、その限りで問題ではない。むしろその逆で対立が当事者幻想によってかき消されてしまうこと、個別の当事者性が集合の前に奪い去られてしまうことが問題なのである。（豊田 1998: 110）

豊田が「当事者幻想」という辛辣な言葉で指摘しているのは、「当事者」の多様性は問いですらなく、まったくもって初歩的な前提条件であり、問いは、むしろ「当事者」を語る言葉がこの前提条件を不当に棄却しているという点だった。しかし、不当な棄却の指摘そのものに議論が還元されるとすれば、事態は「一枚岩でなさ」の再確認に終始してしまい、豊田が見据えていた「その先」を捉えることはできない。

むしろ本書が明らかにしてきたのは、誰が当事者なのか、なにをもって当事者とみなすのかという論点そのものから可能なかぎり遠ざかることによって「ついていけなさ」を回避しつつゲイ男性同士がつながっていく営為である。この営為に積極的な意義が見出されるべきだろう。

当事者概念への批判や捉え返しに対して本書が付け加えるのは、この積極的な意義である。ゲイ男性の集団、とくにその「社会を薄める」営為を捉えるのに重要なのは、彼らのうちの誰が当事者であるのか、あるいはどのような意味で彼らが当事者であるのかではなく、彼らがいかにしてある一定の方法で当事者でないことによってつながりえているか、という点であった。この点にこそマイノリティ、とくにその「連帯」をめぐる考察の一つの鉱脈が存在するだろう。〈わたしたち〉が〈わたしたち〉でいるために〈わたしたち〉がなんであるかを規定しない、という技法の有効性が、本書の対象としたゲイ男性のつながりの様相から明らかになっているからである。このような（転移の）技法がさらに記述され、また考察されるべきだろう。本書はこの記述と考察の試みを開くものであった。

注

（1）このような試みとして、エスニシティ論の古典であるバルト（Barth 1969＝1977）を挙げることができる。バルトは、集団の存立が我々を「名乗る」／彼らを「名指す」ことによる境界設定の実践によって支えられていると述べる。この記述は、本書第六章の考察とも通底する。

あとがき

本書は、二〇一一年九月に東京大学大学院総合文化研究科より博士号を授与された論文を、大幅に改稿したものである。この博士論文の各章に組み込まれることとなったいくつかの雑誌論文自体が、もとをたどれば修士論文や学部の卒業論文であり、その意味で私は少なくとも九年は「マイノリティにはマイノリティ同士でいっしょにいること固有の苦しさがあるはずだ」、という直観につきあってきたことになる。そして、本書を書き終えた今でもこの直観は正しいと私は思っている。マジョリティからマイノリティへの差別ももちろん苦しい。しかし、そちらの苦しさの方が本書の扱った苦しさよりも深刻であるとか、対処を優先されるべきである、というわけでもないだろう。それぞれの人がそれぞれにひとつずつ苦しさに対処すること、それをお互いに認めることの一助に本書がなるのであれば、筆者としては光栄である。

本書およびその前身となる論文の執筆において、本当に多くの人にお世話になった。

誰よりも先にまず感謝を述べさせていただきたいのが、第Ⅲ部でのインタビューに応じてくださったインフォーマントのみなさんである。インタビューしているつもりが最終的には私自身の人生相談に乗ってもらっている、という展開は一度や二度ではなく、そんな「ダメインタビュアー」である私に温かく接してくださったみなさんには感謝してもし尽くせない。本当にありがとうございました。

博士論文の審査をしていただいた、指導教員の瀬地山角さんをはじめ、赤川学さん、市野川容孝さん、佐藤俊樹さん、清水晶子さんにも大変お世話になった。博士号を授与された日に感じた自由さとよるべなさは、一生忘れることはないだろう。

ゼミや研究会でお世話になった研究者仲間のみなさんにも感謝している。中でも、元森絵里子、明戸隆浩、野田潤、韓東賢、畠山洋輔、久木元美琴、寺地幹人の各位には長期間にわたってお世話になった。私が誰に世話になったかなど読者の方には知ったことではないのは重々承知の上で、それでも名前を挙げさせていただいたのは、ぜひとも本書から芋づる式にこれらの方々の研究をたどってほしいと思うからである。本書が多少なりともきちんとした研究になっているとすれば、それはこれらの方々とその研究から学ぶ機会を私がもてたからであることは間違いない。

初めての出版に際し右往左往する私をさまざまな面で助けてくださった勁草書房の松野菜穂子さんにも感謝。松野さんが折にふれて私の研究を面白いといってくれなければ、私は博士論文を書き上げられなかったと思う。

そして読者のみなさんに最大級の感謝を。あとがきから読んでくださっている方が多いと思うのでここに書いてしまうと、本書の議論の大半は「論理的であれ」という強迫観念に取りつかれた（かつての）私が書いたものなので、なかなかどうして大変なことになっている（しかも、本当にきちんと論理的になっているかはまた別問題である）。読者のみなさんによって、圧縮され凝固したロジックが解きほぐされ、そこになにがしかの意義を読み取っていただけたなら、本当に、本当に嬉しい。

なお、本書は平成一九〜二一年度および二四年度の日本学術振興会科学研究費補助金（特別研究員奨励費）による研究成果の一部である。出版に際しては平成二四年度日本学術振興会科学研究費補助金（研究成果公開促進費・学術図書）による助成を受けている。

二〇一二年七月

森山至貴

初出一覧

本書の各章は、以下の既発表論文をもとに大幅に加筆修正したものである.

序　章　書き下ろし

第一章　書き下ろし

第二章　「〈愛〉の決疑論」『ソシオロゴス』第32号，2008年，pp. 198-213.

第三章　「ゲイコミュニティ語りの『系譜』」『解放社会学研究』第23号，2010年，pp. 11-30.

第四章　「ゲイアイデンティティとゲイコミュニティの関係性の変遷――カミングアウトに関する語りの分析から」『年報社会学論集』第23号，2010年，pp. 188-199.

第五章　「『懸命にゲイになるべき』か？――雑誌『Badi』にみるセクシュアリティとライフスタイルの関係性」『論叢クィア』第1号，2008年，pp. 76-98.

第六章　「呼称が立ち上げる〈わたしたち〉――ゲイ・バイセクシュアル男性へのインタビューから」『社会学評論』第62巻1号，2011年，pp. 103-21.

第七章　「技法としての『性的差異』」『相関社会科学』第17号，2008年，pp. 56-69.

終　章　「動員される〈外部〉――語り／実態の二分法を超えて」『解放社会学研究』第24号，2011年，pp. 56-74.

索　引

ア　行

愛　63-75, 79, 86, 207, 224
相手探し　33, 37, 52
アイデンティティ（性的アイデンティティ・ゲイアイデンティティ）　31-32, 36-40, 55, 132-134, 137-138, 144-145, 148, 150, 163, 190, 223
赤川学　52, 77
アクティヴィズム　204
浅田彰　14, 107
『アドニス』　45-46
アルチュセール　32
（デニス・）アルトマン　108, 144
飯野由里子　115, 203
イカニモ・イカホモ　159-160, 170, 196-197
生きづらさ　8-10
石丸径一郎　117
伊藤悟　122, 124, 127, 144
インターセックス　115, 231
インターネット　i, ii, 46-50, 154
ウィークス　230
上野千鶴子　143
内なるホモフォビア　4-6
内野儀　209
ウリ専（男娼）　44
エイズ　143
HIV　143, 155, 169, 203
SNS　47
エスニシティ　245
エスニック集団・エスニックマイノリティ　140, 240-241
遠藤織枝　205
オネエ言葉　148
太田典禮『第三の性』　52
オカマ　147, 171, 178-80, 195, 200-201
小倉康嗣　99, 103, 108
オースティン　180

カ　行

回答の容器　210
外部　23, 80, 239-241
掛札悠子　115, 143
風間孝　94, 123, 126, 128
家族　76, 87, 242-243
語りの場　32-33
（社会的）カテゴリー　177-178
カテゴリー語　177-178, 182, 198, 201-202
加藤秀一　86
金田智之　103, 108, 117, 123, 144
かびやかずひこ『夜の異端者』52
カミングアウト　22, 113-144, 146, 225, 235
カメロン＆クーリック　178-179
河口和也　90-91, 94-95, 107-108, 124-126, 130-132, 151-153
感情　58, 60-63, 66-67, 69, 85
感情社会学　62-63
傷　180-182, 200, 238-239, 244
帰属　217-218, 220-223
ギデンズ　72-74, 87, 108
――――『親密性の変容』　72-74
貴戸理恵　9-10
逆機能　3-4, 6-7, 17, 243
キャンプ　208-209
ギョウカイ　181, 205
クィア　14, 178-179, 181

草柳千早　8-9
クレア・マリィ　107, 143-144, 181-182, 205
ゲイカルチャー　82
鶏姦　31
ゲイサイト　47-48
ゲイ雑誌　41, 45-46
（スー＝エレン・）ケイス　208
ゲイ・スタディーズ　178
ゲイ・ムーヴメント　178
ゲイ用語　158
ゲイライフ　155-156, 163, 165
ゲイリベレーション（ゲイリブ）　7, 196
（愛の）決疑論　70-72, 80
言語行為論　180
「懸命にゲイになる」　148-153, 165, 169
礫川全次　52
黒人　143
告白　115, 121, 123, 125, 144
こっち（の世界）　23, 227, 182-205, 235, 244
言葉狩り　177
コミュニケーション・メディアの四類型　68

サ　行

在日コリアン・在日朝鮮人　143, 177
崎山治男　86
サバイバー　143
『さぶ』　45
差別語　177
差別論　4-6, 240-241
ジェイムスン　230
自己命名権　178
自然主義アプローチ　210
自発的な服従というパラドックス　56, 69-70, 72, 75-76, 80-82, 84-85, 104, 142, 203, 207, 224, 226-228, 236
『G-men』　45
社会的事実　15-16, 84, 238-239
純粋な関係性　72
新木場公園　43
SINDBAD BOOKMARKS　53
シンボルによって一般化されたコミュニケーション・メディア　64-70, 86, 224, 243
親密性・親密圏　73-75, 87, 242-243
「親密性パラダイム」　75
すこたん企画　179
ストーン・ウォール・イン事件　47
砂川秀樹　1-4, 50-51, 118-119, 144
スペンサー　24
棲み分け　11-13
性的指向　187-189
性同一性障害　115, 177
生の様式　125, 150-152, 169
性欲　77, 86
関修　117-118
セクシュアリティ　29, 75, 147, 150, 158, 165-166, 169, 179, 190
ゼマンティク　56, 71-73, 75-78, 80-84, 87, 106, 113, 142-143, 146-147, 167-168, 175-176, 202-203, 206-207, 223, 234, 236, 242-243
選択と動機づけ　65, 67
想像の共同体　32-33

タ　行

体験選択　50-61, 69, 86
高橋由典　59-61, 86
竹内瑞穂　32
田崎英明　121, 125
タチ／ネコ　23, 207-228, 230-231, 239-40
田中香涯　32, 52
男色　30-31, 34, 36
男性中心主義　15
男性同性愛者　30-41, 78, 138, 152, 165, 203

稚児　30, 34, 36
ついていけなさ　6-24, 54, 56, 84-85, 106-107, 114, 118, 142, 175, 202, 226, 228-229, 233-239, 244
通俗性浴学　32, 52
つながり　2, 17-18, 22-23, 29-30, 32-37, 39, 46-49, 50, 85, 88, 102-106, 119, 135, 144, 175, 233
――総体的なつながり　20-23, 29, 37-40, 42-46, 49, 51, 55-56, 61, 78-85, 87-88, 100, 106, 113-114, 138-143, 146-147, 158, 164-165, 167-168, 175-176, 202, 206, 224, 234-236, 241-243
――特権的な他者とのつながり　20-22, 30, 37-40, 42-46, 49, 51, 55-64, 77-85, 87-88, 100, 103-106, 108-109, 113-114, 138-143, 146, 163-165, 167-168, 175-176, 202, 206-207, 223, 234-236, 241-243
デミリオ　144
デュルケーム　15-16, 25
――『社会学的方法の規準』　18
東郷健　179-180
当事者　89-90, 107, 192, 241, 244-245
同性婚　75
トートロジー（トートロジカル）　186-187, 204
トランスジェンダー　41, 124, 177, 179-180, 183, 231

ナ　行

長岡克行　86
仲間（意識）　24, 185-187, 190-195, 200-201, 204, 227, 235
悩み　33-40, 46-47, 49-50, 138, 234
（新宿）二丁目　i, 44-45, 53, 103, 107, 148, 157, 170, 193, 196
新田啓子　74, 76
野崎綾子　87

ハ　行

バー（ゲイバー・ホモバー）　i, 5, 10-11, 41, 44, 46, 49, 53, 118, 169, 194, 204
パーソンズ　24
パッシング　204
ハッテン場（ハッテン施設）　5, 41-44, 46, 49, 53, 87, 204
『Badi』　22, 45-46, 147-149, 154-167, 235
バトラー　32, 180-181, 208-209, 229-230, 238
――『ジェンダー・トラブル』　230
ハーバーマス　64
パフォーマティヴ　194, 209
『薔薇族』　45, 53
（フレデリック・）バルト　245
パレード　144, 157, 170
パロディ／パスティーシュ　229-230
平野広朗　180-181
ヒルシュフェルト　42
フィクション　96-101
フィリア（友愛）　65
フェミニズム　14
（シェイン・）フェラン　130-131, 169
フーコー　125, 148-153, 165-166, 169, 230
――『知への意志』　125
――『同性愛と生存の美学』　149-150
（ホモ）フォビア　43, 123-124
伏見憲明　41-46, 52, 88, 92-102, 105, 107, 120
ブッチ／フェム　208
プラマー　128, 143
古川誠　30-31
（マーク・）ブレシアス　131, 151
文通欄（通信欄）　45-46
ヘテロセクシズム（異性愛主義）　7, 12,

84, 208, 231, 239, 243
『変態性欲』　31-39
ボアソナード　31
ホモ　44, 53, 178, 200-201
ホモ狩り　43
ホモセクシュアル・パニック　139
ホモソーシャル　207
（戦略的）本質主義　145

マ　行

前川直哉　32-38, 52, 230
マートン　24
マルディグラ　47
mixi　47
三島由紀夫　42, 44
ミニコミ誌　45, 203
民間語源　230
村中知子　86, 224
村山敏勝　108
Men's Net Japan　47

ヤ　行

山田昌弘　62
やわらかな締めつけ　10-12

ラ　行

ライフスタイル　107, 147-148, 150, 152-153, 155-159, 161-168, 176, 181, 183
理想主義　98-103, 105, 137, 152
リバ　212, 220-222, 226
竜超　53, 95
ルーマン　21, 56, 63-75, 85, 87, 224
――――『情熱としての愛』65-68, 71, 87
レイプ　143
レズビアン　107, 115, 117-118, 128, 130, 143, 169, 177, 203, 208, 229, 231
恋愛　62, 77, 86
ろう者　178
ロマンティック・ラブ　72-75, 87

ワ　行

若ゲイ　161-164, 166-167
若林幹夫　59, 86

引用文献

赤川学，1999，『セクシュアリティの歴史社会学』勁草書房.

Altman, Dennis, 1993, *Homosexual: Oppression and Liberation*, New York: New York University Press.（＝2010，岡島克樹・河口和也・風間孝訳『ゲイ・アイデンティティ――抑圧と解放』岩波書店.）

浅田彰ほか，1997，「レズビアン／ゲイ・スタディーズの現在」『現代思想』25(6): 18-57.

Barrett, Donald C. & Lance M. Pollack, 2005, "Whose Gay Community? Social Class, Sexual Self-Expression, and Gay Community Involvement," *The Sociological Quarterly* 46: 437-56.

Barth, Frederick, 1969, "Introduction", Barth, Frederick ed, *Ethnic Groups and Boundaries*, Boston: Little Brown and Company, 9-38.（＝1977，内藤暁子・行木敬訳「エスニック集団の境界――論文集『エスニック集団と境界』のための序文」青柳まちこ編・監訳『「エスニック」とは何か――エスニシティ基本書選』新泉社：23-71.）

Blasius, Mark, 1992, "An Ethos of Lesbian and Gay Existence in Political Theory." *Political Theory* 20(4).（＝1997，村山敏勝訳「レズビアンとゲイの生存のエートス」『現代思想』25(6): 219-47.）

Butler, Judith, 1988, "Performative Act and Gender Constitution: An Essay on Phenomenology and Feminist Criticism," *Theatre Journal*, 40(4): 519-31.（＝1995，吉川純子訳「パフォーマティヴ・アクトとジェンダーの構成――現象学とフェミニズム理論」『シアターアーツ』3: 58-73.）

―――, 1990, *Gender Trouble: Feminism and Subversion of Identity*, London and New York: Routledge.（＝1999，竹村和子訳『ジェンダートラブル――フェミニズムとアイデンティティの攪乱』青土社.）

―――, 1994, "Gender as Performative: An Interview with Judith Butler," *Radical Philosophy*, 67.（＝1996，竹村和子訳「パフォーマンスとしてのジェンダー」『批評空間』8: 48-63.）

―――, 1997. *Exciable Speech: A Politics of the Performative*, London, New York: Routledge.（＝2004，竹村和子訳，『触発する言葉――言語・権力・行為体』岩波書店.）

Cameron, Deborah & Don Kulick, 2003, *Language and Sexuality*, Cambridge: Cambridge University Press.（＝2009，中村桃子ほか訳，『ことばとセクシュアリティ』三元社.）

Case, Sue-Ellen, 1988-89, "Towards a Butch-Femme Aesthetic" *Discourse*, 11（→reprinted in *The Lesbian and Gay Studies Reader*, eds. Abelove et al. 1993 London and New York: Routledge: 294-306.）

D'emilio, John, 1983, *Sexual Politics, Sexual Communities: The making of a Homosexual Minority in the United States 1940-1970*, Chicago: Chicago University Press.

Durkheim, Emile, 1895, *Les regles de la methode sociologique*. Presses Universitaires de France.（＝1978，宮島喬訳，『社会学的方法の規準』岩波書店.）

————, 1912, *Les formes elementaires de la vie religieuse: Le system totemique en Australie*.（＝1975，古野清人訳『宗教生活の原初形態（上・下）』岩波書店.）

Dyer, Richard, 2002, *The Culture of Queers*, London, New York: Routledge.

Eichberg, Rob, 1990, *Coming Out: An Act of Love*, New York: Plume.

遠藤織枝，2008，「書評：クレア　マリィ『発話者の言語ストラテジーとしてのネゴシエーション（切りぬける・交渉・談判・掛け合い）行為の研究』」『日本語の研究』4(4): 109-15.

Foucault, Michel, 1976, *La Volonté de Savoir*, Gallimard.（＝1986，渡辺守章訳『性の歴史Ⅰ　知への意志』新潮社.）

————, 1981→1994, De l'amitie comme mode de vie. *Dits et Ecrits 1954-1988, Edition etablie sous la direction de Daniel Defert et Francois Ewald*. Ed. Gallimard, Bibliotheque des sciences humaines, 4 volumes.（＝2001，増田一夫訳「生の様式としての友愛について」蓮實重彦・渡辺守章監修 / 小林康夫・石田英敬・松浦寿輝編『ミシェル・フーコー思考集成Ⅷ　1979-81　政治 / 友愛』筑摩書房：371-8.）

————, 1982a, Entreiten avec Michel Foucault. *Masques*. Mars.（＝2001，増田一夫訳「同性愛の問題化の歴史」『同性愛と生存の美学』哲学書房：21-44.）

————, 1982b→1994a, Le triomphe social du plaisir sexual: une conversation avec Michel Foucault *Dits et Ecrits 1954-1988, Edition etablie sous la direction de Daniel Defert et Francois Ewald*, Ed. Gallimard, Bibliotheque des sciences humaines, 4 volumes.（＝2001，林修訳「性的快楽の社会的勝利――ミシェル・フーコーとの会話」蓮實重彦・渡辺守章監修 / 小林康夫・石田英敬・松浦寿輝編『ミシェル・フーコー思考集成Ⅸ　1982-83　自己 / 統治性 / 快楽』筑摩書房：118-26.）

————, 1984→1994b, Michel Foucault, une interview: sexe, pouvoir et la politique de l'identite *Dits et Ecrits 1954-1988, Edition etablie sous la direction de Daniel Defert et Francois Ewald*, Ed. Gallimard, Bibliotheque des sciences humaines, 4 volumes.（＝2002，西兼志訳「ミシェル・フーコー，インタビュー――性，権力，同一性の政治」蓮實重彦・渡辺守章 監修 / 小林康夫・石田英敬・松浦寿輝編『ミシェル・フーコー思考集成Ⅹ　1984-88　倫理 / 道徳 / 啓蒙』筑摩書房：255-68.）

古川誠，1994，「セクシュアリティの変容――近代日本の同性愛をめぐる３つのコード」『日米女性ジャーナル』17: 29-55.

伏見憲明，1991，『プライベート・ゲイ・ライフ』学陽書房.

————，2004，『ゲイという経験［増補版］』ポット出版.

————，2005，『性という［饗宴］対話篇』ポット出版.

————，2007，『欲望問題――人は差別をなくすためだけに生きるのではない』ポット出版.

伏見憲明編，2000a，『【クィア・ジャパン　Vol.2】変態するサラリーマン』勁草書房.

――――, 2000b,『【クィア・ジャパン　Vol.3】魅惑のブス』勁草書房.
――――, 2001a,『【クィア・ジャパン　Vol.4】友達いますか？』勁草書房.
――――, 2001b,『【クィア・ジャパン　Vol.5】夢見る老後！』勁草書房.
――――, 2003,『同性愛入門【ゲイ編】』ポット出版.
――――, 2005a,『【クィア・ジャパン・リターンズ　Vol.0】ぼくらはどこから来て, どこへ行こうとしているのか』ポット出版.
――――, 2005b,『【クィア・ジャパン・リターンズ　Vol.1】あなたに恋人ができない理由 関係が続かない理由』ポット出版.
――――, 2006,『【クィア・ジャパン・リターンズ　Vol.2】生き残る。』ポット出版.
伏見憲明ほか, 2002,『「オカマ」は差別か――『週刊金曜日』の「差別表現」事件』ポット出版.
Gibson, Michelle & Deborah T. Meem (eds.), 2002, *Femme/Butch: New Considerations of the Way We Want to Go*, New York, London, Oxford: Harrington Park Press.
Giddens, Anthony, 1992, *The Transformation of Intimacy: Sexuality, Love and Eroticism in Modern Societies*, Polity Press.（＝1995, 松尾精文・松川昭子訳『親密性の変容――近代社会におけるセクシュアリティ, 愛情, エロティシズム』而立書房.）
Habermas, Jürgen, 1962→1990, *Strukturwandel der Öffentlichkeit: Untersuchungen zu einer Kategorie der bürgerlichen Gesellschaft*. Frankfurt, Suhrkamp.（＝1994, 細谷貞雄・山田正行訳『公共性の構造転換――市民社会の一カテゴリーについての探究』未來社.）
Harbermas, Jürgen & Luhmann, Niklas, 1971, Theorie-Diskussion Theorie der Gessellschaft oder Sozialtechnologie: Was leistet die Systemforshung?, Suhrkamp Verlag: Frankfurt.（＝1987, 佐藤嘉一・山口節郎・藤澤賢一郎訳『批判理論と社会システム論――ハーバーマス＝ルーマン論争（上・下)』木鐸社.）
針間克己監修・相馬佐江子編著, 2004,『性同一性障害30人のカミングアウト』双葉社.
Herdt, Gilbert & Andrew Boxer, 1996, *Children of Horizons, How Gay and Lesbian Teens Are Leading a New Way Out of the Closet*, Boston:Beacon Press.
Hochschid, Arlie, 1983, *The Managed Heart: Commercialization of Human Feelings*, California, the University of California Press.（＝2000, 石川准・室伏亜希訳『管理される心――感情が商品になるとき』世界思想社.）
Holstein, James A. & Jaber F. Gubrium, 1995, *The Active Interview*, Thousand Oaks: Sage.（＝2004, 山田富秋ほか訳『アクティヴ・インタビュー――相互行為としての社会調査』せりか書房.）
飯野由里子, 2003,「差異をもつ〈わたしたち〉の語られ方――あるレズビアン・アクティヴィストのライフストーリー」桜井厚編『ライフストーリーとジェンダー』せりか書房：86-102.
――――, 2008,『レズビアンである〈わたしたち〉のストーリー』生活書院.
池田久美子, 1999,『先生のレズビアン宣言――つながるためのカムアウト』かもがわ出版.
井上たか子, 2004,「親密圏」金井淑子編『岩波応用倫理学講義５　性／愛』岩波書店：

240-5.
石田仁，2002，「接客・舞台・ママ・ミセコ――商空間としての〈ホモバー〉」『Sociology Today』12: 56-71.
――――，2004，「ジェンダーとセクシュアリティの真空圏――新宿二丁目ホモバーにおける商的相互行為実践」『紀要――社会学科』（中央大学）14: 81-98.
石川准，1999，『人はなぜ認められたいのか――アイデンティティ依存の社会学』旬報社.
石川大我，2002，『ボクの彼氏はどこにいる？』講談社.
石丸径一郎，2005，「性的マイノリティにおける受容体験と自尊心――カミングアウトに関する実験的検討」『コミュニティ心理学研究』9(1): 14-24.
伊藤悟，1993，『男ふたり暮らし――僕のゲイ・プライド宣言』太郎次郎社.
伊藤悟ほか，2003，『プロブレム Q&A　同性愛って何？［わかりあうことから共に生きるために］』緑風出版.
伊藤悟・虎井まさ衛編著，2002，『多様な性がわかる本――性同一性障害・ゲイ・レズビアン』高文研.
Jameson, Fredric, 1983, “Postmodernism and Consumer Society” in Hal Foster (ed.), *The Anti-Aesthetic: Essays on Postmodern Culture*, Seattle: Bay Press.（＝1987，室井尚・吉岡洋訳「ポストモダニズムと消費社会」『反美学――ポスト・モダンの諸相』勁草書房：199-230.）
角屋学，2003，「ネットライフ」伏見憲明編『同性愛入門【ゲイ編】』ポット出版：65-9.
掛札悠子，1992，『「レズビアン」である，ということ』河出書房新社.
金田智之，2003a，「「抵抗」のあとに何が来るのか？――フーコー以降のセクシュアリティ研究に向けて」『年報社会学論集』16: 126-37.
――――，2003b，「「カミングアウト」の選択性をめぐる問題について」『社会学論考』24: 61-81.
――――，2009，「セクシュアリティ研究の困難」関修・志田哲之編『挑発するセクシュアリティ――法・社会・思想へのアプローチ』新泉社：223-58.
加藤秀一，2004，『〈恋愛結婚〉は何をもたらしたか――性道徳と優生思想の百年間』筑摩書房.
加藤秀一・石田仁・海老原暁子，2005，『図解雑学　ジェンダー』ナツメ社.
河口和也，1997，「懸命にゲイになること――主体，抵抗，生の様式」『現代思想』25(3): 186-94.
――――，2003，『クィア・スタディーズ』岩波書店.
萱野稔人・雨宮処凛，2008，『「生きづらさ」について』光文社.
風間孝，1996，「運動と調査の間――同性愛者運動への参与観察から」佐藤健二編『21世紀の都市社会学３　都市の読解力』勁草書房：65-102.
――――，2002，「カミングアウトのポリティクス」『社会学評論』53(3): 348-64.
風間孝ほか，2003，「親密圏の政治学」竹村和子編『“ポスト”フェミニズム』作品社：157-76.

貴戸理恵，2004，『不登校は終わらない――「選択」の物語から〈当事者〉の語りへ』新曜社.

礫川全次編，2003，『男色の民俗学』批評社.

――――，2006，『ゲイの民俗学』批評社.

草柳千早，2004，『「曖昧な生きづらさ」と社会――クレイム申し立ての社会学』世界思想社.

Luhmann, Niklas, 1982, *Liebe als Passion: Zur Codierung von Intimität*, Suhrkamp.（＝2005，佐藤勉・村中知子訳『情熱としての愛――親密さのコード化』木鐸社.）

――――, 1984, *Soziale Systeme: Grundriß einer allgemeinen Theorie*, Suhrkamp.（＝1993，佐藤勉監訳『社会システム理論（上・下）』恒星社厚生閣.）

前川直哉，2011a，「大正期における男性「同性愛」概念の受容過程」『解放社会学研究』24: 14-34.

――――，2011b，『男の絆――明治の学生からボーイズ・ラブまで』筑摩書房.

Marcus, Eric, 1993, *Is It A Choice?: Answers to 300 of the most frequently asked questions about gays and lesbians*, San Francisco: Harper.（＝1997，金城克哉訳『Q&A 同性愛を知るための基礎知識』明石書店.）

マリィ・クレア，1997，「集団カミングアウト」クィア・スタディーズ編集委員会編『クィア・スタディーズ '97』七つ森書館：224-33.

――――，2007，『発話者の言語ストラテジーとしてのネゴシエーション（切りぬける・交渉・談判・掛け合い）行為の研究』ひつじ書房.

Merton, Robert King, 1968, *Social Structure and Social Theory*, Free Press.（＝1969，森東吾ほか訳『社会理論と社会構造』みすず書房.）

宮内洋，1999，「私はあなた方のことをどう呼べばよいのだろうか？――在日韓国・朝鮮人？在日朝鮮人？在日コリアン？それとも？」『コリアン・マイノリティ研究』3: 5-28.

Munt, Sally M. (ed.), 1998, *Butch/Femme: Inside Lesbian Gender*, London: Cassell.

村上隆則・石田仁，2006，「戦後日本の雑誌メディアにおける「男を愛する男」と「女性化した男」の表象史」矢島正見編『戦後日本女装・同性愛研究』中央大学出版部：519-56.

村中知子，1996，『ルーマン理論の可能性』恒星社厚生閣.

村山敏勝，1997，「解題」『現代思想』25(6): 246-7.

長岡克行，2006，『ルーマン／社会の理論の革命』勁草書房.

中村美亜，2005，『心に性別はあるのか？――性同一性障害のよりよい理解とケアのために』医療文化社.

新田啓子，2005，「遠いものを愛すること――親密圏とその外部」『現代思想』33(10): 92-106.

野崎綾子，2003，『正義・家族・法の構造転換――リベラル・フェミニズムの再定位』勁草書房.

小倉康嗣，2009，「「ゲイのエイジング」というフィールドの問いかけ――〈生き方を実験しあう共同性〉へ」関修・志田哲之編『挑発するセクシュアリティ――法・社会・思想へのアプローチ』新泉社：168-91.

岡原正幸，1997，「感情社会学の成立と展開」岡原正幸・山田昌弘・安川一・石川准『感情の社会学――エモーション・コンシャスな時代』世界思想社：1-42.
大石敏寛，1995，『せかんど・かみんぐあうと――同性愛者として，エイズとともに生きる』朝日出版社.
大石敏寛・河口和也，1998，「エイズをめぐる言説，規制，患者・感染者――そして共生へ」大庭健ほか編『シリーズ性を問う5　ゆらぎ』専修大学出版局：159-99.
Parsons, Talcott, 1937, The Structure of Social Action: A Study in Social Theory with Special Reference to A Group of Recent European Writers, McGraw Hill.（＝1976，稲上毅ほか訳，『社会的行為の構造（第1～5分冊）』木鐸社.）
Phelan, Shane, 1993, (Be) coming Out: Lesbian Identity and Politics *Signs: Journal of Women in Culture and Society*. 18(4).（＝1995，上野直子訳「(ビ) カミング・アウト――レズビアンであることとその戦略」富山太佳夫編『現代批評のプラクティス3　フェミニズム』研究社：209-61.）
Plummer, Ken, 1995, *Telling Sexual Stories: Power, Change and Social World*, London: Routledge.（＝1998，桜井厚ほか訳『セクシュアル・ストーリーの時代――語りのポリティクス』新曜社.）
RYOJI・砂川秀樹編，2007，『カミングアウト・レターズ――子どもと親，生徒と教師の往復書簡』太郎次郎社エディタス.
竜超，2009，『消える「新宿二丁目」――異端文化の花園の命脈を断つのは誰だ？』彩流社.
齋藤純一編，2003，『親密圏のポリティクス』ナカニシヤ出版.
坂本佳鶴恵，2005，『アイデンティティの権力――差別を語る主体は成立するか』新曜社.
崎山治男，2005，『「心の時代」と自己――感情社会学の視座』勁草書房.
桜井厚，2002，『インタビューの社会学――ライフストーリーの聞き方』せりか書房.
Salih, Sara, 2002, *Judith Butler*, London and New York: Routledge.（＝2005，竹村和子ほか訳『ジュディス・バトラー』青土社.）
笹野みちる，1995，『Coming Out!』幻冬舎.
佐藤裕，2005，『差別論』明石書店.
瀬地山角，1997，「愛と性の二段階革命――恋愛と結婚の近代」大庭健ほか編『シリーズ【性を問う】1　原理論』専修大学出版局：175-206.
Sedgwick, Eve Kosofsky, 1990, *Epistemology of Closet*, California: University of California Press.（＝1999，外岡尚美訳『クローゼットの認識論――セクシュアリティの20世紀』青土社.）
関修，2009，「エピローグ」関修・志田哲之編『挑発するセクシュアリティ――法・社会・思想へのアプローチ』新泉社：331-46.
塩見鮮一郎，2009，『差別語とはなにか』河出書房新社.
砂川秀樹，2000，「「変動する主体」の想像／創造――「レズビアン＆ゲイ・パレード」とバトラーの再考から」『現代思想』28(14)：240-6.
――――，2003，「日本のゲイの歴史」伏見憲明編『同性愛入門【ゲイ編】』ポット出版，

44-7.
高橋由典，1996，『感情と行為――社会学的感情論の試み』新曜社.
――――，1999，『社会学講義――［感情論の視点］』世界思想社.
――――，2007，『行為論的思考――体験選択と社会学』ミネルヴァ書房.
竹村和子，1996，「レズビアン研究の可能性（5） カミングアウト物語と有色レズビアンの対抗表象」『英語青年』142(8): 22-4.
竹内瑞穂，2008，「近代社会の〈逸脱者〉たち――大正期日本の雑誌投稿からみる男性同性愛者の主体化」『Gender and sexuality : journal of Center for Gender Studies, ICU』3: 77-94.
田中克彦，2001，『差別語からはいる言語学入門』明石書店.
田崎英明，1992，「生の様式としてのセイファー・セックス」『現代思想』20(6): 107-13.
富永健一，2008，『思想としての社会学――産業主義から社会システム理論まで』新曜社.
豊田正弘，1998，「当事者幻想論――あるいはマイノリティの運動における共同幻想の論理」『現代思想』26(2): 100-13.
Troiden, Richard, R., 1988, *Gay and Lesbian Identity: A Sociological Analysis*, New York: General Hall.
鄭暎恵，2003，『〈民が代〉斉唱――アイデンティティ・国民国家・ジェンダー』岩波書店.
内野儀，2006，「ジュディス・バトラーへ／から――アメリカ合衆国における演劇研究の「不幸」をめぐって」『現代思想』34(12): 86-97.
上野千鶴子ほか，2001，『ラディカルに語れば…――上野千鶴子対談集』平凡社.
ヴィンセント・キース・風間孝・河口和也，1997，『ゲイ・スタディーズ』青土社.
ヴィンセント・キース・北丸雄二，1997，「解題」『現代思想』25(6): 284-5.
若林幹夫，2007，『社会学入門一歩前』NTT 出版.
Weeks, Jeffery, 1989, *Sex, Politics, and Society: The Regulation of Sexuality since 1800*, London: Longman.
――――, 1990, *Coming Out: Homosexual Politics in Britain from the Nineteenth Century to the Present* (*revised edition*), London and New York: Quartet Books.
山田昌弘，2002，「近代的恋愛の不安定性」服部早苗・山田昌弘・吉野晃編『恋愛と性愛』早稲田大学出版部：173-96.
好井裕明，2005，「日常的排除の現象学に向けて」好井裕明編著『繋がりと排除の社会学』明石書店：13-36.
――――，2006，『「あたりまえ」を疑う社会学――質的調査のセンス』光文社.
吉永みち子，2000，『性同一性障害――性転換の朝《あした》』集英社.

『Badi』2005年６月号，2005年９月号～2007年10月号，テラ出版.
『変態性欲［復刻版］』2002年，第一巻～第六巻，不二出版.（初版は日本精神医学会より刊行 1922～1925年）

引用文献

『Tokyo Pride　こみゅにてぃがいど2009』2009年，（フリーペーパー）

著者略歴

1982年神奈川県生まれ.

東京大学大学院総合文化研究科国際社会科学専攻（相関社会科学コース博士課程単位取得退学．博士（学術）.

現　在　日本学術振興会特別研究員．明治学院大学・日本女子大学・東洋大学非常勤講師.

主論文　「呼称が立ち上げる〈わたしたち〉」（『社会学評論』62(1)，2011年)，「ゲイアイデンティティとゲイコミュニティの関係性の変遷」（『年報社会学論集』23，2010年)，「『懸命にゲイになるべき』か？」（『論叢クィア』1，2008年）など.

「ゲイコミュニティ」の社会学

2012年９月25日　第１版第１刷発行

著　者　森《もり》　山《やま》　至《のり》　貴《たか》

発行者　井　村　寿　人

発行所　株式会社　勁《けい》　草《そう》　書　房

112-0005　東京都文京区水道2-1-1　振替　00150-2-175253

電話（編集）03-3815-5277／ＦＡＸ　03-3814-6968

電話（営業）03-3814-6861／ＦＡＸ　03-3814-6854

港北出版印刷・牧製本

ISBN978-4-326-60243-8　　Printed in Japan

佐藤　俊樹	意味とシステム	ルーマンをめぐる理論社会学的探求	四六判	三五七〇円
元森絵里子	「子ども」語りの社会学	近現代日本における教育言説の歴史	Ａ５判	三三六〇円
香西　豊子	流通する「人体」	献体・献血・臓器提供の歴史	Ａ５判	三六七五円
赤川　学	セクシュアリティの歴史社会学		Ａ５判	五七七五円
長岡　克行	ルーマン／社会の理論の革命		Ａ５判	九九七五円
今田絵里香	「少女」の社会史		Ａ５判	三四六五円
加藤　秀一	性現象論	差異とセクシュアリティの社会学	四六判	三五七〇円
上野千鶴子編	構築主義とは何か		四六判	二九四〇円
上野千鶴子編	脱アイデンティティ		四六判	二六二五円
三井　さよ	ケアの社会学	臨床現場との対話	四六判	二七三〇円
崎山　治男	「心の時代」と自己	感情社会学の視座	Ａ５判	四〇九五円

＊表示価格は二〇一二年九月現在。消費税は含まれております。